学術選書 068

景観の作法

殺風景の日本

布野修司

KYOTO UNIVERSITY PRESS

京都大学学術出版会

景観の作法　殺風景の日本◉目　次

第3章……風景作法　207

景観の作法——殺風景の日本

はじめに

その時（二〇一一年三月一一日一四時四六分）から随分と月日が流れた。

しかし、東日本大震災で大津波を受けた地域には、未だに茫漠たる風景が広がっている。とりわけ、原発事故によって放射能を撒き散らされた地域は、時間が凍結されたように動いていない。「殺風景」である。風景は殺されたままだ。

新たな動きといえば、太平洋岸に沿って巨大な壁の建設が開始されつつあることである。また、山を削って土をベルトコンベアーで運び、地盤面が嵩上げされつつあることである。防潮堤（防波堤）や嵩上げ、高台移転を選択しない限り、あるいは放射線量が減らない限り、居住を認めないといった制限が、僕らがこれまで全く見たことのない風景をつくり出している。

風景をつくり出すのは、こうした「制度」である。この制度を本書では問う。

声を大にして言いたいのは、被災地の風景は二重に抹殺されつつある、ということだ。殺された風景とそれとは異なる新たな風景創出の提案に被災者は引き裂かれてしまっている。合意形成には時間がかかる。結果として、この「殺風景」は維持され続けることになる。

この「殺風景」をどのような風景へと創生させていくのか。

かつての風景を蘇らせたい、かつての暮らしを取り戻したい、というのが被災者の思いである。しかし、多くの人命が失われ、さらにその十数倍もの人々が仮設居住や移住を強いられる中で、地域社会が大きく変容していくのは避けられない。「殺された」風景をそのまま再生するのは不可能である。

大津波は至る所で生態系を大きく変えた。海水が引いた後も、塩分が残り続けたことによって、動植物の生態は大きく変わった。しかし一方で、新たな自然が生成しつつある地区もある。壊滅した集落に守るべきものはない、と防潮堤建設を拒否した海岸に干潟ができて多様な生物が棲み始め、新たな生態系が生まれつつある。

大きく歴史を振り返れば、海底に沈んだ古代都市や火山灰で埋まった都市、大洪水で流されてしまった都市、台風で壊滅した都市など、天変地異によって風景が一変してしまった事例はいくつもあげることができる。風景の基盤となるのは自然であり、地球の運動である。宇宙の年齢が確定され、地球の運動が精密に明らかにされたにも関わらず、地球には日々予測されない事態が発生し続けている。地球は生きているのである。

どのような風景が創出されるべきなのか?

景観をつくりあげ、享受するのは僕ら人類である。都市は人類がつくり出した人工物である。自然に手を加えることによって、人類は自らの文明を築き上げてきた。時として、僕らは築き上げたものを自ら破壊し、景観を一変させることがある。戦争がそうである。とりわけ、近代戦争における空爆は都市を一瞬に破壊し廃墟と化す。広島、長崎への原子爆弾の投下がその極北である。一九四五年、両都市はまさに「殺風景」と化した。それに先立って、東京、大阪など日本の大都市は空爆を受け、灰燼に帰していた。

それから半世紀余り、日本は復興をとげ、国際社会に復帰し、高度成長をなしとげ、新たな風景をつくり上げてきた。しかし、その風景が東日本大震災の被災地では一瞬にして消えてしまった。

東北の大津波については、明治の大津波（一八九六年）、昭和の大津波（一九三三年）、チリ地震の津波（一九六〇年）と、東北三陸海岸には繰り返しの津波経験があった。しかし、その経験にも関わらず、地域振興を兼ねて建設され続けた防潮堤を頼りに、住民たちは、それぞれの土地に拘り、海に依存して住み続けてきた。それが過去の大津波の経験を踏まえた解答であったのだ。にも関わらず、二〇一一年、三陸地方は再び致命的な被害を受けた。しかし、今回は千年に一度といわれる大災害であり、戦後復興そして高度成長へ向かった半世紀前と異なり、少子高齢化に向かう日本、そしてその縮図といわれる東北地方の復興が容易ではないことは、誰もが直感するところである。

そして、「フクシマ」の風景は、日本社会が、あるいは世界が歴史上初めて経験する、圧倒的な現実である。

東日本大震災の「殺風景」をどのように乗り越えて行くべきか。これを考えるためには、まず、東日本大震災によって「殺された」風景とはどのような風景だったのかを考えなければならない。その上で、新たに創出される風景とはどのようなものかを改めて問うことが必要であろう。

本書では、日本の景観、風景をめぐって、建築学そして都市計画学の専門家として僕がこれまで考えてきたことを基に、風景をつくり出す「作法」のあり方について考えたい。

序章では、問題提起として、風景を大きく変えうる作法の事例を示した。現代都市の象徴ともいえる高速道路を撤去して、もとの風景を取り戻した事例である。被災地では逆のことが起こりつつある。すなわち巨大な防潮堤が莫大なお金をかけて築かれつつあり、風景が大きく変えられようとしているのであるが、それでいいのだろうか。それを掘り下げて考えようとするのが本論である。

本論は三章からなる。「風景戦争」（第1章）では、風景をめぐって繰り広げられてきた紛争の具体的な事例を取り上げた。全て身近に出会った街の景観問題である。「風景原論」（第2章）では、そもそも「景観」とは何か、「風景」とは何かについて考えた。景観がどれだけ「世界」そして地球のあり方に関わっているか、身近な生活環境にいかに深く関わっているかを確認してほしい。そして「風景作法」（第3章）では、これからの景観をつくるために具体的に何をどうすればいいかを考えた。景観法についても解説したが、「タウンアーキテクト」あるいは「コミュニティ・アーキテクト」という存在、ある種の職能の必要性を『裸の建築家』（布野修司 2000）に続いてつきつめたつもりである。ここで重要な前提となるのは、誰もがタウンアーキテクトでありうるということである。「作法」は、さっぽう（さくほう）＝物のつくり方のことであるが、もとより、日常的な立ち居振る舞いの「さほう」である。

そして、結章では、被災地の復興まちづくりについて本論を振り返ってさらに考えた。復興まちづくりの現場には、最も身近に景観の作法を考え、実行する課題があると思うからである。

序章　風景再生

東日本大震災の被災地沿岸に沿って築かれつつある巨大防潮堤を念頭に置きながら、冒頭に、ひとつの事例を振り返っておきたい。殺された風景が、それ以前の風景を殺すことによって成り立っていたこと、その殺されたそれ以前の風景を蘇らそうという試みがあったことを確認するためである。

韓国の首都ソウル、その歴史的古都の中心を西から東へ横切るように清渓川《チョンゲチョン》は流れて漢江《ハンガン》に注ぐ。この清渓川が世界中の関心を集めたのは二一世紀に入ってまもなくのことである。清渓川の上を走っていた高速道路が撤去され、清流を取り戻す試みが実現したのである。「ソウルの革命」とも言われるこの清渓川再生の試みは、巨大防潮堤を日本列島の沿海部に張り巡らす思想とは明らかに逆の方向を目指すものであった。

ソウル：変貌する風景

僕が最初にソウルを訪れたのは、一九七六年のことである。当時は戒厳令が布かれ、二四時を回ると外出禁止であった。ソウルの中心街、明洞《ミョンドン》のホテルに泊まっていて、大慌てで帰宅する酔客を部屋の窓から目撃したことを思い出す。明洞は活気ある雑然とした繁華街であった。この時、清渓川の存在は知る由もなかった。

二度目は、一九七九年。景福宮《キョンボックン》、昌徳宮《チャンドックン》など中心街をゆっくり見て回った。この時、地下鉄で写真を撮って、フィルムを寄こせと警察官にものすごい形相で難詰されたことを思い出す。領土問題をめぐる今日の日韓関係も際どいが、当時の日韓関係はさらにピリピリしていた。この時も清渓川の記憶は全くない。それもそのはずで、清渓川が暗渠化されたのは前年の七八年のことである。この三〇年余りの間のソウルの変貌には眼を見張るものがある。

朝鮮半島における風景の変貌を、二〇世紀初頭に遡って、日本の風景の変貌とともに考えることには大きな意味がある。朝鮮半島の近代都市景観の形成には「風景の日本化」というインパクトが関わっているからである。日本も朝鮮半島も、その都市景観は、西欧の建築や都市計画の影響（ウェスタン・インパクト）によって大きく変貌していくが、朝鮮半島の場合、西欧化されつつある日本の景観が持ち込まれる。すなわち、風景の西欧化と日本化という二重のプロセスが進行していくのである。

日本植民地期の朝鮮半島における「風景の日本化」をめぐっては、『韓国近代都市景観の形成――日本人移住漁村と鉄道町』（布野修司・韓三建・朴重信・趙聖民 2010）で詳細に議論したから、そちらに譲るが、「殺風景の日本」を考える素材は日韓併合時代の朝鮮半島にもありむしろわかりやすい。その「土地に固有な」風景に「異質なもの」が持ち込まれた歴史的な結果を現在の朝鮮半島の風景ははっきりと示しているのである。

開城：凍結された風景

一九九五年に日本建築学会の訪問団の一員として北朝鮮を訪問（五月）した直後（七月）、建築家の張世洋《チャンセイヤン》（一九四九〜二〇〇二）[1]に呼ばれて、若い建築家のためのサマー・スクールに出掛けた。張世洋が主催する「空間社」を会場とする三日間のワークショップで、ソウルの中心部に対する提案を各チームでまとめ、相互に発表、議論するというプログラムであった。国外ゲストとして一チームの指導を任されたのである。

この一九九五年は、日本では阪神淡路大震災が起こり（一月一七日）、地下鉄サリン事件（三月二〇日）が起こった年だが、韓国では解放五〇周年の節目の年であった。南北統一を願う韓国の文化人たちが三八度線の非武装地帯（DMZ）[2]を永久にそのまま保存しようという提起を行い、その是非をめ

図1●世界文化遺産に登録（2012年）された開城の家並み

ぐって盛んに議論が行われていたことを思い出す。

北朝鮮に行ってきたというので、サマー・スクールの間に様々な質問を受け、北朝鮮の最新状況についてスライド・レクチャーをすること(3)になった。主体《チュチェ》（思想）塔からの平壌《ピョンヤン》の眺望や未完の柳京《リュギョン》ホテルも韓国の建築家たちの関心を引いたが、皆が息を飲んだのが開城《ケソン》の家並みであった（図1）。どこまでも韓屋の黒い家並みが続く景観は圧巻であった。まるで時間が凍結されたかのような半世紀前の古都の景観である。実際目の当りにして、これは間違いなく世界遺産級だと思った。その後、かなりの時は流れたが、この時の直感どおりに、開城歴史遺跡地区は世界文化遺産に登録された（二〇一二年）。

かつての高麗の首都、開城は、実は、三八度線のわずか南に位置する。南北離散家族が最も多いことで知られるが、停戦ラインがどこになるのか帰趨が知れず爆撃を免れたのである。米国・韓国軍の爆撃で灰燼に帰した後、ソビエト流の社会主義都市計画によって再建された平壌が五〇年の都市建設の歩みを示すとすれば、開城はまるで古都がそのまま生き続けてきたかのようである。そして、ソウルと開城とを比べるとき、韓国の人々の間に様々な感慨が沸いてくるのは当然だ。ソウルと開城は板門店《パンムンジョム》を挟んでほんのわずかな距離しか離れていないのである。

開城がその結晶のような景観を維持し続け、また、三八度線の非武装地帯がかつての自然を維持し続けてきた背景には、南北分断の過酷な歴史がある。ひとつながりの同じ土地の歴史が生み出してきた風景を政治が截然と分離してしまう象徴的な事例である。

朝鮮総督府の解体

一九九五年は、ソウルの都市景観にとっても大きな転換の年であった。ソウルの中心に位置した旧朝鮮総督府（国立中央博物館）が第二次世界大戦後五〇年となるこの年を期して解体され、姿を消したのである。前年、爆破解体するという報道がなされ、日韓でその帰趨が注目されていたが、さすがに爆破されることはなかったものの、植民地時代の負の遺産として解体されたのである。

デ・ラランデ（一八七二～一九一四）[4]、そして野村一郎（一八六八～一九四二）[5]、國枝博（一八七九～一九四三）[6]らによって設計建設された朝鮮総督府（一九二六年竣工）は実に傑作であった。それは、李氏朝鮮の首都ソウルの中心に置かれた景福宮の前面を塞ぎ、風水説に基づく設計原理による軸線上に位置する。日本帝国主義が、大韓民国の命脈を断つために、風水上の要地（脈）に杭を打ち込むがごとくに建設したと考えられていた。これを「日帝（日本帝国主義）断脈説」という（風水説については第2章で詳しく述べる）。この時、二棟の宮殿建築（康寧殿、交泰殿）が昌徳宮に移され、正門である光化門《クンファムン》は、かろうじて解体を免れて東側に移築された。この時、ソウルの景観は大きく変えられたのである。

その旧朝鮮総督府が解体された（図2）。保存を訴えた日本人建築家もいたが、どんな傑作であれ、壊されるべき建物はある。ポリティカル・コレクトネス（政治的正当性）の問題である。

朝鮮総督府建設の際に、民芸運動で知られる柳宗悦（一八八九～一九六一）[7]そして民家研究および考現学の提唱で知られる今和次郎（一八八八～一九七三）[8]が、光化門の解体とともに総督府の敷地選定を批判する一文を残していることが、日本人としては救いである。移築され難を逃れていた光化門は元の位置に戻され、景福宮周辺はかつての姿を想起させるかたちに復元されたのである。

再生された清渓川の新たな水源は、この景福宮とそう離れてはいない場所に、漢江の水をポンプ・アップしてつくられた。風水上の祖山である北岳山《ブガクサン》を焦点とする南北軸上、景福宮の南に位置する。

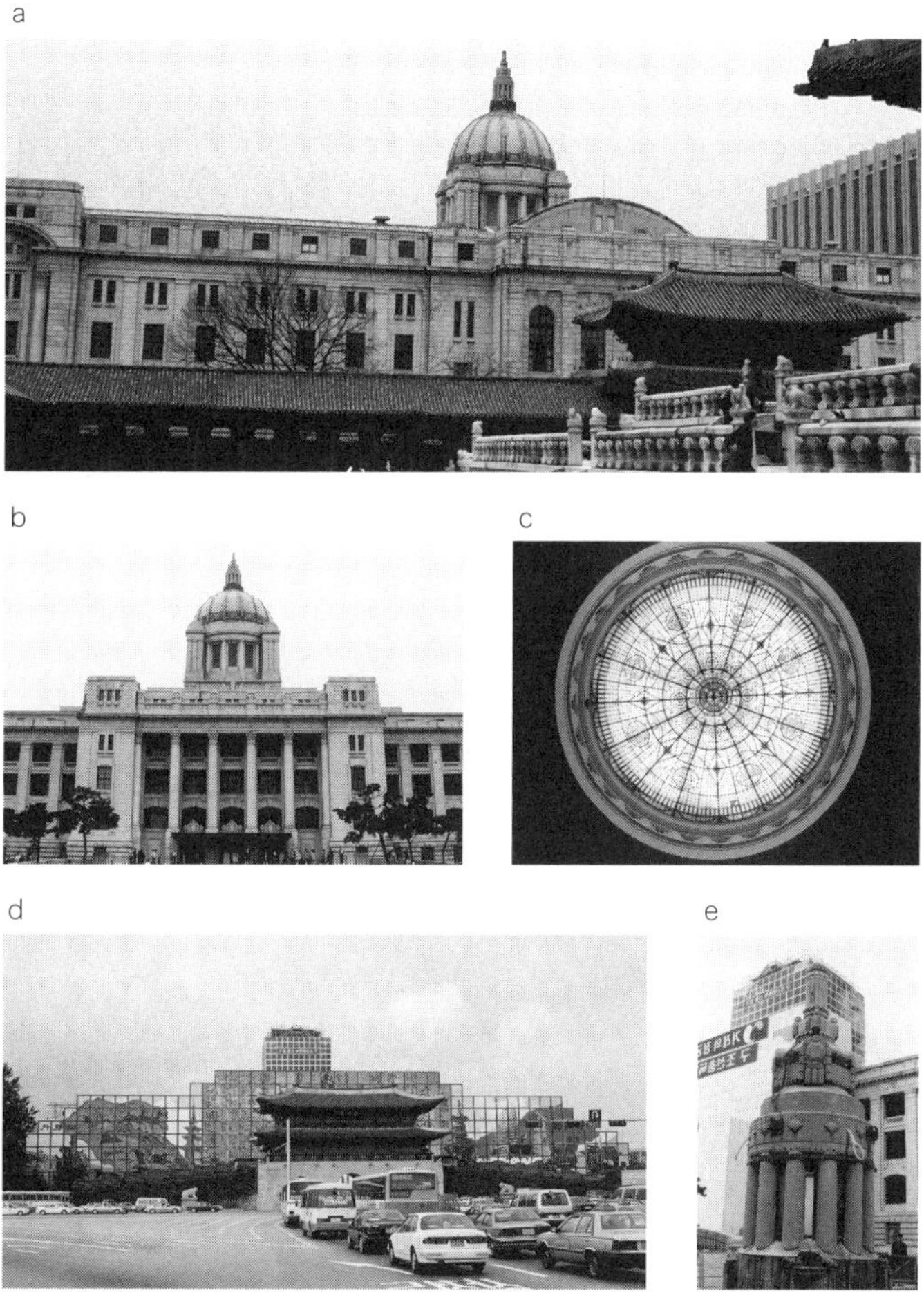

図2●旧朝鮮総督府の解体
a：景福宮の前面を塞いでいた旧朝鮮総監府
b：ファサード　c：エントランス見上げ
d：解体中の旧朝鮮総督府　e：地上に降ろされた頂部

そして、その水源の南、西側には徳寿宮《トクスグン》、東側向かいにはソウル市役所がある。このソウルの目抜き通りは、李氏朝鮮王朝の太祖が首都と定め、第三代太宗（一三六七〜一四二二）[9]が遷都した時からソウルの中心である。市庁舎前広場は、実に小さな広場だけれど、ワールド・カップ・サッカー（二〇〇二年）の時に、パブリック・ビューイングの場所となって以来、ことあるごとに数十万人が蝟集する韓国一の国民統合の象徴的場所になっている。

こうして解体された旧朝鮮総督府に比して興味深いのは、旧台湾総督府は、現在も大統領府として使われ続けていることである。風景をめぐる議論は土地によって異なるのである。

モニュメンタルな建築物とその立地をめぐって、しばしば、「風景戦争」が勃発する。建築様式やデザインの象徴性、景観の象徴的意味などが主な争点となるが、それはこれらがまさに風景を構成する重要な要素だからである。

清渓川再生

さて、清渓川再生である。

清渓川は、北の北岳山、仁王山、漢江を背にする南山《ナムサン》、そして東に位置する駱山《ナクサン》（駱駝山）から流れる小川を集めて東流する。清という字を含むその名がかつての姿を思わせるが、朝鮮時代初期から、乾期の汚染が酷くて洪水を繰り返すことから埋立て論があったという。偉いのは太宗で、河川を埋めるのは自然の摂理に反すると、そうしなかったという。治水、利水の悪戦苦闘があって、現在の清渓川の流路となったのは、第二一代英祖（一七二四～一七七六）[10]の頃である。

　この首都ソウルの、ど真ん中を流れる清渓川が人びとの生活において大きな意味をもってきたことは言うまでもない。そして、日本統治期、さらに独立後の都市発展の過程で、その意味を失ってきたであろうことも想像に難くない。日本統治時代に暗渠化の提案がなされ、一部実施されている。そして、一九五八年から一九七八年にかけて工事が行われ、完全に暗渠化された。こうして、清渓川は、上下水道、電気設備他の都市インフラ（基幹設備）を収めるトンネルとなったのである。それと並行して建設された（一九六七～一九七六）のが清渓高速道路だった。清渓川は、ソウルの都市発展の軌跡をものの見事に象徴していたのである。

　しかし、暗渠化から四半世紀、清渓川の復元・再生を掲げて市長に当選したのが李明博《イミョンバク》である。後に大韓民国大統領となる（二〇〇八～二〇一二）その人である。

　何故、清渓川の復元・再生なのか。その目的、課題、問題点を以下に整理しよう。[11]風景再生が容易ならざることであったことが理解されるであろう。

　当時の李市長は、清渓川復元の目的として、次の四点をあげていた。

一　都市管理のパラダイム・シフト：機能・効率から環境保護・保存への移行、生活の高い質の実

現、人間・環境に優しい都市の実現
二　六〇〇年の歴史と文化の回復：ソウルの起源、オリジナルの景観の再発見
三　安全問題の根本的解決：修復困難な高速道路、深刻化する水質汚染への対処
四　下町の活性化：清渓川周辺の都市再開発の促進

機能性や効率ではなく環境保護・保存をうたい、都市管理のパラダイム・シフトを第一に掲げるプロジェクトの目的はわかりやすい。これが単なるお題目ではないことは事業内容が十分示している。加えて、六〇〇年の歴史的環境と景観を復元するという第二の目的も、ソウルの歴史文化的核心に位置することから明快である。前述の景福宮の復元から連続する事業と考えることができるだろう。景福宮から昌徳宮（秘園）の間には、旧漢城の北村[12]があり、ここには約八六〇棟の韓屋が残っている。

一方、実際には、清渓川の環境再生を目指さざるを得ない直接的な理由があった。清渓高速道路（南山一号トンネルから馬場洞まで全長五・八キロ）は、建設後二〇年を経て、劣化が明らかになり（一九九一〜一九九二年調査）、補修が必要となっていたのである。高速道路撤去決定の段階では、一時しのぎの補修、改修では経済的にも物理的にもとても間に合わない状況であった（図3）。加えて、工場排水による清渓川のクロム、マンガン、鉛など重金属による汚染が大きくクローズアップされていた。すなわち、安全そして汚染の問題が発端だったのである。それが再生計画の第三の目的だ。

しかしだからといって、高速道路の撤去、暗渠の撤廃ということにすぐさまつながるわけではない。

写真提供：許瑛

図3●撤去される清渓高速道路

莫大な損失と過去の失政を認めて、しかも、さらに大きな投資を行う決断はそう簡単ではないだろう。このプロジェクトが真にねらいとするのは、第四の目的すなわち清渓川周辺地区の活性化であったと考えられる。清渓川周辺には、五〇坪未満の建物が密集しており（六〇二六棟）、露店も多い（約五〇〇店）。清渓川［再生］を都市［再生］へと結びつけられるかどうか、これが今後の展開を含めて、真の評価の鍵である。

清渓川再生の四つの視点、目的は以上のように整理されるが、プロジェクトの実施にあたってはさらに大きな問題があった。高速道路を撤去することが果たして可能か、交通問題が解決されなければ、絵に描いた餅なのである。すなわち、克服すべき課題として、

五　都心交通システムの再編管理

が浮上する。これは、高速道路撤去の前提であった。

清渓高速道路の撤去にあたりソウル市が採ったのは、迂回道路の新設、駐車場の整備、一方通行システムの導入、曜日ごとの運転自粛制、バス・地下鉄など公共交通機関の輸送能力の増強など多岐にわたる。公共交通機関利用、不法駐停車禁止のキャンペーンも展開された。

今回の事業で、清渓川に架かる二二の橋のうち、七つは歩行者専用とされた。すなわち、車依存から歩ける都市への転換という方向も目指されていたとみていい。いずれにせよ、清渓川復元は、第五の目的、都心交通システムの再編管理を前提とすることになる。清渓川再生事業が可能となったのは、

この前提条件をクリアできたからである。どんな都市でもできるというものではおそらくない。

六　清流再生

さらに、清渓川の河川（流域面積六一平方キロメートル、総延長一三・七キロメートル、幅二〇～八五メートル）としての再生も大きな課題であった。清流が蘇るのでなければプロジェクトは台無しである。先に述べたように、清渓川は集中豪雨の際には溢れる危険性があり（実際二〇〇一年七月、市庁周辺の中心部が洪水被害を受けている）、逆に干上がる時もある。内水処理の断面、すなわち、大雨の場合の雨水処理のための断面積を十分考慮し（二〇〇年に一度の確率で一一八ミリメートル／時を想定）、自ら水量を確保できない清渓川への用水は、高度な浄水処理を前提として漢江の水（一二万トン／日）および地下鉄からの地下水（二万二〇〇〇トン／日）が用いられることになった。この条件も、プロジェクトの成否には決定的である。漢江の存在が無ければ、成り立たなかった事業である。都市河川（平均水深四〇センチメートル）ではあるが、随所にビオトープや湿地、緑地、魚道が配され、自然生態の再生も目指された。そして、撤去解体工事で発生した残滓物もほとんどがリサイクルされた。

七　合意形成

そして、以上に加えて、五・八四キロメートルにも及ぶ清渓川周辺住民（六万店舗、二〇万人）の合意が必要であった。二〇〇二年七月の計画発表から着工（二〇〇三年七月一日）までに、四〇〇〇回を超えるヒヤリング、説明会が行われたというが、これは驚くべき短期間での合意形成である。もちろん、工事中の不便のための補償や、融資による支援、移住希望者や露店商への対応など、きめ細かい具体的な対策もとられた。合意形成は事業の前提であり、ソウル市民にとって大きな経験となった。市民が一本一本植樹する「ソウルの森」（二〇〇五年六月開園）が市民参加型の公園として実現しつつあるのも、この経験と無縁ではない。行政当局にとって、真の「住民参加」「市民参加」の実現は最大の目的なのである。それにしても、事業担当者のこの事業にかけたエネルギーは想像を絶する。

ソウルの革命⁉

以上の七つの目的、課題、問題点はひとりソウルだけのものではない。世界中の都市、とりわけ歴史的な古都に共通である。だから、清渓川再生事業の成功の衝撃的ニュースは世界に広がっていったのである。

清渓川再生事業に関わってきた許烘《フヨン》ソウル市住宅局長をシンポジウム(13)（二〇〇六）に招いて詳細を聞く機会があった。その報告によると、二〇〇三年一月と二〇〇六年三月に行った事業前後のモニタリング（影響評価）結果は以下のようであった。

交通速度は朝のピーク時で一七〜一八キロメートル／時、夕方のピーク時で一二キロメートル／時、事業前と比べてとりたてて悪くなってはいないという。流入出台数は、ソウル全体の数字であるが、一五六万台から一二七万台に減った（一八・六パーセント減）。清渓川高速道路を利用していた車は一日平均一〇万二七四六台（清渓道路が六万五八一〇台）で、一〇万台以上減少する効果があった。中心業務地区の地下鉄乗降客は一三・七パーセント増えた。周辺住民からの大きな反発はなく、むしろ、歩行者や商店の顧客は増えているともいう。

交通量が減れば、環境も大きく改善されるのは道理である。大気中の二酸化窒素（NO_2）濃度は、六九・七ｐｐｍから四六・〇ｐｐｍに減った（三四パーセント減）という。水質（ＢＯＤ、溶存酸素量）も一〇〇〜二五〇ｐｐｍが一〜二ｐｐｍとなり、川がまさに蘇ったといえる。騒音レヴェルも減少し、川筋に沿って風が抜ける風の道が創出された。七月の気温は、一日だけの測定であるが、清渓川の街区側（摂氏三六度）と川辺（摂氏二八度）で大きく異なり、八度も低くなった。環境改善は、諸指標によるまでもなく、一目瞭然である。大気、水質、騒音、臭い、昼光、風などについての世論調査も八割は改善されたと判断しているということであった。

自然生態環境も大きく改善されたという。魚類は、三種から一四種に、鳥類は一八種に、昆虫は七種から四一種に、それぞれ増えた。生物多様性は、環境評価の大きな指標である。

清渓川再生事業に学ぶべきことは少なくない。例えば、プロジェクト・マネージメント、合意形成の速さはプロジェクト担当者も自負するところである。確かに、驚くべき短期間に事業が実施されたことは驚嘆に値する。この強烈なトップダウン方式と合意形成の手法については、大いに学び議論する必要がある。長い時間をかけて、結局は、理念的にも空間的にも中途半端な結果にしかつながらないのが日本の都市再開発である。東日本大震災の復興計画の遅々とした歩みを思うと、合意形成の仕組みが日本に全くないことが痛切に悔やまれる。

ただ速ければ速いほどいいというものでもない。何より評価すべきなのは、事業の総合性である。清渓川再生事業は、言うまでもなく、単なるランドスケープ・デザインの先例ではなく、都心の骨格に関わって、インフラストラクチャーも含めた、歴史・文化・環境の総体に関わる事業である。工事の進展とともに、清渓川に架かっていた李氏朝鮮時代の橋の石材が次々に掘り起こされた。清渓川の再生事業は、都市の起源、その発祥の原点に触れる事業となった。また、都市の依拠する自然を再発見する事業となった。これこそ「都市再生」「地域再生」である。

清渓川再生事業の評価は簡単ではない。最終評価は後世に委ねられる。ソウルの景観が今後の歩みを重ねて、その成否を映し出すことになるだろう。東日本大震災の復興計画も、地域の歴史・文化・環境の起源、原点を確認してこそ立案されるべきであり、被災地に蘇る景観がその成否を示するであろう。

まずは、日本の風景、景観をめぐるこの間の議論を振り返ろう。

第1章……風景戦争

風景をめぐる論争、紛争を、本書では「風景戦争」と呼ぶ。

大島渚の『東京战争戦後秘話』が封切られたのは一九七〇年であるが、その映画をめぐって「風景戦争」という言葉が使われたことが念頭にある。実際、当初のタイトルは『東京風景战争』であった。「映画で遺書を残して死んだ男の物語」というのが映画のサブタイトルで、その遺書には、延々と東京の風景が記録されているだけであった。主人公の科白によれば「泣けてくるような風景」「そこらに転がっているような薄汚い風景」ばかりである。風景をめぐるこの映画が問題にしたのは、「中央にも地方にも、いまや等質化された風景のみがある」という事実であり、「高度成長は、日本列島をひとつの巨大都市として、ますます均質化せしめる方向を、日々、露わにしている」（松田政男「風景

図4●日本中どこにでもあるような住宅地の風景

としての都市」（布野修司 1981））ということであった。

日本列島の各地にはそれぞれ地方色豊かな風景が残っていた。しかし、その風景はすっかり東京と同じように変わりつつある（図4）。風景が一変してしまうことはまさに戦災に匹敵する。確認したいのは、東日本大震災の前にこの大破壊が進行しつつあったことである。

景観あるいは風景という言葉は、土地や地域のあり方と深く関わる（第2章「風景原論」で詳しく議論する）。昭和戦前期まで、すなわち第二次世界大戦前まで、日本の景観は緩やかに江戸末期に遡る連続性をもっていた。本書では、日本列島の景観の歴史的変化を大きく五つの層に分けて説明するが（第3章「風景作法」を参照）、明治維新から昭和戦前期までに形成された景観層を日本の第三の景観層とする。日本列島の原風景、すなわち太古に遡る自然景観を基層（第一の景観層）とすると、人々が住み着き、稲作をベースに形成されたのが第二の景観層である。そして、西洋建築が導入され、産業化の進展とともに生み出されてきたのが第三の景観層である。その第三の景観層が一変し、大きく変転したのが日本の戦後であり、戦後の風景は、第四の景観層を形成することになる。阪神淡路大震災、東日本大震災が襲ったのは、この第四の景観層である。

日本景観の第四層のクライマックスは、一九六〇年から七〇年に至る一〇年である。日本の景観層が第三から第四へと転換するこの過程は、それまでの層を重ねていく変化とは異なり、層を剥ぎ取るように変えていく大転換の過程であった。

一九五九年、日本のプレファブ（工業化）住宅の第一号（大和ハウスの「ミゼットハウス」[1]）が誕生してからわずか一〇年で、毎年建てられる日本の住宅の一割近くの住宅がプレファブとなる。一九六〇年には全く用いられていなかったアルミサッシュの普及率は、一〇年後にほぼ一〇〇パーセントになった。それと並行して、茅葺きの民家が日本からほぼ消えてしまう。一九六〇年代は、日本の住宅史上最大の転換期である。

どのような風景を創生するべきかを考えるためにはこの歴史的大転換を踏まえておく必要がある。

僕がこれまで住んできた街で否応なく巻き込まれることになった景観問題、すなわちここでいう「風景戦争」をめぐって問題の核心をまず振り返りたい。

1 東京

二〇一三年九月、東京オリンピック二〇二〇の開催が決まった。東京オリンピック一九六四からちょうど半世紀の時が流れた。振り返れば、戦後徐々に復興を遂げてきた東京の風景が一変したのは東京オリンピック一九六四が契機であった。

東京に高架の高速道路（首都高速道路）が建設されたのは東京オリンピック一九六四開催のためである。そして、霞ヶ関ビル（一九六五年三月起工、六七年四月上棟、六八年四月オープン）を嚆矢として、日本にいわゆる超高層建築が建設され始めたのが一九六〇年代末である。まさに、本書でいう日本の第四の景観層を象徴するのが一九六〇年代に出現した首都東京の風景なのである。

日本橋：日本の臍

清渓川の衝撃は、すぐさま東京・日本橋地区を襲うことになった。竣工まもない清渓川再生事業を視察した小池百合子環境相の報告を受けた小泉純一郎首相が、高速道路の下に埋もれてしまった日本橋周辺の景観は醜い、高速道路を撤去したらどうかと発言、マスコミが大きく取り上げるに及んだのである（二〇〇五年一二月）。日本橋の上に架かる高速道路を撤去するということは、清渓川再生事業と同じように、半世紀前の景観を取り戻す、ということである。

一六〇三（慶長八）年に架けられた日本橋と呼ばれるこの橋は、まさに日本の臍《へそ》である。完工翌年、全国里程の原点と定められ、東海道、中仙道など五街道の起点となり、現在も日本国道路元票がその袂《たもと》にある。また、日本橋の中央のまさにその原点の真上の空中に高速道路を跨ぐかたちで元票が浮いている（図5）。

江戸時代の日本橋は、人や物資の集散によって活況を呈した。日本橋川など運河には、魚、米、塩、材木などの河岸が並び、近江商人や伊勢商人などの大店が軒を連ねた。各種問屋、金座、銀座とともに市村座、中村座などの芝居小屋、遊里吉原も立地した（図6）。

明治に入っても、日本橋は東京の臍であり続けた。一八七八年の郡区町村編制法によって東京市一五区の一区となった日本橋区は、兜町に東京証券取引所を中心に証券会社が、室町から本石町にかけては日本銀行をはじめとする金融機関が集中して日本のウォール街と呼ばれた。中央通り沿いに三越、高島屋、東急日本橋店などの百貨店が並ぶ、東京駅八重洲口にも近い地区、また、江戸時代以来の問屋が建ち並ぶ地区として、日本経済の中心であり続けるのである。

しかし、戦災を受け一帯が灰燼に帰した後、戦災復興から高度経済成長へ向かう過程で、東京は急激に膨張し始め、大きく変貌する。その象徴が、東京オリンピック一九六四を契機とする高速道路網

図5●東京日本橋の道路元標

の建設である。東京の重心は西へと移動し、新宿に高層ビルが林立し始めた。日本橋界隈は、高速道路で空を塞がれるとともに、日本の臍としての地位を失っていくことになる。

現在のアーチ型石橋は一九一一年に架けられたもので、長さ四九メートル、幅二七メートル（図6下）。妻木頼黄《つまきよりなか》（一八五九〜一九一六）(2)の設計によるすぐれた意匠として評価が高いが、船運を意識したその意匠はモータリゼーション万能の今日となっては見る影もない。かつての日本の近代化、西洋化の象徴としての意匠も、高速道路の現代性に道を譲らざるをえなかった。川の上なら用地買収の手間暇と費用がからないことが優先されたのである。

日本橋界隈では、清渓川再生事業以前から、様々な再生計画が取り沙汰されてきた。東京都は、一九九四年に「日本橋川再生整備計画への考え方」をまとめ、長期的な抜本対策として、①高速道路の地下化、②超高架化などをうたっている。また、「東京都心における首都高速道路のあり方委員会」（国土交通省・東京都・首都高速道路公団）も、提言（二〇〇二年四月）において、日本橋付近の都心環状線の再構築案として、いくつかの地下案とともに高架案をまとめている。取りまとめにあたったのは、中村良夫、篠原修といった土木分野における景観工学の大家である。

大都市にも自然が欲しい、かつての景観が蘇って欲しい、という素朴な声も次第に大きくなりつつあった。地元では、「日本橋地域ルネッサンス一〇〇年計画委員会」「日本橋保存会」などいくつかのまちづくり団体が活動を続け、それらを統合するかたちで設けられた「日本橋みちと景観を考える懇

図6●日本橋の風景の変化
上：『熈代勝覧』（1805 年）に描かれた江戸時代の日本橋
下：現代の日本橋

談会」が独自にアイディア・コンペを行うなど、いくつかの提案を試みてきた。

しかし、事業が容易でないことはいうまでもない。日本橋川の上に架かる高速道路の場合、清渓川に沿うだけの単線の高架道路とは違い、いくつかの路線が交差するから、交通計画上、代替案の作成が困難である。そして、清渓川再生がまさにそうであったように、景観ばかりではなく、まちづくり、防災性の向上、環境整備など、様々な課題が複合したプロジェクトとなる。実現への手順、スケジュール、費用対効果、地域づくりの協力体制など、検討すべきことが山のようにある。都市計画に関わる法制度の検討も必要である。様々な権利関係を調整するためには、土地や建物の広さや容積を移転することが必要になるが、その権利変換をコーディネートする役割・仕組みが鍵になる。そして、地区内の合意形成が同じように決め手となることは見えているのである。

日本橋プロジェクトは、「高度成長期のまちづくりから品格のある上級なまちづくりへの転換――経済効率優先・車中心・無秩序な景観（従前）から伝統・文化・歴史の尊重、賑わい空間の創出（今後）へ」を高らかにうたった。そして、「新しいまちづくりを日本橋から全国に広げていくための第一歩――全国の都市再生・国土再生のマイルストーン」を目指す、と宣言した。確かに、日本橋が日本の新たな臍として再生に向かうとすれば、日本の都市景観の帰趨を大きく方向づけることになるはずであった。

それから一〇年、東日本大震災が東北のみならず東京をも直撃した。超高層建築の揺れ、膨大な帰宅困難者の出現、計画停電……。首都東京の拠って立つ基盤の脆弱性が露わとなった。

そして、東京オリンピック二〇二〇が決まった。

主題とされつつあるのは、首都東京の強靭化である。例えば、東京オリンピック一九六四のために建設した高速道路網の補修、補強が急がれることになる。東京オリンピック二〇二〇の招致委員会が、既存施設の最大限の利用をアピールしたことが示すように、東京オリンピック一九六四の時のように新たな施設をどんどん建てる余裕は今の日本にはない。ましてや東日本大震災からの復興という最大の課題がある。東京のみが、しかも既存の都市構造を補修強化するだけだとすれば、この半世紀は一体何だったのかということになる。

東京オリンピック二〇二〇が決まって、せめて日本橋の上の高速道路だけでも撤去できないか、という動きがある。問題を先送りするのではなく、日本橋プロジェクトがうたったような日本橋を日本の臍として再生する機会とできるかどうかが問われている。

丸の内：美観論争

東京駅前丸の内に、現在の新丸ビルから見下ろされるように、いささか場違いに思える赤茶けた煉瓦色の迫力ある東京海上ビルディング（現・東京海上日動ビルディング）が建っている（図7）。

図7●丸ビル（左）と新丸ビル（右）に挟まれた東京海上ビルディング

日本の近代建築をリードし続けた建築家、前川國男[3]（一九〇五～一九八六）によるこの東京海上ビルディングは、霞ヶ関ビルに先駆けて、日本最初の超高層建築となるはずであった。しかし、そうはならなかった。建設をめぐって、時の政権（首相佐藤栄作）を巻き込む大論争が起こるのである。

ことの発端は一九六三年に遡る。この年、建築基準法（一九五〇年制定）の前身となる市街地建築物法（一九一九年制定）などによって戦前期より長い間決められてきた、建物の高さを百尺（三一メートル）以内に制限する規定が撤廃されるのである。三一メートルというとせいぜい一〇階建ての高さだ。一〇階建ての建造物であれば、今では日本全国の都市に林立していて珍しくもないが、「超高層」建築というと、当初は三一メートルを超えた建物を言った。そうした意味では、この一九六三年は、日本の都市景観を大きく変えるきっかけとなった年として記憶されていい。

翌一九六四年は東京オリンピックの開催された年であり、東京―新大阪間に新幹線が開通した年である。上述のように、東京もこの頃を期に大きく変貌していく。東京オリンピックの興奮さめやらぬ一九六五年一月に設計依頼を受けた前川國男の案は、地上三二階、高さ一三〇メートルの「超高層」建築案であった。高さ制限から容積制限へ移行したことを踏まえ[4]、超高層化によって、敷地の三分の二を公共広場として開放するというねらいをもっていた。この手法は、後の「総合設計制度」[5]に基づく「公開空地」の先駆けとして評価されるが、後述のように、この総合設計制度は、それまでに形成されてきた日本の都市景観を大きく変える動因となる。

案は設計図書にまとめられ、一九六六年一〇月に建築確認申請[6]の手続きが取られた。そして、騒動が起こった。「皇居を見下ろすビルは美観上認めない」という判断を東京都が下したのである。知事は美濃部亮吉（一九〇四～一九八四）[7]、革新都政の時代である。後に「美観論争」と呼ばれることになる、この出来事の顚末はおよそ以下のようであった。

美観上の理由で（美観条例を設けて）東京都が建築確認を拒否する一方で、建築基準法上の手続きは進められた。一九六七年一月、財団法人日本建築センターの構造審査会（建築基準法の規定にない特別な建築物の審査を行う機関）は、構造耐力上支障はないとの判断を下している。技術的な認可を得て、法的には準備が整ったことになる。しかし、東京都がなおも建築確認を拒否し続けたことから、建主である東京海上火災はこれを不服として東京都建築審査会に審査請求を提出、九月に至って審査会は東京都の処分を取り消すという裁定を下した。

一九六七年一〇月、構造審査会の報告に基づく大臣認定の手続きが東京都から建設省に送られた。問題は自治体から国へと移ったことになる。この間、マスコミがこの問題を大々的に取り上げ、国民的話題となった。そして、ついには政治問題化する。時の佐藤栄作首相が「皇居を直接見下ろすようなビルは「不敬」に当たる。国民感情からしても好ましくない」と発言したのである。また、実際に東京海上火災に対して「超高層」ビルの自粛を要請したのであった。

結局、基準階の平面計画（プラン）は変えず、自主的に地上二五階、軒高一〇〇メートル以下に高さを削ることで認可が下りることになった。一九七〇年のことである。一九七一年一二月に着工した東京海上ビルは、計画開始よりほぼ一〇年を経た一九七四年三月に竣工した。

「皇居を見下ろす」という政治的問題を除いてみると、ここには、全国各地で勃発した「風景戦争」の構図をほぼそっくりそのまままみることができる。すなわち、高層建築の計画提案、高層化反対のキャンペーン、条例の制定、適法の確認、高さ低減（階数削減）による決着というパターンである。

東京海上ビル建設に伴う美観論争が、建築界にしこりのように残っているのは、超高層建築を推進する側に、建築界の「良心」とされてきた前川國男がいたことである。[8][9]

東京海上ビルの前身は、一九一八年に建てられたものである（曽禰中條設計事務所、構造設計：内田祥三（一八八五〜一九七二）[10]。丸の内、すなわち江戸城の御曲輪内《みくるわうち》と呼ばれた一帯には、明治以後、司法省、大審院、東京裁判所、警視庁などの官庁の他、陸軍省や騎兵隊、工兵隊の兵営、操練場、東京府立勧工場（辰ノ口勧工場）が置かれたが、その内の陸軍用地は、一八九〇年に至って、三菱に払い下げられた。日本橋が「三井村」と呼ばれたのに対して「三菱ヶ原」と呼ばれた。

三菱は一八九四年からイギリスの経済の中心地ロンドンのロンバート街[11]をモデルとしたオフィス街の建設に着手、一九一四年にかけて、J・コンドルの設計で一号から二一号に及ぶ赤煉瓦造の三菱館を建てた。一九一四年には東京駅が建てられ、東京海上ビルの後、二三年には丸ビルが落成する。丸の内一帯は「一丁倫敦《ロンドン》」と呼ばれ、日本橋に対抗する日本のビジネス街として急速に発展していくことになった（図8）。

この丸の内に建てられた大部分の建物は、第二次世界大戦による被災を免れた。一九五二年に完成した新丸ビルは、従って、一〇〇尺の建築制限を守って建てられることになったのである。日本の近代都市計画の起源とされる東京市区改正条例[12]（一八八八年）はこの一丁倫敦と呼ばれた街並みが東京の中央市区に広がっていくことを想像していた（図58）。この想像図の世界はやがて実現していくのであるが、本書ではこれを日本の第三の景観層とする。

前川國男に求められたのは、この一〇〇尺にきれいにそろったビルの景観とは異なった新たな景観の秩序である。それ以前にモデルとされていたのは、アメリカの大都市、とりわけニューヨークで一

写真提供：三菱地所

図8●「一丁倫敦」と呼ばれた三菱レンガ街

般的になっていた、地上の敷地面を目一杯使って中央部のみ超高層とするいわゆる墓石型の超高層であった。超高層化によって公共広場（公開空地）を地上に設けるという前川國男の提案する超高層のモデルは、あえなく挫折したのである。

時代は下って、バブル華やかなりし頃、新宿副都心が超高層ビルの林立する街に変わり、ウォーターフロント開発が盛んに喧伝される中で、丸の内一帯に高さ二〇〇メートル級の超高層ビル約六〇棟を建設しようという「丸の内マンハッタン計画」が打ち上げられた。「マンハッタン計画」というのは、日本産業の中枢として、ニューヨークのマンハッタンのような国際金融センターとしたいという命名であったが、原子爆弾開発のパンドラの箱を開けた「マンハッタン計画」を想い起こさせて暗示的でもあった。以降、丸の内に容積率の歯止めが効かなくなるのである。

前川國男の挫折を墓碑銘として、一丁倫敦の記憶もかすかに残す丸の内であり続ける選択もあったのかもしれない。しかし、容積を増やせば増やすほど利潤を得ることのできる一等地を所有する大地主である三菱地所にその選択はなかった。公開空地を設ければ、容積率は一三〇〇パーセントになる。さらに、歴史的建造物を復元保存すれば一七〇〇パーセントになる。こうして一角に歴史的建造物を残して超高層として建て変えられた建物がある。

「平凡なるもの」という素晴らしいテレビ番組（富山テレビ）がつくられ、保存運動が展開されたが、日本の近代建築の傑作とされる丸の内南口に残る吉田鉄郎（一八九四〜一九五六）[13]設計の東京中央郵便局は、中途半端にファサードの壁面を残して超高層ビルに建て替えられた（図9）。一方、東京駅は原形通りに保存復元された（二〇一二年完工）。

丸の内は、エアポケットのように残るわずかな歴史的建造物とともに超高層のビル群によって包囲されつつある。第三の景観層において出現した歴史的建造物が新たにランク分けされ、あるものは解体建て替え（死刑）、あるものは一部保存（執行猶予）、あるものは凍結保存（標本化）される。そして、それらを足元に歴史の痕跡として残しながら、ひたすら空に向かって空間を拡張する。これが、日本の第五の景観層である。日本の首都・東京の玄関口、東京駅を取り巻く景観は、日本の景観問題と景

図9●ファサードのみ修景保存された東京中央郵便局

観層をそのまま表現している。

国立マンション訴訟

二〇〇二年の暮れ、東京都国立市の高層マンションの高さをめぐる訴訟で、東京地裁が住民の景観利益を認め、マンションの一部、二〇メートルを超える部分の撤去を命じた。これは画期的な判決と評価が高い（図10）。

僕は、一九九一年に京都に居を移す前は、国分寺の恋ヶ窪の近くに住んでいて、国立にはしばしば通った。柏木博（現・武蔵野美術大学教授）、高橋敏夫（現・早稲田大学教授）といった面々と読書会を続けていたのがなつかしい。今でも、国分寺には居宅があっ

図10●国立の高層マンション
上の写真の中央や左下、下の写真の右。巨大なヴォリュームが理解できる。

て時々寄るが、武蔵野には、まだまだ素晴らしい自然、景観が残されている。玉川上水沿いの自然がいい。とりわけ、桜の季節の並木道はえもいわれない。

玉川上水は、羽村から四谷大木戸までのおよそ四〇キロメートルが一六五三（承応二）年に開かれ、翌年江戸城まで暗渠でつながれた江戸の上水道、生命線である。また、一八世紀前半、武蔵野の新田開発のための灌漑用水としても用いられた。玉川上水は最終的に東京の改良水道完成で一九〇一年に廃止され、水路は一九四五年の淀橋浄水場廃止まで利用された。この玉川上水に、浄水処理をした下水が流されているが、これは清渓川再生にも通ずる試みである。

ところで、裁判の帰趨――すなわち高裁では地裁の判決が覆された――を知っていて書くわけではないが、上記の判決は、画期的ではあるが、予断を許さない、というのが直感であった。法的には様々な問題がある。例えば、建築基準法は条例に優先し、建築基準法を満たしていれば結局建築確認が行われるという事例は山ほどあるからである。

日本中のマンション紛争には、一九六〇年代末から一九七〇年代初頭に遡る前史がある。高層マンションが建つことによって隣接した土地に日影ができるというので、全国各地で紛争が頻発したのである。いわゆる「日照権」紛争である。

実は、この時争われていたのは、単に「日照」の問題ではなかった。今日でいう「景観」も「環境」もその係争のうちに既に含まれていたとみていい。

マンションが建つことによって、すなわち、新たな住民の加入によって、その近隣に様々な変化が起こるのは当然である。実際、日照のみならず騒音や塵問題など、様々に相隣関係が問題となった。身近な「環境」や景観が大きく変化することに、地域住民は反発したのである。「日照権」という権利概念は、健康で文化的な生活を維持する権利として受け容れやすかった。そこで、日照権を盾に、近隣住民が工事着工を実力で阻止する事態が少なからず起こった。自治体ですら、合意形成に努めず着工を強行したマンション業者に上水道を連結しないといった騒動も起きた。業者は相次いで訴訟を起こした。建築基準法を遵守している限り、業者の言い分が認められるのが法的には筋であった。

繰り返し述べるように、日本で建築に関わる最低限の規定を定めるのが建築基準法である。これは、一九一九（大正八）年に制定された市街地建築物法を引き継いで、一九五〇年に制定されて、改訂を重ねて今日に至る。複雑な規定が付加されてきたが、基本は、「用途地域（ゾーニング）」制と「建蔽率（建築面積／敷地面積）」「容積率（ヴォリューム）」規制である。建築基準法を遵守していれば、いかように建造物を建てようと地権者の自由である。日本ほど建築の自由な国はないといわれる。

国は、頻発する日照権紛争に対処せざるを得ず、近隣住民の反発にも理があるという判断から、隣地に対して一定の日照を確保することを条件とする建築基準法の改定が行われることになった。設計者は複雑な計算を強いられ、日影図の作成を義務づけられることになったが、この条件をクリアさえしていれば、建設は認められることになった。一件落着である。

しかし、国立マンション問題は、上述のように、単に「日照問題」ではなかった。今日の景観問題はその延長にある。

国立のマンション訴訟の地裁判決は、「景観権」という新たな権利概念を認めたわけではない。判決文は、次のように言う。

都市景観による付加価値は、……当該地域内の地建者らが、地権者相互の十分な理解と結束及び自己犠牲を伴う長期間の継続的な努力によって自ら作り出し、自らこれを享受するところにその特殊性がある。そして、このような都市景観による付加価値を維持するためには、当該地域内の地建者全員が前期の基準を遵守する必要があり、仮に、地建者らの一人でもその基準を逸脱した建築物を建築して自己の利益を追求する土地利用に走ったならば、それまで統一的に構成されてきた当該景観は直ちに破壊され、他の全ての地建者らの前記の付加価値が奪われかねないという関係にあるから、当該地域内の地建者らは、自らの財産権の自由な行使を自制する負担を負う反面、他の地建者に対して、同様の負担を求めることができなくてはならない。

すなわち、財産権への付加価値として都市景観の維持が認められているのである。また、地権者の一致した継続的な努力と自己犠牲が評価されているのである。

国立市には長年にわたって街の環境を維持してきた歴史がある。南北の中心軸である大学通りへの歩道橋設置についても大きな議論が巻き起こったが、車椅子の障害者や子どもでも渡れるものとすることで折り合いをつけてきた経験もあり、そうした住民との協調関係を基礎にこのマンション計画に対しても、新たに地区計画や建築制限を制定した経緯があった。国立が先進的であったのは、相次いで訴訟が行われ、景観権、環境権をめぐって法的概念が争われ、鍛えられてきたからである。しかし、景観や環境が財産権の付加価値としてのみ問題にされる限り、行き着く先は見えているといわねばならない。次節で、京都府宇治での僕の経験を記すが、至るところで同じような問題があるのである。

東京の美学

東京タワーに登ってみる。あるいは東京新都庁舎の展望室から、さらに新たに出現した新名所東京スカイツリーの展望台から、東京の街を見渡してみる。世界中どこの大都市も似たようなものだが、東京の景観はとりわけ雑然と見える。ヨーロッパの都市と比べるとその違いは歴然だ。日本橋も東京駅も俯瞰してみれば、雑然とビルが林立する風景の中に埋もれてどこにあるのかわからないのである。新宿御苑や明治神宮などいくつか残された森の緑がせめてもの救いである。

この無秩序さは一体何なのか。

東京の景観を考える時、比較対象として、通い慣れたインドネシアのジャカルタのことを想う。この二つの都市の基礎が造られたのは同じ一七世紀なのである。ジャカルタの前身はバタヴィアというが、「じゃがたらお春[14]」の数奇な物語もあって、江戸（日本）とジャカルタとの関係も深い。鎖国（海禁）政策をとっていた日本が、唯一、長崎出島を通じてつながっていたのがバタヴィアである。

ジャカルタの人口は、現在一〇〇〇万人を超える。ジャボタベックJABOTABEK（ジャカルタ―ボゴール―タンゲラン―ブカシ）というジャカルタ大都市圏を考えると、さらにはるかに大きい。もっとも、東京も、首都圏として神奈川・埼玉・千葉の近隣三県を加えれば三〇〇〇万人、日本の人口の四分の一を占めるから似たようなものである。

この二つのアジアの大都市は「巨大な村落[15]」とも言われるように、実によく似ている。しかし、印象はかなり異なる。

ジャカルタのムルデカ広場に建つ独立記念塔に登ってみる。東京と同じように雑然とした風景が広がる。でも、美しいのである。理由ははっきりしている。赤い瓦の家並みが一面に広がっていて、都市全体が赤い（図11）。そして、その赤い家並みに少なくない緑が実に映えているのである。赤い家並みの下は、カンポン（都市村落）の世界（布野修司 1991）である。決して豊かとは言えないバラックの世界である。美しさは、従って物質的豊かさではない。皆が同じようにジャワ島の土で焼いた赤瓦を使っている、ただそれだけのことであるといえばそれだけのことである。それに対して、東京の

図11●ジャカルタの赤い家並み

俯瞰景は様々な屋根の色が混然として白色騒音(ホワイト・ノイズ)化してしまっている。ジャカルタのカンポンを覆う赤瓦は、オランダが持ち込んだもので、ジャワのものとは言えないもののの、もうすっかり伝統となっている。カンポンの道は曲がりくねり、土地の形も大小様々で、全体としてアモルフに見えるが、赤い屋根が全体を覆うことでひとつの世界が表現されるのである。

芦原義信(一九一八〜二〇〇三)[16]は、東京の景観をめぐって、「わが国の首都、東京は、一見、まことに混沌としていて、他の国の首都と比較し、都市計画や都市景観の点でかなり遅れている」と『東京の美学――混沌と秩序』(芦原義信 1994)の冒頭に書く。ところがこの一文は、反語的問いかけであって、東京は決して、

「混沌」として「遅れている」のではない、混沌の中に秩序があり、東京には東京の美学がある、と主張するのが『東京の美学』である。

僕は、芦原先生に建築設計の手ほどきを受けた。少し年上の丹下健三（一九一三〜二〇〇五）[17]のような時代の先端を走る派手な建築家ではなく、手堅い建築家として知られていて、そうした建築家にしっかりしたデザインの基礎を教わったのは幸せであったが、基本は「混沌にいかに秩序を与えるか」ということだったと思う。だから、「混沌の中の秩序」「混沌の美学」というのは芦原建築論の深化である。

『東京の美学』に先立つ『街並みの美学』（芦原義信 1979）においては、「N（ネガティブ）」スペースと「P（ポジティブ）」スペースという概念が用いられる。建築家は、建築物（Pスペース）のみに関心をもつけれど、大切なのは建築物と建築物の隙間（Nスペース）である、という主張である。Nスペース、Pスペースによって都市を分析する視点は、博士論文である「建築の外部空間に関する研究」（一九六一年）に示されている。都市の地図を白黒反転させて、すなわち、建物を白、隙間や空地を黒に塗ってみると、隙間の重要性がわかる。隙間すなわち都市の余白、中庭であり、広場であり、人々が集う公共的空間となる。この隙間が大事だというのが芦原都市建築理論であった。『街並みの美学』そして『続・街並みの美学』で展開される主張は本書が踏まえるべき前提である。この二冊には、すぐれた街並み景観、居心地のいい都市空間についての評価と提案が数多く示されている。

それに対して『東京の美学』は「混沌の美学」を主張する。東京あるいはアジアには、一見、無秩序に見える都市環境の中に、その生成過程において、ある種の「隠れた秩序」が存在しているのではないか、というのである。「混沌の秩序」「無秩序の中の秩序」という主張と、Nスペース、Pスペースによって都市が構成されるという主張は異なる。『街並みの美学』はあくまで西欧の都市を前提として組み立てられていた。しかし、『東京の美学』には西欧の都市とアジアの都市＝東京は異なる秩序があるという視点がある。実際、東京の景観はヨーロッパよりアジアの諸都市に近い。例えば、中心商店街や盛り場などは、漢字の広告が溢れかえる、香港やシンガポールのチャイナタウンに似ている。また、木造住宅が主である点は東南アジアの諸都市に共通性がある。そうした意味では、日本の景観を考える際に西欧の景観がそのまま規範となるわけではない。第2章で、景観という概念をめぐって、風景と生態圏をめぐって、また地球環境と景観をめぐって議論するが、景観はそもそも地域の生態系によって拘束されている。そういう意味では、アジアにはアジアの、東京には東京の景観の美学がありうることを前提にすべきなのである。

問題は美学である。『続・街並みの美学』(芦原義信 1983)ではゲシュタルト心理学が援用されるが、『東京の美学』では、「カオス」「ファジー」「フラクタル」といった諸理論に触発されたという。フラクタル理論は、景観を一定の型や様式として捉える景観論に対して、景観をよりダイナミックに捉えるためのヒントを与えてくれる。視覚的に分りやすいのはマンデルブロー集合[18]で、その部分を拡大し

図12●フラクタル図形（マンデルブロー集合）

ていくと全体と似たような形が現れるがそれらは互いに異なっている（図12）。海岸線や地形、樹木など自然の複雑で多様な形も一定の集合のルールによって生み出されており、それを記述できる可能性を示唆してくれる。すなわち、ディテールにおける秩序が実に多様な形態を生み出すという、あるいは、単純なルールが実に豊かな細部を生み出すという、そういうシステムを具体的に想定させてくれるのである。

景観についてフラクタル理論が直接応用可能であるかどうかはわからないが、一定のルールに基づいたかたちから実に多様なかたちが生み出される仕組み、ディテールから組み立てていく都市計画の手法を示唆するように思う。具体的に頭に浮かべているのはイスラーム都市の形成原理である。これについては、『ムガル都市――イスラーム都市の空間変容』（布野修司・山根周 2008）で詳細に議論したが、景観形成の作法に即しては第3章「風景作法」の最後に述べよう。

東京フロンティア：新国立競技場問題

しかしそれにしても、東京の景観には手がつけようがないのではないか。それどころか、東京オリンピック二〇二〇を目指して建て替えられる新国立競技場の設計計画のプロセスを見ていると、東京の景観という観点、都市景観をめぐる議論の平面すら成立していないように思えてくる。

国立競技場に隣接する東京体育館の設計者でもあり、すぐれた都市論の著作もある世界的建築家、槇文彦（一九二八〜）[19]が「新国立競技場案を神宮外苑の歴史的文脈の中で考える」[20]を書いて逸早く問題を指摘したのは東京オリンピック二〇二〇の決定以前である。

新国立競技場案として決定されたザハ・ハディド（一九五〇〜）[21]案は、その規模において都市景観の作法を全く無視したものであること、そしてまた、神宮外苑の歴史的文脈を度外視したものであることにおいて、受け入れられるものではない。もし東京に決まったら「新しいプログラム作りを提案したい」と主張していた。

その言葉通り、実際にオリンピック東京二〇二〇が決まると、槇は具体的に問題点を指摘する行動を開始し、日本を代表する建築家の組織である日本建築家協会（ＪＩＡ）もそれを支持する。しかし、事態は見直しの方向には動いてはいかない。日本の景観問題の根がここでも浮彫りになっている。その敷地が東京の風致地区の第一号に指定された地区にあることを思えば、日本の「風景戦争」の象徴として末永く記憶されることになる。

新国立競技場の建設をめぐっては、東京の景観を問う以前に、国立競技場の建て替えという決定、すなわちその選地、規模、機能、維持管理、収支計画などプログラムの問題がある。そして、設計者と設計案の選定、設計競技のプロセスの問題がある。いずれにしても、超「超法規」が予め前提されたり、明らかに要件違反の案が選定されたり、計画も設計競技の運営も杜撰であったというしかない。選定された設計案は惨めな姿に変更されつつある（図13）。

公共建築の設計者選定をめぐる問題については本章「4松江　図としての公共建築」で公開審査方式についてさらに述べるが、新国立競技場についても予め開かれた場での多面的な議論が必要だったのである。そして引き続き、東京オリンピック二〇二〇が東京に与えるインパクトについて考える必要がある。

東京オリンピック一九六四を契機に東京の景観はがらりと変わった。では、東京オリンピック二〇二〇に向けて東京はどう変わっていけばいいのか。少なくとも、新国立競技場のザハ・ハディド案が象徴する方向には東京の未来はないのではないか。

一九八〇年代末から一九九〇年代初頭にかけてのバブル期にしきりに東京が議論された。当時の東

a

写真提供：東京 2020 オリンピック・パラリンピック招致委員会／ロイター／アフロ

b

図13●新国立競技場のデザイン
　a：ザハ・ハデイドの競技設計最優秀案　b：実施設計案（2014 年）

京論は、大きく三つに分けられる。ひとつはレトロスペクティブな東京論、もうひとつはポストモダンの東京論、そして東京改造論である。

レトロスペクティブな東京論として、東京の過去をノスタルジックに振り返る構えをとった一群の書物がある。『東京の空間人類学』（陣内秀信 1985）がその代表であるが、東京にも緑や水がある、起伏に富んだ地形がある、自然と一体化してきた都市生活があった、などの素朴な発見が基礎にある。また、『明治の東京計画』（藤森照信 1982）、『日本近代都市計画史研究』（石田頼房 1987）のように、近代都市東京がどのように成り立ってきたのかを明らかにする一連の著作がある。「古き良き」時代としての戦前期の東京へのノスタルジーが通奏低音としてある。まずは、都市的生活が成り立った一九二〇年代の東京への関心があり、明治期の東京、さらには江戸へとその関心は遡行する。『乱歩と東京』（松山巌 1984）は、近代都市東京成立期の光と影を析出した秀作である。

ポストモダンの東京論として、ひたすら現在の東京を愛であげる一群の書物があった。バブルへ向かって、東京は国際金融都市へ脱皮する。世界中から金融資本を集め、国際企業が進出することによってオフィスビルが足りなくなる。また、世界のどこかでマーケットが動くから二四時間眠ることのない都市となる。そして実際、ポストモダン建築の跋扈《ばっこ》によって都市景観は百花繚乱の狂騒に巻き込まれることになった。「いま、東京が世界中でもっとも面白い」というのが、ポストモダンの東京論のスローガンであった。

以上二つの東京論を支えていたのが東京改造論である。戦後まもなくの東京は、戦災によってほぼ壊滅状態、白紙状態であったから、半世紀足らずで、平面的にはほぼ建て詰まるに至ったのは驚くべきことであった。同じ大都市でも、一歩郊外に出ると截然と家並みが途絶えて美しい田園風景が広がる欧米の都市に比べて、だらだらと住宅地が広がるのが東京の郊外である。しかし、通勤時間を考えても、エネルギー供給、資源、食糧問題を考えても、東京の拡大には限界がある。東京は過飽和都市であり、その拡大のフロンティアの消滅が強く意識されたのが一九八〇年代後半である。

東京改造のフロンティアは、いくつかの方向に求められた。まず、「空へ」である。都心を見ると、山手線内側の建物の平均階数はせいぜい三階であり、上空にはまだまだ容積がある。まず、ターゲットとされたのは、都心に残された未利用の公有地である。旧国鉄の用地が脚光を浴びた。そして、老朽化の進んだ下町にも触手は伸びた。こうした再開発の象徴はアークヒルズ、そして、淀橋浄水場跡地に移転された東京都新庁舎である。こうして東京の重心が移動していくことに対抗して丸の内「マンハッタン計画」が打ち上げられたのもこの頃のことである。アークヒルズに続いて六本木ヒルズ、そして虎ノ門ヒルズ、都心のビル開発を一貫して手がけてきているディベロッパーが森ビル株式会社である（図14）。強力な都市景観の形成者といっていい。

次に、「水辺（ウォーターフロント）へ」である。東京はもともと水辺、海辺の都市であり、水運に支えられて発展してきた。日本橋は、まさにその中心に架けられた橋であった。しかし、工業化の進

図14●虎ノ門ヒルズ

展とともに、ウォーターフロントは、工場や発電所、港湾施設によって占められるようになった。人々や物資の移動は、鉄道など陸運が主となり、モータリゼーションの時代がやってきた。人々の生活が水との関わりを失っていったのは時代の流れであった。ところが、東京を支える産業構造は大きく転換する。第二次産業から第三次産業への転換である。都民の大半がサービス業に従事するようになるのである。それとともに、ウォーターフロントに立地してきた工場などが他に移転し始める。ターゲットになったのは、ウォーターフロントの工場跡地である。この産業構造の転換によるウォーターフロントの再開発は、東京に先んじて、ロンドンのドックランズなど世界の大都市で起こったことである。

さらに、「地下へ」というプロジェクトも打ち上げられた。東京のど真ん中に数十万人規模の地下都市をつくるというとてつもないプロジェクトも取り沙汰されたのである。

結局は、東京の自然、「古き良き」東京を回顧するレトロスペクティブな東京論も、ひたすら東京の現在を享受するポストモダンの東京論も、東京改造論に飲み込まれていったとみていい。そして、バブル経済が弾けた。「東京フロンティア」と名付けられた東京都市博覧会の中止が、その象徴的出来事となった。

そして、今、東京オリンピック二〇二〇開催に向けて、再び、東京のウォーターフロントが注目されつつある。フロンティアを求め続ける都市のあり方はもうそろそろ卒業するべきではないか。ましてや、東北大震災の復興という課題があるのだから。

メガ・アーバニゼーション：東京一極集中

二〇〇二年の一二月、オランダのライデン大学で開かれた「アジアのメガ・アーバニゼーション——都市変化の指揮者（ディレクター）」と題された国際シンポジウムに招かれて出掛けた。ライデンの運河が凍るほど寒かった記憶が残る。

インドネシアの都市研究で知り合った長年の知己、人類学教室のP・ナスが、アジアの大都市を取り上げて、その変化を主導している指揮者は誰かをめぐって、比較のために東京について報告して欲しい、という。ジャカルタにとってのスハルト・ファミリー、クアラルンプールのマハティールといった、強大な権力を握って都市の行方に影響力をもった特定の個人が想定されているらしかったが、大都市をひとりの指揮者が変化させるというのはピンと来ない。しかし、あるヴィジョンとそれを支える制度が都市の方向を決めるということはある。少し考えて、「未完の東京プロジェクト——破局か再生か」と題した報告を行った。本になったときには、「東京：投企屋と建設業者の楽園」（邦訳）というタイトルになった（Funo 2005）。内容そのままである。

しかしそれにしても、地球規模の都市化の流れは止まらない。先進諸国と発展途上国の経済発展の従属的構造はプライメイト・シティ[22]（単一支配型都市）を生んできたが、現在ではそのプライメイト・シティがアメーバのようにずるずると農村部を巻き込んでさらに巨大化しつつある。携帯電話とオートバイの普及がその要因とされるが、地方都市と大都市が緊密につながり広大な都市圏が形成される。拡大大都市圏[23]といい、例えばヴェトナムではハノイ、ホーチミン周辺、マレーシアではシンガポールからクアラルンプールまで、インドネシアでは先に触れたジャボタペック圏がそうなりつつある。とてもひとりのディレクターがコントロールできるという話ではない。

一方、日本が人口縮小社会に向かっていくことははっきりしている。その大きなうねりの中で益々加速しながら進行しているのが東京一極集中である。

改革を掲げた小泉内閣の五年間（二〇〇一～二〇〇六）、バブル経済崩壊後の「空白の一〇年」を取り戻すべく、都市再生本部が設けられた。総合設計制度など次々と規制緩和策が打ち出されて、当時地方都市（宇治市）の都市計画審議会会長であった僕としては実に困った。ぼんやりしていると、地方にはそぐわない規制緩和が自動的に行われてしまうのである。切実なのは地域再生であって、東京一極集中の是正である。

新幹線で上京すると、品川から東京駅にかけて、工事用のクレーンがにょきにょき建っているのに違和感をもった。地方の不況が嘘のようなのである。都市再生緊急整備地域に指定されているのだという。都市再生とは、すなわち、経済活性化であり、そのための構造改革であり、規制緩和である。

具体的には、土地の流動化である。

東京には景観問題などないといえるのではないかというのは、容積のみをお金に換算し、その流動化を計ることのみが原理とされていることにおいてである。第2章でみるように、景観とは「土地の姿」に関わる概念であり、土地が流動化する事態など想定外なのである。

当時の都市再生施策の象徴が、IT（情報技術）長者が蝟集する六本木ヒルズであった。近くの国際文化会館の庭から見ると、六本木ヒルズが実に威圧的に迫ってくる。開発圧力に抗して、保存再生された国際文化会館こそ、都市再生のモデルに相応しい。二〇〇七年、日本建築学会は国際文化会館の再生事業に業績賞を送った。

ライデン大学のシンポジウムで僕の発表を聞いたコメンテーターの一人は、アムステルダムなどヨーロッパの都市は既に完成してしまっているという。暗に、ヨーロッパの都市は日々変化していく活力に欠けて面白みがない、というニュアンスである。確かに、ヨーロッパの都市は、それぞれに完成している趣がある。多くの都市が、第二次世界大戦時に大きな戦災を受けたけれど、歴史的街並みを取り戻している。かつての姿にそのまま復元されたプラハのような都市もある。

東京には完成ということはあるのだろうか。あるいは、東京の滅亡（死）ということがあるのだろうか。無限に拡大し続ける都市があるわけはない。水や電気、ガスなどのエネルギー・資源供給の問題を考えても容易にわかる。また、古来、存続してきた都市は、世界を見渡しても、そう多くはないのである。拡大成長を続ける都市かコンパクト・シティか、スクラップ・アンド・ビルド都市かリサイクル都市か、議論は白熱することになった。

東京の景観形成の歴史を振り返ると、建てては壊しの歴史である。戊辰戦争、関東大震災、太平洋戦争という震災、戦災が決定的であるが、一九六〇年代の高度成長期、そして、一九八〇年代後半のバブル期の建設ラッシュは、戦災にも匹敵する。そして、経済活性化のためにさらに再開発を求める。果てしなく建設と破壊を繰り返すだけの東京に果たして未来はあるのだろうか、という疑問の提出が僕の報告の趣旨であった。

東京は、結局、どうあればいいのか、どういう方向へ向かうのかが景観問題の根底で問われ続けている。東京オリンピック二〇二〇開催へ向けての高揚そして狂騒が予想される中でも、否、だからこそ東京と日本の未来の景観をめぐる議論は棚上げにはできない。

2 京都

日本の臍といえば、東京・日本橋とともに、日本の歴史の臍、古都・京都でもこの半世紀の間にすさまじい変化が起こった。

京都は、日本人の心の故郷だという。明治維新によって、江戸・東京に政治首都の座を譲ったものの、今もなお「文化首都」を自負する。様々な分野で議論され続けてきた「日本的なるもの」、日本文化の核心といわれるもののほとんど全ては、京都で育まれたと考えられている。そして、一二〇〇年の長きにわたって、一国の中心として存続し続けた都市は、世界を見渡しても、そう多くはない。世界に誇るべき歴史的都市遺産をもつ京都の景観問題は、日本の景観問題の象徴であり続けている。

「田の字」地区

京都の中心部、東から西へ河原町、烏丸、堀川の三本の南北大通り、そして北から南へ御池、四条、五条の三本の東西大通りで囲まれた地区が通称「田の字」地区である（図15）。この「田の字」地区が空前のマンション建設ラッシュに襲われたのはバブル経済が弾けた後の長期不況のさなかのことである。しかも、巨大なマンションが林立したのである（図16）。京町家が建ち並んだかつての街並みはガタガタになってしまった。

京都の景観問題といえば、古くは京都タワー、京都ホテル、そして京都駅の建設をめぐって大きな議論が起こったが、「田の字」地区の変貌はより深刻であった。巨大なマンションが、都心の町の構造そのものを変えてしまったのである。

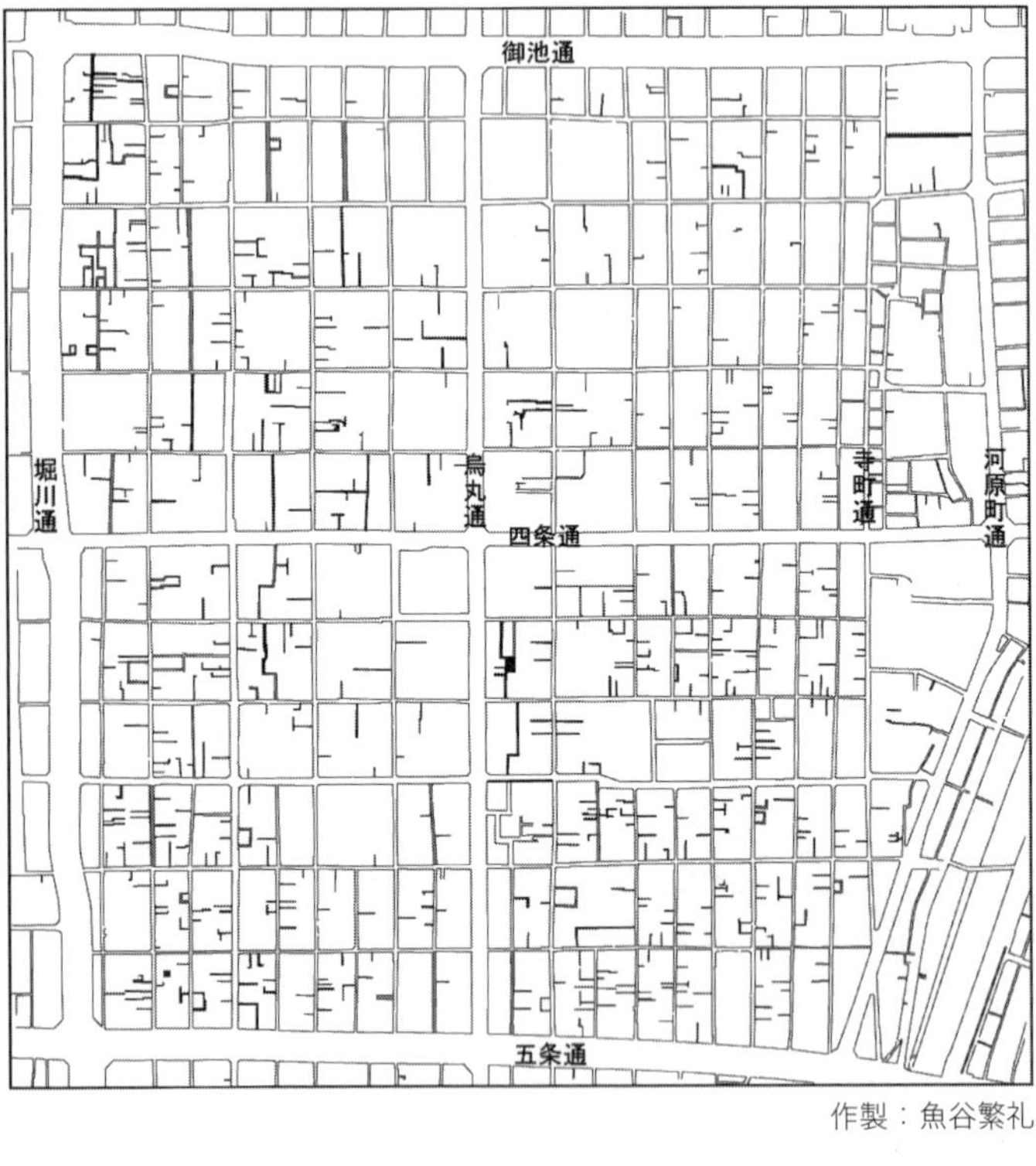

作製：魚谷繁礼

図15●田の字地区の路地分布（2004 年）

図16●マンション反対を訴える近隣住民によるチラシ

不況といわれる中で、巨大なマンションが次々に建ったのには、もちろん理由がある。マンション購入者からすれば、都心は便利がいいし、上階からの眺望は最高である。場所によっては、五山の送り火全てを望むことができる。手頃な値段であれば住宅を取得しようという需要は大きい。ディベロッパーにとってはビジネスの種である。

様々な開発規制が被《かぶ》せられている古都ではあるが、「田の字」地区は都心にあり、都心に相応しい業務機能、商業機能が必要とされるから、一定のヴォリュームを建てることができる。具体的に言えば「田の字」地区の全域は建蔽率八〇パーセント、容積率四〇〇パーセントが上限と規定されており、五階建ての建物が建設可能である。

土地所有者にとっては、相続税とも絡んで、一定の開発利益が必要である。だから、土地の値上がりが前提であった時代に一貫して進行したのは土地の細分化であったけれど、不況になって「田の字」地区で起こったのは土地の合筆であった。(24)

これはかつて起こったことのない歴史的大事件である。

結果として、同じマンションに住む子どもたちが別の小学校に通うような、学区を跨る巨大なマンションも出現した。京都市も、他の大都市と同様空洞化に悩み、小学校の統廃合を進めてきたのだが、巨大マンションの住民の増加で逆に教室が足りなくなったというから、なんともチグハグな話である。

「田の字」地区の景観はどうあればいいのかをめぐって議論は以前から分裂気味である。全て京町家が建ち並ぶかつての街並みに戻すべし、という意見がある一方、新たな街並みを創出すべし、という主張もある。通りに面したところだけはかつての高さに抑える、という折衷案もある。

京都市は、景観施策の先進自治体を自負しているのであるが、この「田の字」地区は、他の大都市の中心街区と変わるところはない。マンションばかりで店舗が無くなると賑やかさが失われてしまうと、慌てて一階には店舗を入れることを条件とする条例がつくられたが、事態は変わるわけではない。

すなわち、建蔽率八〇パーセント、容積率四〇〇パーセントという条件であれば、五階建ての建造物で街区が埋まるのが自然なのである。

山鉾町：京町家再生不可能論

「田の字」地区のさらにその中心、京都の歴史的臍というべき地区が、祇園祭に山車・笠鉾を巡行する山鉾町である。山鉾二九基のひとつで毎年巡行の先頭を務める長刀鉾の鉾倉は「田の字」地区の中心、四条烏丸にある。京都に移り住んでまもなくこの山鉾町を中心とした京町家再生研究会（一九九二年発足）に参加する機会を得た。また、京都市の委員会で、京町家の再生のための具体的な手法を考える機会を与えられた（一九九一年）。

山鉾町を隈無く歩いてみると、町家が並ぶ街区の間に空き地、駐車場が虫食い状に広がりつつあった。京町家が残るといっても点々とでしかない。このままでは京町家が消え去り、高層マンションに建て替わってしまうのは時間の問題だと思えた（図17）。すぐに明らかになったのは、京町家の再生は不可能ということである。理由は単純にいうとふたつある。防火規定と相続税である。

いくら京町家をそのまま建てようとしても、建築基準法上の規定で、防火地区、準防火地区に指定されているから、木造建築そのままの形では新たに建てられないのである。また、京町家をそのまま維持しようとしても、代替わりによって相続が発生すると手放さざるをえなくなる、あるいは建て替えて高度利用せざるを得なくなる。京都の歴史的臍である山鉾町において、京町家がそのまま建ち続ける条件、制度的枠組みがないのである。

図17●ビルの谷間の京町家

全ての議論はここを出発点とすべきである。

戦後まもなく、一面に広がる廃墟の光景（図72）を前にして、木造亡国論が声高に唱えられた。木造都市があまりにもはかなかったという思いが、何の疑念もなく、都市の不燃化という至上命題に結びつけられたのである。戦災を逃れた京町家も、その運命は、新たな建築基準法の制定によって、既に決定されていたことになる。

京町家を再生するための方途はないかと、いくつか考えた。

①文化財保護法九八条二項および八三条三項による方法

②建築基準法三条一項三による「その他条例の定めるところ」に従う条例制定による方法

③建築基準法三八条（大臣特認）による方法
④都市計画区域の変更による方法
①②は、いずれも、京町家を文化財として扱う必要がある。文化財としての建築形式、建築意匠の継続性を担保する必要があり、生活しながら京町家を維持していくのにはなじまない面が多い。③は、一軒一軒、防火性能などを確認するのは時間も費用もかかるから、プレファブ住宅のように、一定の形式を認定してしまうという方法であるが、これも京都の都心部については一般的ではない。
結局、④の方法しかない、というのが結論である。どういうことかといえば、京町家を再生する地区を特別扱いして京都市全体を対象とする都市計画区域から外してしまうということである。建築基準法上の規定がなければ、木造の京町家を自由に建てることができるのである。京都は、建築基準法など無くても、一〇〇〇年もの間、それなりの景観を維持してきたのである。

荒唐無稽に思えるかもしれないが、そうでもない。街区全体で防火・防災措置を講じる方法があるし、消防法に基づく措置は建築基準法とは別に様々に要求されることに変わりない。真面目に提案し、スプリンクラーを外部に設置する京町家モデルをつくった。火災実験を行い良好な結果も得られたことから、橋弁慶山の会所に実際に取り付けた（図18）。一般への普及を目指したが、直後に阪神淡路大震災が起こって、立ち消えになってしまった。

山鉾町にとって、祇園祭はその存在根拠である。その日常の街並み景観に加えて祭礼時の景観は、

図18●スプリンクラー付きの京町屋（橋弁慶山会所）
1階庇の下にスプリンクラーが取り付けられている。

図19●祇園祭の山鉾巡行

京都という都市のアイデンティティに関わる。高層ビルの中に入居するかたちとなった山車蔵や山鉾がビルの谷間を巡行する様（図19）は、京都の都市景観の分裂を象徴的に示している。

祇園祭の山車笠鉾の巡行区域を思い切って都市計画区域から除外することはできないか。防災の仕組みを構築することこそ重要である。建築基準法であれ、消防法であれ、地区の景観を維持していく究極の担保になるわけではないのである。

京都タワー・京都駅・京都ホテル

一九九〇年代初頭、京都ホテルあるいは京都駅の問題がマスコミによってセンセーショナルに取り上げられ、京都は騒然としていた。まちづくりのための財源不足に苦慮する京都市が観光社寺へ「拝観税」[25]を課すことを発想、提案し、京都仏教会の猛反発を招いていたのである。京都ホテルの高層化はけしからんと京都ホテルの宿泊者は参拝を認めないという看板が至る所に掲げられていたが、観光客が京都ホテルの宿泊者かどうか、どうやって区別するのだろう、と不思議に思ったことを思い出す。しかし、いつのまにか、その看板は撤去された。もっと不思議である。

景観問題でいつも問題になるのは専ら建造物の高さである。それが非常にシンボリックで、わかりやすいからである。京都の市民にとって、その高さが大きな問題になった京都タワーをめぐる議論は未だにしこりのように残っているといっていい。

京都タワーが竣工したのは、一九六四年の東京オリンピックの年であり、その建設反対運動が起こったのは、東京駅前の美観論争が起こる少しばかり前のことであった。京都タワーは、建築基準法上は「工作物」の扱いであり、問題は東京海上ビルディングの場合と異なっていた。経緯はともかく、結果としては当初の計画（現在の姿）のままに建つことになった。日本の近代建築運動の先駆けである日本分離派建築会[26]（一九二〇年結成）のメンバーであった山田守[27]（一八九四〜一九六六）の設計である。

建設から半世紀経って、この京都タワーのデザインに親しみを抱く人は少なくない（図20）。好悪の評価は別として、既に京都のひとつのシンボルになっている。新幹線の車窓から京都タワーが見えると、誰もが「京都」を意識するのである。エッフェル塔[28]にしても、ポンピドゥー・センター[29]にしても、その建設当初は大きな反対運動が起こった（図21）。しかし、今ではいずれもパリの名所である。歴史的都市は、多かれ少なかれ、同じような経験をもっている。

都市は生き物である。新陳代謝は不可欠であり、また、何らかの新しさは、都市の魅力にとって必要である。そして、都市のアイデンティティに関わる「図」としてのモニュメントも都市には必要である。「図（フィギュア）」に対するのは「地（グラウンド）」である。視覚心理学の用語であるが、都市景観についても用いられる。「地」があって「図」が成り立つのであって、われもわれもと「図」を目指して目立とうとしたら、それこそ混沌となる。

問題は、「地」となる都市のベースであり、景観の基層である。そうした意味では、京都ホテルあるいは新京都駅の方が問題は深刻である。京都の骨格に関わるからである。建造物の規模もさることながら、壁面の位置が街並みの連続性を大きく崩してしまうからである。

問うべきは総合設計制度という都市計画制度である。これについては、丸の内の「美観論争」に関連して既に触れたが、敷地のうちの一定割合のスペースを公共のために提供するのであれば、容積率の規制を緩和する、という制度である。この制度は、都市に公共的空間を確保するひとつの方法として採用されたのであるが、統一的な街並み景観を形成するという観点では大いに疑問であった。前面に空地を設けるとすると、建物のファサード（立面）が凸凹して揃わなくなってしまう。

繰り返し述べるように、建物の外形を決めるのは、建蔽率、容積率、斜線制限、日照時間といった

図20●梅小路公園から見た京都タワー
図21●ポンピドゥーセンター（左）とエッフェル塔（右）

図22●京都タワーから京都ホテル（中央上部、クレーンが２本立つ）を望む

建築基準法による規定である。日本の都市景観は、ある意味では宮内康が言うように、全て建築基準法の自己表現である（宮内康 1976）。その規定が変わるのであれば、景観が変わるのは当然である。

京都タワーに上って京都ホテルを望むと、その巨大さがよくわかる（図22）。眼下の京都駅も実に巨大な壁に見える。しかし、京都の景観問題というのは、決して京都駅や京都ホテルだけの問題でもないし、高さだけの問題でもない。その後「田の字」地区に起こったことが問題の広がりを示している。

祇園：景観と土地所有

京都ホテルの建設反対運動が起こったのはバブル経済の最後の華が燃え尽きる頃で、京都のもうひとつの中心である祇園はまだ活気があった。

祇園精舎に由来する祇園は、八坂神社（祇園社）と祇園町、祇園新町などの一帯をいうが、祇園社、円山、清水寺などへの道筋にあって、この地区には近世初期から茶屋、水茶屋が立地していた。寛文期に入って本格的な開発が行われ、一六七〇（寛文一〇）年ごろには大和大路沿いに三条から四条通南までの間に祇園外六町《そとろくちょう》が形成された。一七一三（正徳三）年には白川沿いに町地が造成されて祇園内六町が出現する。四条河原にあった芝居小屋は、すべて外六町のうちの中之町に移され、元禄期には四条通をはさんで五棟の芝居小屋が建ち並んだ。祇園は、いわゆる「悪場所」として栄えるのである。茶屋、水茶屋、旅籠屋、芝居を合わせて、一大遊興地帯となった祇園のにぎわいは、公許の島原遊廓をしのぐほどであった。

明治になって祇園は甲部と乙部に分かれ、膳所裏《ぜぜうら》と呼ぶ一区域を除いた祇園甲部は、日本で最も格式の高い花街とされ、その温習会である都をどりは、今日まで続く京都の景物となっている。

知られるように、祇園といっても、その景観は、四条通の南と北でかなり違う（図23）。四条通と花見小路の交差する南東の角に大石内蔵助が利用した（『仮名手本忠臣蔵』）ことで有名な一力茶屋（祇園一力亭）があり、京都の伝統的接待文化の象徴とされるが、南は、芸子、舞子を育てて今日に至る八坂女紅場《にょこうば》学園(30)という地主が一帯の敷地を全て所有している。伝統的な家並みが続く景観が維持されてきた大きな理由は、接待文化を支えてきた伝統の力とともに、この土地所有のかたちにある。

それに対して、四条通の北は、土地が細分化され、雑居ビルが建ち並ぶ、わかりやすく言えば、一般的な日本の盛り場の景観である。著名な建築家によるポストモダン建築も建つ。そして、その北に接して、重要伝統的建造物群保存地区に指定された祇園新橋がある。重要伝統的建造物群保存地区に指定されるとそのファサード（正面）の様式を変えることなく維持することが求められる。内部は椅子式のしつらえになっているから、使われ方は伝統そのままではない。同じように見えて、細かな様

図23●祇園の北（上）と南（下）

式の差異が見られるのが興味深い（図24）。高さ、素材など一定の統一が保たれる中に個々に差異ある表現がある。画一的なスタイルを強制するのではなく、一定のルールのもとで個の表現を保障するのは景観を考えるひとつのポイントである。

この祇園の南北の景観の落差、不連続性は、魅力といえば魅力であるが、実に奇妙である。実は、祇園の北側ではすさまじい勢いで土地建物の取引が進行していた。法務省に行って登記簿を見ると、土地や建物を買い占めているのは、ほとんどが東京の業者、東京資本であった。祇園のような、お茶屋さんがあって京都の応接室として接待文化を支えた、踊りなど伝統的な芸能や作法を育て継承してきた空間も、それを維持し続けるのは容易ではない。

祇園にも空家や駐車場が目立つ。山鉾町と同じように地価高騰による相続税の問題があり、そこに住み続けようと思っても住めなくなるからであろう。そうした状況で単純に街並みを保存しろといっても無理である。祇園に空家が目立つ背景には、まず後継者がいない、舞子さん、芸子さんのなり手がいない、料理をつくる板前さんがいないということがある。町を支える基本的な構造が崩れつつあるのである。

景観を保存するといっても、京町家をつくり維持する大工さんもほとんどいなくなっている。建て替えるといっても、防火の規定があるから木造では建て替えられない。建て替える場合は、容積率を目一杯確保しようとするから町並みは崩れてしまう。景観を支える仕組みが崩れればどうしようもな

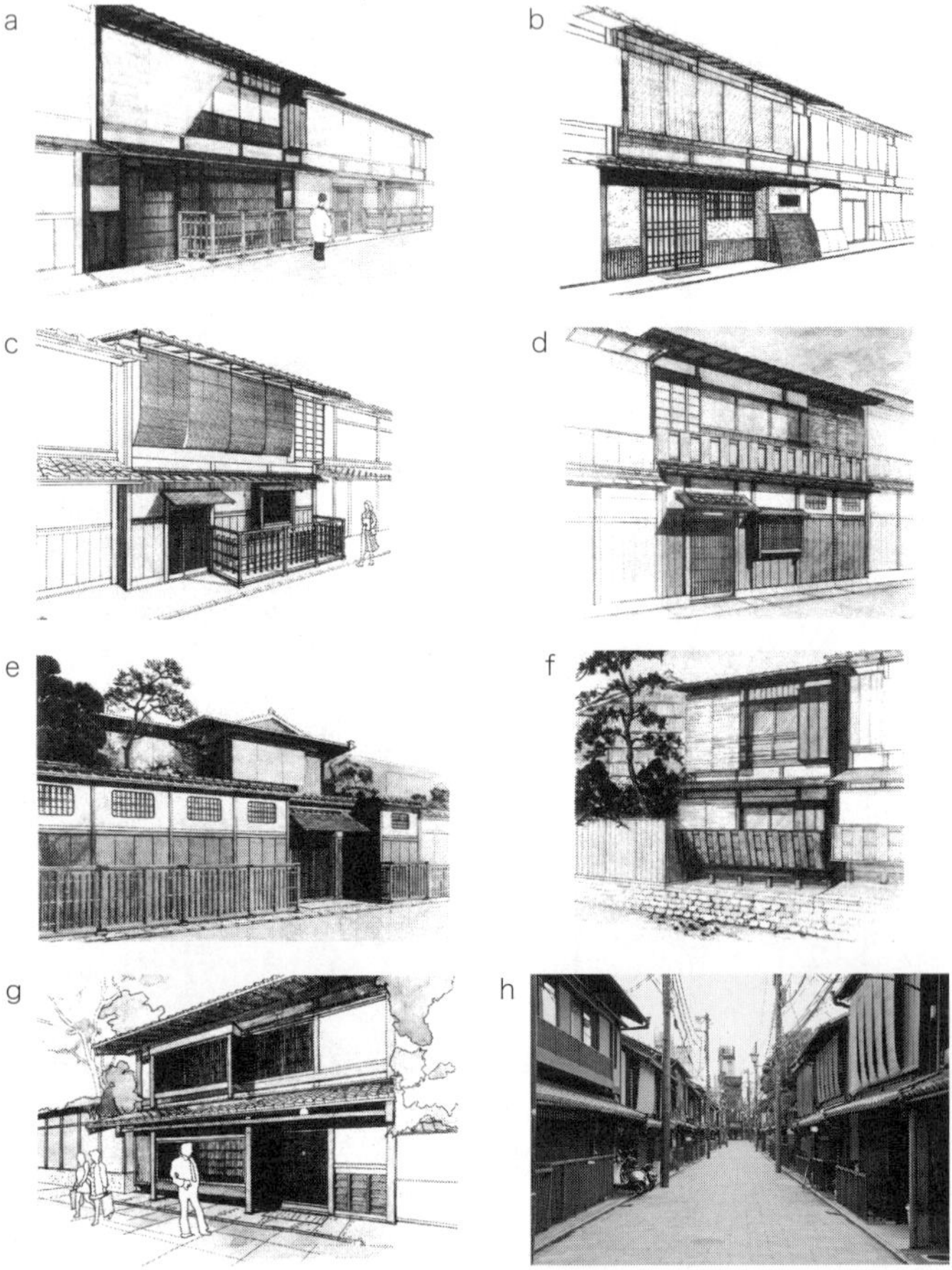

a〜g：京都市都市計画局（1992）『祇園新橋　街並み調査報告』

図24●祇園新橋町家の様式

a：本二階建て町家茶屋様式　b：本二階建て町家数奇屋風様式
c：本二階建て町家塀造様式　d：本二階建て町家高塀造様式
e：和風邸宅様式　f：本二階建て川端茶屋様式　g：京町家様式
h：祇園新橋の街並み

い。これも大きなポイントである。

鴨川：三・五条大橋

京都ホテルや京都駅の「風景戦争」のさなか、鴨川では三・五条大橋の建設が大きな話題となっていた。三・五条大橋とは、鴨川の三条大橋と四条大橋の間に架ける橋で、背景には、客足の減った祇園地区に、対岸の木屋町や四条河原町から人の流れが欲しい、という思惑があった。

パリと京都は姉妹都市であり、日本贔屓、京都贔屓で知られたフランスのシラク大統領が、セーヌ川に掛かるポンヌフのような橋を架けたらどうかと言ったとかで――外国人に自分に都合のいい意見を言ってもらう、というのはよくやるやり方でもある――芸術の都に相応しい橋が欲しい、という意見が出される一方で、三・五条大橋など必要ない、何故ヨーロッパ風の橋なのか、といった反対論がすぐさま湧き上がった。マスコミも大きく取り上げて、大騒ぎとなったのである。

三・五条大橋の場合、建設そのものの当否が争点であった。祇園と木屋町、河原町の間の人の流れがそもそも必要なのかどうかが、まず問題である。そして、建設の必要性が多くの人に認められるとすると、新たに建設される橋が歴史的に形成されてきた鴨川の景観に相応しいかどうかが問題になる。橋そのものをかけなくても、水面近くを渡る工夫はいくらでもできる。実際、京都大学の建築学科の設計演習では、学生たちはいくつも素晴らしい案をつくってくれた。現実には、河川法の規定や安全性の問題があってそう簡単ではないが、実際に鴨川の上流には水面近くを飛石伝いに歩けるようにした場所もある（図25）。フォリーや仮設のスクリーンを設置するなど、楽しそうな親水空間は多様にデザインしうる。しかし、橋のデザインとなると議論がもどかしくなる。パリ風、日本風あるいは「京都らしい」というけれど、議論は深まらないし、決着はつかない。

「風景戦争」のひとつの戦場は、この景観デザインの平面にある。「地域の伝統と歴史を踏まえたデザイン」「〇〇らしいデザイン」といっても、そのデザインを具体的に規定することは容易ではないし、また仮にデザインのための様々な条件や要素を規定できたとしても、デザインそのものは多様であり得る。そこでしばしば持ち出されるのがステレオタイプ化したデザインである。わかりやすいのは、地域の伝統的な建築の屋根のかたちだけを真似るやり方である。

戦前の日本において、「帝冠（併合）様式」という建築様式が下田菊太郎（一八六六～一九三一）[31]によって提唱された。躯体は鉄筋コンクリートの近代建築で屋根は日本古来の神社仏閣のかたちとするというもので、帝国議事堂（現・国会議事堂）の設計競技（コンペティション、略してコンペ）の際に提案され、実際、軍人会館（九段会館）、東京帝室博物館（現・東京国立博物館）などのような建築が建てられた。京都では、京都市美術館（一九三三年）が帝冠様式とされる。

屋根のシンボリズム、すなわち、屋根かたちが象徴するものの力は絶大である。この「帝冠様式」

図25●鴨川に敷かれた飛石（出町柳）
加茂川（左）と高野川（右）の合流地点

と同様のスタイル、手法は、世界中で見ることができる。

しかし、ステレオタイプはステレオタイプである。極端な場合、「屋根は全て勾配屋根とせよ」という発想につながってしまう。思考停止である。

三・五条大橋はいつの間にか立ち消えになったようであるが、建設されるとして、そのデザインをどうするか、実際考えてみる意味はある。市民の関心の高い、街のシンボル景観となる地区のデザインである場合、設計競技によるのが妥当であろう。問題は、審査員を含めた審査のやり方であるが、鍵となるのは、判断の根拠の公開性である。重要なのは、たとえ小さな建造物やストリート・ファーニチャーのデザインであれ、地域の景観を考える機会にすることである。賀茂川と高野川が合流する下鴨神社から桂川との合流地点へ向けて、鴨川を上流から下流へ歩いてみると、いくつもの橋が架かっている。その多くはお世辞にもよくデザインされた橋とは言えない。関東大震災後に、様々な構造デザインによる橋を架けた隅田川のような例もある。イランの古都イスファハンを流れるザーヤーンデ川にもそれぞれ独特にデザインされた橋が架けられている。鴨川に架かる多くの橋のデザインも順次見直したらどうかと思う。

バブル経済が弾けて以降、橋の下にはホームレスが居住するようになったが、とにかく水辺を歩けるのがいい。京都の魅力を支える大きな要素のひとつは水である。鴨川、桂川など、水に親しむ空間が身近に存在していることは実に貴重である。

大文字：眺望景観の保全

京都市内に住んだ五年間、自宅の机に座ると、窓から比叡山が見えた。また、京都国際会館で大きな国際会議が開かれるたびに打ち上げられる花火が見えた。また、家のすぐそばを流れていた高野川べりに出ると、五山の送り火の時には「妙法」の「法」の字が見えた（図26）。京都はまだまだ景観に恵まれている、と思う。季節ごとに移り変わる比叡山の景観を享受できたのは幸せであった。しかし、眼の前にアパートが建ってその楽しみは奪われた。無性に腹がたった。

図26●五山送り火「妙法」の「法」の字

都市景観は大きく壊れてきたものの、東山、北山、西山で囲われた京都盆地の自然景観は、「春は曙……」と平安貴族が愛でた頃と大幅に変わったわけではない。しかし、それを享受する場所は、ますます限定されつつある。大自然を一望のもとに収めるのは快感である。高所から俯瞰することで、地域の全体像を手に入れることができる。地域の全体像に関わる大景観、地域を構成する部分に関わる中景観、極めて身近な小景観という概念で、景観のスケール、景観と視点場との距離や角度が問題とされるが、大景観をめぐってしばしば「風景戦争」が勃発する。

京都の場合、この大景観の享受という点に関しては、ほとんど絶望的な状況にある。京都ホテルの問題にしても、京都駅の問題にしても、巨大な建造物によって大景観が傷つけられることに対する反発が反対運動の根底にある。また、身近な景観についても、中高層建造物が建ち並ぶことによって、かつての景観が享受できなくなることに不満を抱くのは自然である。しかし、大景観についての事態は既にある水準を超えてしまっている。自分の部屋から毎日比叡山の姿が望めるというのは最早ごく例外的であるから、隣にアパートが建って視界が遮られても仕方がないか、とつい思ってしまう。

「田の字」地区のマンションが人気を集めるのは、高層階から京都の大景観を享受することができるからである。視界を遮る高層マンションの最上階の住人が京都の三山をいつでも見渡せると思うと、思いは複雑である。見下ろす快感に対して見下ろされる不快もある。

第3章「風景作法」で紹介する景観法を含むいわゆる景観緑三法が成立して（二〇〇四年六月）、京都市は新たな景観行政に取り組むことになる。景観法を追い風として、すなわち、景観法を根拠として、都心部のダウンゾーニング（高さ制限、容積率制限をより厳しくする）を含む規制強化を行うのである。しかし、私権の制限を伴うからものごとはスムースにはいかない。「田の字」地区のマンション住人の、規制強化に対する反対の声が問題の根を物語っている。資産価値が減るから困る、というのである。

一方、新たな展開が期待されるのが眺望景観保全への取組みである。ヨーロッパには、歴史的モニュメントの前後に建つ建物を規制する法律があるが、都市の骨格をなす軸線上にモニュメントを配する手法をとる西欧の都市と違って、日本では人工物を焦点とする都市構成の手法は必ずしも受け入れられてこなかった。しかし、京都に限らず、日本には借景という伝統がある。居ながらにして大自然を自らのものとする庭園の手法を洗練させてきた。京都には、現在もそうした庭園が少なからず残されている。借景のために、すなわち私的な特定の場所からの景観を維持するために、果たして建築制限が可能であろうか。景観法は、それを可能とするが、その前提は当該地区の人々の同意であり、その意義を共有する住民の合意である。

京都盆地には、東山、北山、西山の三山があり、鴨川、桂川という河川がある。それらをあらゆる場所から望むことは無理であるとしても、特定の公共的な場所、視点場からは眺望できるように配慮するというのであれば、およそのコンセンサスは得られるのではないか。鴨川沿いに歩きながら、東山の稜線は望めた方がいいし、鴨川の流れの先に無粋な建造物が見えるのは興ざめである。そして、京都には、なによりも、大文字山をはじめとする五山の送り火がある。この都市祭礼は眺望景観がなくては成立しない。五山の送り火を一度に享受できる視点場が高層マンションや高層ホテルの高層階のみというのは誰が考えても問題である。

京都市は、三八の眺望景観、借景を定めた（図27）。境内の眺め（上賀茂神社、桂離宮など一七）、通りの眺め（御池通りなど四）、水辺の眺め（濠川・宇治川派流、疎水）、庭園からの眺め（円通寺、渉成園）、山並みへの眺め（加茂川右岸からの東山など三）、「しるし」への眺め（加茂川右岸からの大文字の

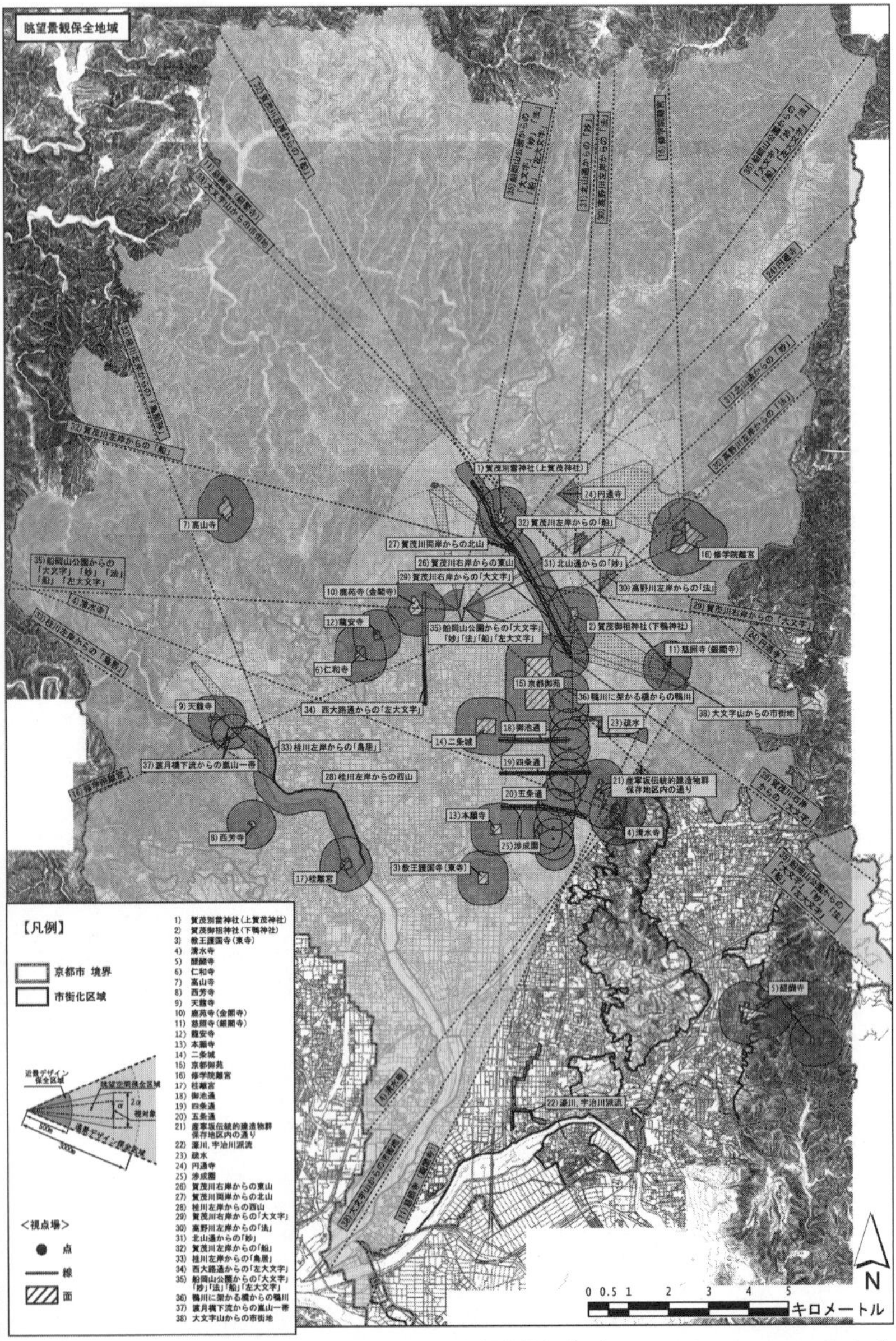

京都市情報館(http://www.city.kyoto.lg.jp/)

図27●京都の眺望景観保全地域

眺めなど七)、見晴らしの眺め(鴨川に架かる橋からの鴨川、渡月橋下流からの嵐山一帯)、見下ろしの眺め(大文字山からの市街地)である。それぞれについて、眺望空間保全地域、近景デザイン保全地域、遠景デザイン保全地域が設定され、建築行為が制限される。

歴史的景観資源が豊富な京都らしい取組みといっていいが、金沢、奈良、神戸などにも眺望景観保全の試みは広がりつつある。考えてみれば、景観を単純に建造物の高さのみでコントロールしようというのはあまりにもプリミティブかつ実効性のないやり方なのである。

3 宇治

宇治市は、人口二〇万人弱、京都府では京都市に次ぐ二番目の都市である。応神天皇の皇子の菟道稚郎子《うじのわきいらつこ》が住んでいたことに地名は由来し、宇遅、菟道などとも書く。

宇治の歴史的中心には、宇治川が流れ、その両岸に、平等院と宇治上神社という世界文化遺産がある。大和国から日本海側に向かういわゆる古北陸道と宇治川が交わる交通の要衝であり、六四六(大化二)年宇治川に僧道登《どうとう》(32)によって架けられた宇治橋は、日本最古の橋といわれる。また、京都防衛のために軍事的に重要な地であり、「宇治川の戦い」と総称されるが、源平合戦、承久の乱など度々争奪の対象となった。

宇治は、『源氏物語』「宇治十帖」の舞台でもある。近世には茶業中心の在郷町となり、宇治茶は宇治の代名詞となった。茶畑は今でも宇治の景観を特徴づけている。

御茶畑：市街化区域の生産緑地

宇治（黄檗・五ヶ庄）には一九九一年からほぼ一〇年住んだ。住民ということで、宇治市の都市計画審議会の委員を委嘱され、その会長を一〇年ほど務めた。都市計画審議会は、都市計画についての審議を行うのであって、都市計画そのものを行うわけではない。首長の諮問によって都市計画法の定める事項を審議して答申するのが、その役割である。

審議事項は、予め事務局で検討されており、法定の情報公開（縦覧）の手続きも行われているから、審議は短時間で終わる形式的なものである場合が多い。時間が余るので、折角だから都市計画についてご意見はありませんか、と議論を始めると、答申した事項について審議してもらえば結構です、と叱られてしまう。

そんな宇治市の都市計画審議会に毎年決まって答申されたのが、生産緑地の変更である。生産緑地とは、生産緑地法（一九七四年）によって規定される市街化区域内の土地（農地、森林）をいう。大都市圏の自治体は、市街化区域内で、農業を続けたい地主のために緑地の確保の意義も認めて、宅地並みの課税をしない措置をとる。宇治市の場合、生産緑地のほとんどが茶畑である。

鎌倉末期に始まる宇治茶は、多少の盛衰はあれど、今日もなお、宇治のブランドである。しかし、宇治のアイデンティティになってきた、その茶畑が、近ごろ年々減り続けているのである。

一九九六年に、二二〇地区、六五ヘクタールあった茶畑は、二〇〇五年には、二〇一地区、六一ヘクタールになった。事由は、従事者の死亡、もしくは故障（農業を続けることができない身体的傷害）である。高齢化の進行で、従事者は減る一方である。

かくして、生産緑地の宅地への転用を承認するというのが都市計画審議会の重要な仕事なのである。市が買い取るとか、ドイツのクライン・ガルテン（小庭園）あるいは市民農園のような形で緑地を残すわけにいかないのか、という意見が毎回出されるが、有効な手だては講じられない。地域の生業のかたちが大きく景観を規定するのであるが、その対策を真剣に検討する余裕がない。

土地は、維持管理する主体があって、その姿も維持される。茶畑の減少は、宇治の景観のバロメーターである。

絵に描いた餅？：都市計画マスタープラン

もちろん、都市計画審議会が、以上のような消極的な役割に終始しているわけではない。それぞれの自治体には「都市計画マスタープラン」（都市計画に関する基本的な方針）を策定することが義務づけられており（「都市計画法」第一八条2）、宇治市も二〇〇二年から二〇〇四年にかけてその策定を行うことになった。実現すべき都市の将来像を明確にする、各種都市計画の決定・変更の指針となる、個別の都市計画相互の整合を図る、市民と行政の協働を積極的に推進する、というのが目的であり、宇治市の都市計画にとって極めて重要である。

全市域を七つの地域（六地蔵、黄檗、宇治、槇島、小倉、大久保、山間）に分け、きめ細かく地域の将来像（地域別構想）がワークショップ方式によって検討された。ワークショップのやり方には様々な手法があるが、大きな地図を用意して、地域の問題点、評価すべき場所、将来のあり方などを具体的に書き上げてもらった。様々な世代、様々な職業の人々が参加することによって、地域の現状を多面的に捉え直す機会ともなる。検討会は、二年間で一六回に及んだ。

都市づくりの基本目標としてまとめられたスローガンは、「豊かな自然をいつまでも大切に未来へ伝える都市づくり」「歴史と新しい文化が息づく都市づくり」「災害に強く安心して住める穏やかな都市づくり」「人や環境にやさしく、交流を大切にする都市づくり」と、いささかありきたりで全国どこでも通用しそうである。インパクトあるキャッチコピーが欲しい、と議論もなされたが、問題は中身である。いくらスローガンが立派であっても、中身がなければ意味がない。地域別構想など具体的にまとめられた将来像が二〇年後に問われることになる。

往々にして都市計画マスタープランは、単なる報告書であり、絵に描いた餅にすぎない。しかし、何より貴重であったのは、住民参加によるワークショップの経験であり、とにもかくにも、今後へ向けて、まちづくり協議会等の設置など市民のまちづくり活動を支援すること、まちづくり事業を推進するため庁内体制を確立すること、ワークショップなどで得たまちづくりの知識や経験を今後のまちづくりに活用すること、都市計画マスタープランの実効性を検証するためのシステムをつくることをうたったことである。

日本の都市計画の共通の問題は、都市計画マスタープランを実現していく体系的仕組みがないことである。この致命的な問題が露呈しているのが東日本大震災後の被災地である。

滋賀県守山市では、守山まるごと活性化プランが学区ごとに作成され（二〇一四年）、実行されようとしている。宮本和宏市長に依頼を受けてお手伝いし始めたところだ。箱物は造らず、各学区が地域のあらゆる資源（自然、歴史、文化、人材……）を掘り起こして、それを用いた施策を展開していくという。全自治会が参加して、それぞれの地区の活性化プランをつくるというのは宇治市でも同様であったが、守山の場合、順次それを実行していくのだという。日本のまちづくりにも変化の兆しは見える。

巨大な壁：世界文化遺産とバッファー・ゾーン

都市計画マスタープランの策定とともに、宇治市は、都市景観条例を制定（二〇〇二年三月）、都市景観形成の指針と基本計画の作成にとりかかった。初代都市景観審議会会長をつとめられたのが、真野地区（神戸市）のまちづくりなど、全国のまちづくりをリードしてきた広原盛明（元・京都府立大学学長）先生である。僕も広原先生から相談を受けて、審議会の委員に加わった。都市計画行政と景観条例が結びついていないことの問題点を、以下に述べる松江の事例で思い知っていたからである。宇治市都市景観形成基本計画の内容は、もちろん、宇治市都市計画マスタープランにも反映されることになった。

宇治市の景観資源を、眺望景観資源、自然景観資源、歴史的景観資源、都市的景観資源に分けて洗い出し、その特性と課題をまとめた上で、シンボル景観（世界遺産周辺一帯）、骨格軸景観（宇治川、旧街道）、パノラマ景観、特徴的ゾーン景観（歴史的遺産集積地区、歴史的商店街、旧集落、茶畑、巨椋池干拓田）など、それぞれの景観類型についてその形成指針をめぐって検討を加えた。この作業と並行する形で、景観法が成立し、一年後に施行されることになる。宇治市は、この景観法に基づく景観行政団体となるが（二〇〇六年）、景観基本計画作成の作業は先行していたことになる。

ところが、景観条例に基づいて景観形成指針を決めた直後の二〇〇四年六月、宇治橋通りに巨大なマンション建設が持ち上がり、大騒動が勃発することになった。いわゆる「駆け込み」建築確認申請である。マンション建設の予定地は、宇治橋通りに面した商店街の半ばに位置する駐車場であった。宇治橋通りは宇治橋から北東へ真っ直ぐ伸びる歴史的商店街である（図28）。有名な御茶屋さんもあり、歴史的街並みが残るが、鉄筋コンクリートの建物も建ち、また、空家、駐車場も目立ち始めている。宇治橋の東の袂から平等院へ向かう表参道に比べると、街並みは乱れて活気がない。この通りをどう再生、活性化させるかは、宇治市にとって大きなテーマであり、都市計画マスタープランでも議論してきたところである。「伝統・歴史・観光とくらしが結びつく商店街をめざします」「安心して歩いて買い物ができる商店まちづくりをめざします」「地域一丸となってアイディアを出す商店まちづくりを推進します」という方針が確認された矢先のマンション計画であった。

当初は九階建ての計画であった。しかし、都市景観条例で、高さ二〇メートルを超える大型建造物には届出義務が課せられるというので、ぎりぎりの七階建てに変更した計画が提出された。このマンションは、高さもさることながら、奥行きが深く、全体が一〇〇メートル近くにもなるのが大問題であった。住宅地に巨大な壁ができ、街並みの秩序として明らかに異質である。

第一に、近隣住民にとっての影響が懸念された。新住民が増えることによって、駐車場問題、騒音

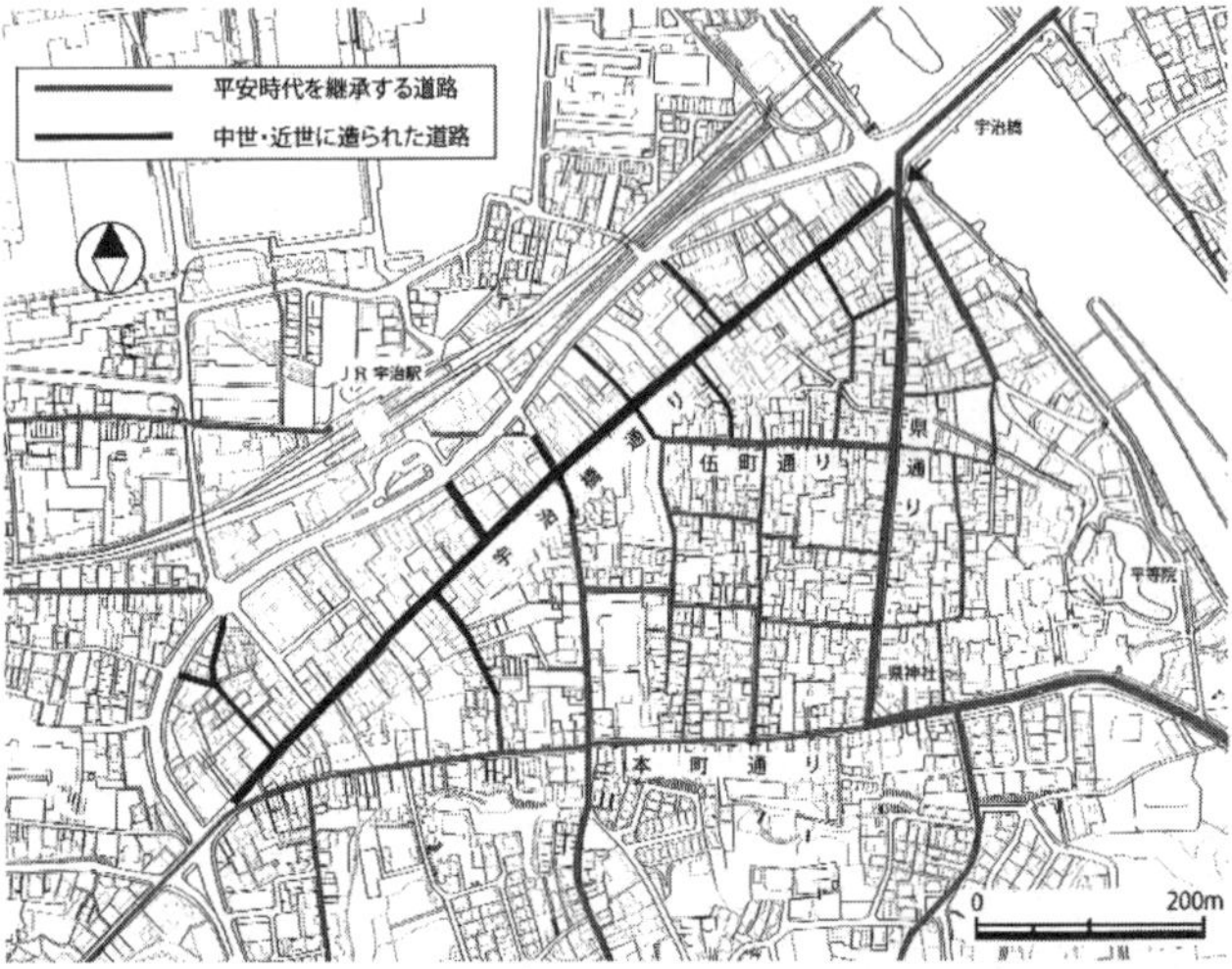

宇治市（2012）『「宇治の文化的景観」を未来へ』

図28●宇治橋通り

下の写真は上の地図の矢印地点から撮影したもの。

問題などが危惧されるのである。住民たちが反対の声をあげたのは当然であった。

第二に、世界文化遺産に登録された平等院からの眺望が大問題であった。実は、平等院が世界文化遺産に登録される際（一九九六年）に、宇治市は苦い経験をしている。平等院の背景となる宇治橋通り周辺に巨大な高層マンション二棟が駆け込みで建てられたのである。

世界文化遺産登録当時、「バッファー・ゾーン」という考え方、すなわち、遺産そのもののみならず、その周辺環境もまた保存維持されるべきだという考え方はそう強く認識されていなかった。現在もそうした認識は一般に薄いと言っていいし、法的な整備手法も用意されているわけではない。宇治市は、周辺各所からその高さをチェックするために、マンション業者に、建設用地に高さ二〇メートルのアドバルーンを上げることを求めた（二〇〇四年七月二七日）。すばやい対応であった。アドバルーンが上がると、その巨大さは一目瞭然となった（図29）。平等院の境内からも見え、眺めを阻害することも明らかになり、この結果をもとに都市景観審議会を中心に議論が積み重ねられた。こうしたやり方は景観を考えるために日常的に試みられていいだろう。今では、地理情報システムＧＩＳを使って容易に確かめることもできる。

詳細な経緯は省かざるを得ないが、争点、問題の構図は、東京都国立市のマンションの事例で見たように、予めはっきりしていた。根底にあるのは、法的に許された容積を目一杯使って、できるだけ多くの住戸を建設して分譲したい業者の論理と景観形成の論理の対立である。あるいは、地域の論理、

図29●アドバルーンを上げて高さのチェック

生活の論理、環境の論理との対立である。議論の過程で、工事のための敷地調査によって、平等院が建設された当時の地割りが明らかになった。また、韓式土器も出土した。第三の問題は、こうした土地の歴史をどう評価するかであった。都市景観審議会は、この遺構を活かすことを市にも業者にも求めた。さらに、開発業者のもとで設計を担当する設計者に、そのデザインの再考を求めた。巨大なヴォリュームであっても、それを感じさせないデザインの工夫があるのではないか。それが、第四の問題であった。

建築確認の申請と認可のスケジュールが設定されるなかで、都市景観審議会が市長に建議したのは以下である。

一．マンション計画について

（1）住民との合意を得ること：合意形成をみない形での建設は好ましくない。ヴォリュームの軽減、近隣への圧迫感など具体的な対応に関して、住民の合意を得るよう指導していただき、その報告をしていただきたい。

（2）さらに分節化すること。できれば買収してもっと減らすこと

二．都市景観条例の見直しについて

（1）大規模建築物等の届出規模および条件の見直し

（2）景観法施行に伴う宇治市都市景観条例の見直し

（3）景観アドヴァイザー制度の創設（マスターアーキテクト制）：宇治市役所内に担当部門をつくるか、新たな人材を起用できる職能を設けていただきたい。

三．景観を核にした町づくりシステムの構築について

（1）各地域の景観デザインモデルの作成や都市景観形成地区指定の推進

（2）高さ制限の見直し、あるいは高度規制の再検討（宇治市都市計画審議会との連携）

四．宇治市都市景観審議会主催で「景観デザインを考える」シンポジウムまたは意見交換会を企画すること

結果として、一（1）（2）に従って若干の手直しが行われ、七階建てのマンションが建つことになった。

宇治橋通りのマンション問題の決着は、階数を減らしたものの予定通りに建ったマンションが示している。多少の変更はなされたものの、市も住民も受け容れざるを得なかったのは、全国至る所同じ事情である。

ただ、宇治市都市計画審議会が、おそらく全国でも初めて、ダウンゾーニングすなわち高さ制限を低くする変更を行ったこと、また、これも全国でも珍しい、建物の長さについての（五〇メートルを超える建物）届出義務を加えたことの意義は大きかったと思う。

宇治景観十帖

景観をめぐる問題が後手々々に終始する中で、予め景観を見つめ直す試みも様々に展開されつつある。宇治市でも宇治の景観を見つめ直す一環として、宇治市都市景観審議会で、宇治の景観を詠じた短歌を募集することになった。『万葉集』にはいくつも宇治に関わる歌が詠まれている。大化二年の宇治橋架設は日本最古の架橋の記録であるが、古来交通の要だったため、多くが通ったのである。柿本人麻呂も近江への往還に多くの歌を宇治で詠んでいる。

「もののふの　八十宇治川の　網代木に　いさよふ波の　ゆくへ知らずも」
「ちはや人　宇治川波を　清みかも　旅行く人の　立ちかてにする」

宇治川・朝霧・網代・早瀬など多くの景勝が宇治には古来あった。『源氏物語』の「宇治十帖」に準えて、「宇治景観十帖」ということで十首を選ぶことになったのだが、審議会委員は、とても短歌をよくするところではない。プロの歌人を選者に招いて選んだのが次の十首である。

「琴坂の紅葉色づく秋の空誰を待つのか黄昏せまる」（石原文子）
「睡蓮のゆるる池の面蝉なきて平等院の午後（ひる）静かなり」（森居艶子）
「宇治川の清き流れにゆりかもめ白き光りとなりてただよう」（奥照夫）
「あさぎりのはしより見ゆる宇治川は流れもはやくしらなみもたつ」（泉村夢翔）
「宇治上の桐原水に映りたる紅葉ゆれたり風の立つらし」（仲務）
「匂宮も薫大将も通いしか宇治の里には時雨が似合う」（白数静乃）
「ボランティアガイドを終えてさわらびの道を夕光（ゆうかげ）浴びつつ帰る」（安見悦子）
「かがり火の赤々として鵜の宴終へたる舟の波にたゆたふ」（北村美代子）
「茶畑が近道だった学校へ駆けて行ったね御蔵山参道」（山田礼子）
「さわらびの優しい呼び名にさそわれてそぞろ歩きし宇治の川べり」（久保見愛子）

同じように、「宇治景観十景」として、宇治が誇るべき、大事にすべき場所と景観を選定する作業も行われた。

街角の景観を三一文字に書き留めることは、やってみると、作品などといわなければ、そう難しくない。というより意外に楽しい。カメラでパシャパシャと写真を撮るより余程記憶に残る。

地域の景観は、古来、様々に歌にうたわれてきた。有名な歌人俳人でなくても、例えば、小中学校の校歌などに、地域の景観の特質がうたわれている。集めて見る中に、地域の景観を見直すヒントがいくつもある。

生きている文化遺産

こうした動きと平行して、景観法が成立し、また文化財保護法の一部が改正され、「文化的景観」が新たな保護の対象として法的に規定された。景観そして風景をめぐる概念については第2章「風景原論」で、また景観法と文化的景観については第3章「風景作法」で議論するが、文化財保護法にいう文化的景観は「地域における人々の生活又は生業及び当該風土により形成された景観地で我が国民の生活又は生業の理解のために欠くことのできないもの」と定義される。

宇治市は、景観法の規定する景観形成団体となり、景観計画を立案するとともに宇治の歴史的地区を核として景観計画区域として保護することとする。そして、都市区域としては初めて、国による重要文化的景観の指定を受けた（二〇〇九年）。

僕自身は、二〇〇五年に居を彦根に移し、都市計画審議会、都市景観審議会を辞したことから、この動きに直接関わることはなかったが、マンション建設をめぐる議論や都市計画マスタープランの策定がその基礎になったと考えている。また、文化的景観といった概念がもう少し共有されていたら、マンションの敷地から出土した平安古道の扱いなども変わっただろうと思う。

この文化的景観という概念の導入も、文化財保護法という枠にとどまるのだすれば限界があるといわざるを得ないが、生活そして生業に焦点を当てることにおいて大きな意義がある。「文化財」としての位置づけ、あくまで「生活又は生業の理解のために欠くことのできないもの」というところが限界であろうが、生活そして生業が優先されるべきこと、文化（遺産）が生きていることがポイントである。「生きている遺産（リビング・ヘリティッジ）」という概念もグローバルに用いられつつある。

京町家について上で考えたが、伝統的建造物群保存地区の指定が固定的な様式を担保させることには、生活生業の条件を異にする現代においては、どうしても不自然さが残る。

都市区域として最初の重要文化的景観として選定された宇治市としては、もう少し、緩やかな仕組みを確立すべきだと思う。そうした意味では、市街地景観の構成要素としての住居とその集合形式が重要である。

宇治市は、まず伝統的住居の分布を明らかにし、その類型と変遷を丁寧に解説することによって、柔軟な指針を示している。景観問題、「風景戦争」を引き起こすのは急激な変化であり、規模の極端な違いである。緩やかな変化を許容するルールが求められているのである。

宇治に限らず、地域には伝統的に形成されてきた固有な住居の形式があり、その集合形式がある。これはもちろん日本のみならず世界中の各地でも同じである。都市組織（アーバン・ティッシュ）研究と呼ぶのであるが、アジアを中心に様々な都市を歩き続けているのは、都市住居の型とその集合のかたちが実に多様だからである。

亀石・塔の島：治水と景観

宇治の歴史的景観の中核、世界文化遺産に登録された宇治の平等院と宇治上神社が向き合う宇治川の中州は塔の島と呼ばれる。その塔の島周辺の景観（図30）をめぐって議論が続いている。

大きな背景として、淀川水系における治水・利水の問題がある。淀川水系上流の琵琶湖に流れ込む河川のダム建設問題は、未だに決着がつかないが、宇治川はともかく治水対策を行う必要がある。市街地の迫る塔の島付近は拡幅が難しく、壁のような堤防をつくることもできない、とすると河床を掘り下げる必要がある。すると、塔の島がこれまでより浮き上がって見えるようになるが、それは景観上問題ではないかというのである。そこで、塔の島を削って、切り下げたらどうかという案がある。しかし切り下げると塔の島からの景観は随分変化する。また、橋の高さの調整が必要になる。そして、それより問題なのが、右岸、方広寺の坂を下りて来るところにある亀石（図31）である。万葉集にも詠われる亀石であるが、水面が下がると亀に見えなくなるのである。

実際には、塔の島は、年に何度かは冠水し、入場禁止となる。また、亀石も亀に見えない日が少な

図30●塔の島
図31●亀石

くない。さらに、塔の島も江戸末期の絵図から現代までの地図を調べてみると、様々に形を変えてきている。むしろ、直線的に整備した現在の形のほうが不自然である。

一方、河床を掘り下げると水生生物に多大な影響が出る。大きな問題は、宇治橋周辺がナカセコカワニナの生息域であることである。ナカセコカワニナは琵琶湖の固有種であったが、琵琶湖疎水や天ヶ瀬ダムの建設によってその生息域が大きく変わった。今や絶滅危惧種であるが、宇治橋周辺が数少ない生息域だとすると、その産卵環境を守る必要がある（図32）。ナカセコカワニナの生息のためには、二〇〜三〇センチの浅瀬が不可欠という。宇治橋周辺にもかつては砂地があったのだが、現在では宇治川ダムの放流で、砂はすぐさま流されてしまう。

宇治川といえば鵜飼である。一九九五年、そして一九九七年と続いた洪水への対応として塔の島の本線側が深く掘り下げた河川改修が行われたが、その際鵜飼のための浅場をつくるために本線と支線を分けたところ、夏場に下水が流れ込んで異臭がするという問題が発生していた。

また、かつて宇治川で泳いだ、あの頃のようにもっと水辺を楽しみたい、という声も大きい。景観といっても、実に様々な問題が絡むのである。次節で触れるが、松江の大橋川についても同じような問題があった。

その後、僕は宇治を離れることになったが、洪水対策と景観をめぐる議論は淀川河川事務所において続けられてきた。そして、二〇一二年八月一三日から一四日にかけて大阪、京都、滋賀などを局地

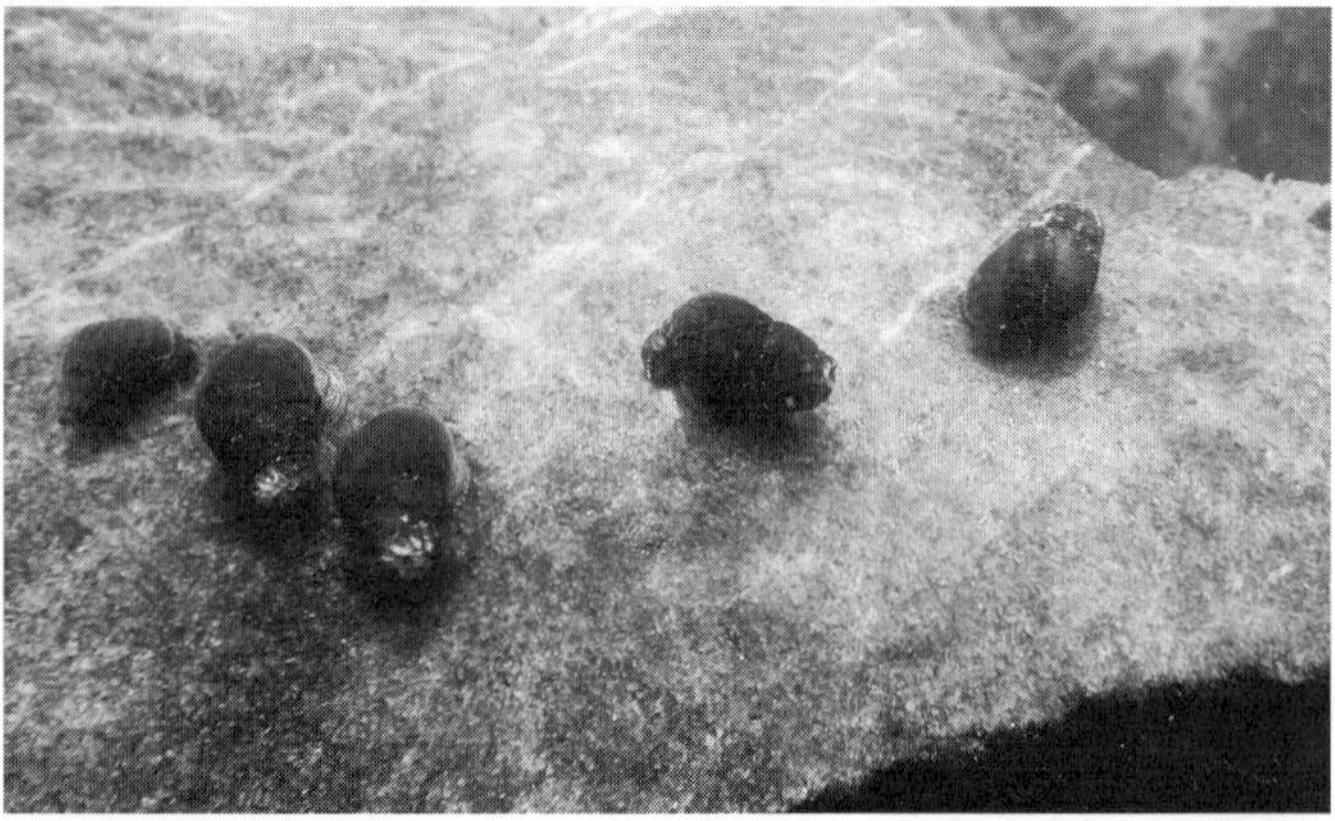

写真提供：浦部美佐子

図32●ナカセコカワニナ（上）とその生息地（下）

的豪雨が襲った。近畿各地で土砂災害、河川の氾濫が発生、建物が流されるなど被害が続出したが、宇治川流域も多大な被害を受けた。この洪水の特徴は大河川である宇治川そのものの氾濫がなかったにも関わらず一次支流、二次支流の戦川、志津川、弥陀次郎川など中小河川が市街地で多数氾濫したことであった。

僕がかつて住んでいた地区も多大な被害にあい、犠牲者も出た。景観問題の基底において、人間と自然との関わり方が問われていることを思い知らされる。

4 松江

景観工学、風景論の先達である中村良夫の『風景学入門』(中村良夫 1982)に「風景の品格」という章がある。「物の品格」「住まいの品格」「水辺の品格」「街並の品格」という見出しに従って実に含蓄のある考察がなされているが、「水辺の品格」の項に、一夏、山陰松江に暮らしたことがある志賀直哉(一八八三～一九七一)の『濠端の住まい』の描写と『源氏物語』「椎木」巻の宇治川の描写が取り上げられ、「しめやかな風景の品格がしのばれる」例として引かれている。濠端の住まいは今残っていないが、松江城の濠をめぐる遊覧船に乗ると、その場所を通り、当時の面影を偲ぶことができる。

松江には生まれてから一八歳まで住んだ。松江駅から歩いて一〇分ちょっと、大橋川と天神川で挟まれた地区に今も実家がある。今見ると驚くほど小さな空間であるが、記憶の中では、自然に溢れた広大な野原の中にあった。大橋川では魚を釣り、泳いだ。天神川では雷魚がかかった。原っぱでは、トンボやキリギリス、コオロギを捕った。時には、天神川を超えて長征を試みた。コブナやドジョウを追いながら小川を遡ったのである。丘を越えてはるか向うには、全国にもその名を知られた八重垣神社と神魂《かもす》神社がある。

宍道湖と中海をつなぐ大橋川は、ある時は、東から西へ、ある時は西から東へ流れる、世にも不思議な川である。仏経山を水源とする斐伊川が宍道湖に流れ込み中海から日本海に流れ込むのであるが、時には海水（塩水）が流れ込んでくるのである。海月《くらげ》がプカプカ浮いているのも実に不思議だった。汽水ということで蜆《しじみ》が採れる。彦根に越して淡水産の瀬田蜆を食するようになったが、宍道湖蜆の味は今でも僕の舌に染みついている。

そして、大橋川は一二年に一度の舟神事「ホーランエンヤ」の舞台となる。こうして、故郷のことを語り出せば、誰でも、その風景を思い起こしてきりがない。故郷の風景は、それぞれの原風景である（図33）。

図33●原風景としての松江
上：夕暮れの大橋川　下：ホーランエンヤ

図としての公共建築

『建築文化』(33)などの建築雑誌で建築批評を手がけてきた実績を買われたのか、島根県の様々な自治体から公共建築の設計競技の審査を依頼されるようになった。審査員を務めたのは、悠邑ふるさと会館（川本町）、七類港ターミナルビル（美保関町）、出雲市交流会館（出雲市）、加茂文化ホール（加茂町、現雲南市）、島根県立美術館（松江市）などである。

公共建築は、建物だけつくって企画管理運営の能力やシステムを欠いていることが多く、今日、「税金の無駄使い」「職員の天下り先の確保だけ」「箱物行政」などと批判されることが多い。確かに、そう批判されてしかるべき実態がある。また、公共建築といっても、雛形か先進事例を真似するだけで、建設産業を主体とする地域産業への対策としてしか考えられない風土がある。全国どこにも同じような「文化センター」という名の多目的ホールが建てられてきたのはその表れである。

しかし、公共建築は、施策的にも、景観的にも、それぞれの自治体のシンボルとなりうる、つまりそのアイデンティティを表現するものとなりうる。むしろ、公共建築には「図」としてのデザインが求められ、それぞれの地域にふさわしい表現が必要とされる場合が多いはずである。

僕が関わる設計競技では、地域にふさわしい表現について議論するために公開審査（オープン・ヒヤリング）方式をとることを原則としている（図34）。上にあげたコンペの場合、島根県立美術館のコ

図34●公開ヒヤリングで選定された公共施設
a：悠邑ふるさと会館（川本町）、b：七類港ターミナルビル（美保関町）、c：出雲市交流会館（ビッグハート出雲）（出雲市）、d：加茂文化ホール（加茂町、現雲南市）

a

b

c

d

写真提供 a〜b：島根県、d：渡辺豊和

図35●島根県立美術館

ンペのみ通常の指名コンペ方式をとったが、地域にふさわしいデザインを可能な限りオープンに議論して決めるというのは同じである。審査委員を務めた立場から言えば、いずれも、地域にふさわしい表現が選ばれたと思う。島根県立美術館（図35）の場合も、宍道湖畔の景観に対するすぐれた解答を得られたと思う。

通常、設計競技には、公開コンペ、指名コンペ、プロポーザル・コンペの三種類がある。公開コンペは一定の条件（例えば、一級建築士の資格を有することなど）をクリアすれば誰でも応募できるもの、指名コンペは特定の建築家を指名するものである。プロポーザル・コンペは、応募者の負担を軽くするために、作成図面（設計図書）などを簡略化したもので、多くは指名コンペとして行われる。

公開審査方式というのは、いずれの場合にも採用可能である。要するに、審査を公開で行うか、非公開

（密室）で行うか、の違いである。

通常の指名コンペの場合は、応募者のプレゼンテーションとヒヤリングは、個別に行われるのが普通である。しかし、後に「しまね方式」と呼ばれるようになったこの公開審査方式では、全応募者と審査員が同席して、公衆（住民、市民）の前でやりとりを行う。ただ、それだけである。

この方式の利点は少なくとも三つある。①同じことを繰り返し聞くより、時間が省ける。さらに、共通の観点からそれぞれの案を比較しやすい。②評価基準について、明確にすることができる。応募者は、他の応募者との差異を力説することになる。審査員も、審査の視点を明確にする必要がある。③公共施設のプログラムを住民に情報公開する大きな機会となる。

費用や手間が掛かるわけでもなく、一石三鳥も、四鳥もの意義がある、そう力説して採用にこぎつけ、結果も、下手なシンポジウム（タウン・ミーティング）より余程実りが多かった。採用にこぎつけと書いたが、多くの場合すぐに理解され、実行に移された。

もちろん、抵抗も無くはなかった。結果として、「図」としての公共建築の設計者に選定されたのが、「他所者」の「著名な」建築家となることが多かったという事実がある。地域の建築家の力量の問題でもあるが、結局、「他所者」である建築家は、維持管理（メンテナンス）などで責任を取らないし、取れないという不満は根強いのである。また、学校などの教育施設や公民館、郷土資料館など中小規模の地域施設については、特に高度な技術を必要とするわけではなく、地域の風土をよく知っている、地域の建築家たちに委ねた方がいい、ということもある。公共建築の設計者選定問題は、第3章で紹介するが、まちづくりに関わる様々な職能を包括するタウンアーキテクトという概念、発想につながっていく。

公共建築の設計者選定については、近年、PFI[34]と呼ばれる手続きが取られるようになった。PFIとは、公共施設が必要な場合に、従来のように公共が直接施設を整備するのではなく、民間資金を利用して（民間活力導入）民間に施設整備と公共サーヴィスの提供をゆだねる民営化の手法である。一九九二年にイギリスで生まれ、日本では、一九九九年七月公布のPFI法（民間資金等の活用による公共施設等の整備等の促進に関する法律）の施行以降活用され始めた。しかし、このPFIには問題が多い。

日本のPFI法は、英国のPFIでは禁止されている施設整備費の割賦払をむしろ促進しており、財政悪化の歯止めには実際ならない、ということがある。すなわち、割賦払いの契約を締結すると、公共には施設整備費を全額支払う義務が生じ、施設の瑕疵担保リスクを超えた不具合リスクを民間に移転することができなくなる。官と民間企業の垣根が低くなり、官民癒着の温床となることが指摘され、資金調達コストの高い民間資金を利用して施設を整備する合理的な理由が必ずしもないのである。

さらに、いいものを安く、というこのPFIによる事業者の選定は、一般に総合評価による一般競争入札方式（あるいは公募型プロポーザル方式）を用いて行われるが、このことが結局、安いだけのなんの工夫も知恵もない公共建築をつくり続けることにつながってしまっているのである。

二〇一二年から一四年にかけて、滋賀県守山市で守山中学校と浮気《ふけ》保育園という二つの改築の設計競技の審査委員長を依頼され、同じように公開審査方式を採用した。地方のコンペにも関わらず、世界的に著名な建築家の参加を含めて百を超える応募があった。公共建築の設計をめぐるオープン・ヒヤリングの場は各地域の景観を考える絶好の機会となる。

宍道湖景観条例：景観審議会

地元の出身ということで、「出雲まちづくり景観賞」（一九九一～二〇〇〇年）、「島根県景観審議会」（一九九六～二〇〇〇年）、「島根県環境デザイン検討委員会」（一九九六～二〇〇〇年）、「島根県景観審議会」（一九九六年～二〇〇〇年）、「しまね景観賞委員会」（一九九三年～二〇〇八年）などの委員を長らく勤めた。

島根景観審議会の委員をしている時、相次いで「問題物件（作品）」が審議にかかった。ひとつは七五メートルの高層ビル。京都駅が六〇メートルで大騒ぎしたことを考えると、小さな地方都市、ましてや松江には、いささか不釣り合いだ、ということになる。京都、金沢と並ぶ三古都であることを宣伝文句にうたっているのである。しかし、この作品は景観形成地域からほんのわずかだけれど外れ

図36●湖畔の超高層建築（右）と景観条例違反のマンション（左）

ていた。もうひとつは当初九階建てで計画されたマンションで、これは景観形成地域内であった。このふたつの建物は宍道湖の河口の宍道湖大橋を挟んで南北に位置し、いずれもこの上ない景観を享受する位置に立地する（図36）。

結果だけ言えば、ふたつの建物はいずれも既に竣工している。同じように宍道湖畔に建つ島根県立美術館と比べてみて欲しい。宍道湖の湖面、山の稜線など眺望景観を考えれば解答の優劣ははっきりしているのではないか。

島根県の景観審議会は当時既にすべて公開となっていた。極めて進んでいる県といっていい。いずれのケースも設計者・施工者に対する公開ヒヤリングを二度も行った。七五メートルの高層ビルの場合、あまりにヴォリュームが大きく、多くの従業員が車で通勤することによる交通問題も予想されることから、代替地を探すということをオールタナティブとして提起したが問題にしてもらえなかった。建築基準法上の要件を満たしておれば建築確認を下さざるを得ないのはどこでも同じである。

面白かったのは、設計者が「周辺環境に配慮すべし」という景観条例は十分遵守した、と繰り返し主張したことである。しかし、ヴォリュームそのものがスケール・アウトであればどうしようもないではないか。どうせなら、日本のどこにもない、強烈なランドマークになる「目立つ」デザインの方がいいのではないか、というのが僕の挑発であったけれど、議論は噛み合わなかった。

景観とは一体何なのか、ということをここでも考えさせられた。正直に言って、七五メートルの高層ビルのデザインは、高層ビルとして悪くはないと思っていた。大都市に建つビルとしては、である。宍道湖と中海をつなぐ大橋川の喉元に建つビルとしては物足りない、むしろ、中流域に立てて交通問題にも対処するほうがよかったと今でも思う。そして、以下に触れる治水のための大橋川の拡幅の問題も絡んでいた。

マンションの方は明らかに景観条例違反であった。県がその土地を買い上げて公園化すべしというのが、委員の大半の意見であったが、不思議なことにうまくいかなかった。階数を切り下げるということで決着がはかられたのである。それは筋が違うと、景観審議会としては、官報に施主者名を公表することになった。氏名公表が最大の罰則である。

建主にも言い分があった。ほぼ同じ位置にたつのに、高層ビルは良くて当該マンションは駄目だ、というのは納得できない。それに、既存の多くのビルが既に景観を壊しているのではないか、という主張である。

かくして、この県の景観条例は、その効果が最も期待された二つの「物件」によって骨抜きにされたのであった。国立のマンション、宇治のマンションとほぼ同じパターンである。景観法の施行で、こうしたパターンがなくなるかどうか予断はできない。

出雲建築フォーラム

出雲には出雲建築フォーラムという任意団体があった。前身を「出雲風土記の会」といい、「建築フォーラム」[35]（一九九一）の結成に参加して、「出雲建築フォーラム」と改称した。次章で触れるが、「風土」も『風土記』という地誌の作成も、景観に深く関わっている。知られるように、わが国で唯一完本が残っているのは『出雲風土記』（七三三年）のみである。土地に根ざすという意思をその名に込めた集団である。

中学生の夏休み、祖父の家（出雲市知井宮町）の裏の畑で土器を見つけ教育委員会に届けて大騒ぎしたことがあるが、せいぜい弥生時代のものというのが教育委員会の見解でがっかりした記憶がある。古事記の三分の一を出雲神話が占め、神話の国といわれる割に縄文遺構が少ないことが不思議であり不満でもあった。そうした出雲の荒神谷遺跡から銅剣三五八本、銅鐸六、銅矛一六個が一度に出土したのは一九八四年から八五年にかけてのことである。また、一九九六年には加茂岩倉遺跡から出土例としては日本最多となる三九の銅鐸が出土した。古代出雲への関心は一気に広がり、帰省する旅に機会をみつけて、『出雲風土記』の世界を歩いてきた。自ら暮らす地域の古層を確認することが地域の景観を考える出発点である。

出雲には、建築の原点を考える上で絶好の素材である出雲大社がある。そして、大社造の原型とも目される神魂神社がある。そうした「出雲建築」の始原を考える上で、二〇〇〇年から二〇〇一年にかけて、驚くべき発見があった。巨大な三本組みの柱が三箇所から出土したのである。千家国造家に伝わる『金輪御造営差図』そのままである。建築史学者の復元案は分かれるが、巨木を三本金輪で緊結した巨大建築は世界に類例がない。朝鮮半島とのつながりをうかがわせる四隅突出型墳丘墓の存在など、地域の景観層を探る手掛かりは時代ごとにある。景観層については第3章で述べるが、地域の景観層の基層をどの景観層に設定するかを見極める必要がある。出雲の場合、古代、記紀、風土記が基層となるのは疑いがない（図37）。

出雲建築フォーラムが韓国の建築家張世洋を招いてシンポジウム[36]を開催したのは、出雲という地域を掘り下げるためである。見学会をしたり、講演会を開いたり、どこにもある建築サロンといっていいが、こうした建築家たちの活動が景観形成に大切である。何故なら、結局は、地域の建築家たちの

図37●『出雲国風土記』（733 年）に記された出雲古来の神社
上：出雲大社　　下：熊野大社鑽火殿《さんがでん》（毎月 10 月 15 日出雲国造が出雲大社で用いる神器を拝祭するために参向し斎行する）

日々の仕事が景観をつくっていくからである。景観アドヴァイザーといった仕事も彼らの領域である。第3章で検討するタウンアーキテクトのひとつの原型は、こうした地域の建築愛好家たちの集団である。

しかし、いくつか問題がある。地域の建築家たちは、仕事の獲得という点ではお互いライバルなのである。大規模な公共建築を手掛ける中央のスター建築家あるいは大手の設計組織事務所、それに対抗するあるいは協力する地域の有力事務所、建築事務所組合など、複雑に絡み合って、必ずしも協働できないことがままあるのである。

出雲建築フォーラムとは直接関係ないが、そのメンバーも参加してもらって、島根県中の景観を写真に撮ってもらったことがある。「島根（地域）らしい景観」あるいは「らしくない景観」、「良い景観」「悪い景観」……。気になる景観をあげて、共通の理解を深めようというのが目的であった。日々の仕事を見直す機会でもある。また、ある時点で島根県の景観を記録しておく意味もある。そして、直接的には、全国一律のマニュアルではなく島根らしい景観マニュアルをつくることが目的であった。実際中央で用意された景観マニュアルを地域に合わせて写真だけ入れ替えるということが行われていたが、それはおかしいではないか、という素朴な発想があった。

ところで、マニュアルに使う写真を選ぶ段階で小さな事件が起こった。悪い例としてあげられる建築が誰の設計だかすぐわかってしまうというのである。結局、いい事例だけにしようということになったが、「良い景観」「悪い景観」といっても、価値判断や美学に関わる問題であり、相対的である。地域内の建築家同士であればまだいい。面と向かって話はできなくても、なんとなく雰囲気は伝えられるし、一定のデザインコードがある程度共有されるのが一般的である。問題は域外業者である。地域を越えて営業展開するアンテナショップ、ロードサイド・ショップは、地域にお構いなしである。派手な色の大型看板を掲げればいいと考えており、地域に固有な景観という意識に関しては極めてレヴェルが低い。地域が一定のデザインコードをゆるやかに共有する上で、出雲建築フォーラムのような建築家集団は大切である。

もちろん、日本の地方都市が完全に自動車依存の都市になったことも大きい。郊外型のショッピングセンターが一般化することによって町の構造がすっかり変わってしまったのである。「シャッター通り」と呼ばれるように中心商店街の衰退は眼を覆うほどである。要するに、地域を越えた画一的な手法が持ち込まれることこそが一貫する問題であり、地域の景観を混乱させる元凶である。

しまね景観賞

地域における景観を持続的に考えていく試みとして顕彰制度がある。景観賞、まちづくり賞、まちづくりデザイン賞、都市デザイン賞など名称は様々であるが、各自治体で景観に関わる顕彰が行われている。僕もこれまでいくつかの顕彰制度に関わっており、先述のように、出雲では、出雲まちづくり景観賞としまね景観賞委員会に委員として加わった。

「良い景観」「悪い景観」という価値判断が相対的なものであるとすれば、何をもって賞に値するかという判断は各賞委員会に委ねられることになる。つまり、その判断は委員の構成によって変わっていく可能性がある。しかし、とにかく「この景観は良い」というものを顕彰することを積み重ねていけば、地域における一定のコンセンサスにつながるだろう。異論があれば、議論が巻き起こるはずである。問題は、評価の視点、基準であるが、それこそが本書のテーマであり、第2章、第3章で議論したい。

しまね景観賞は、僕自身は第一回から第一五回（二〇〇七年）までで退いたが、既に二〇年を超えて継続されている。しまね景観賞の場合、①まち・みどり・活動部門、②土木施設部門、③公共建築部門、④民間建築部門、⑤屋外広告物・その他部門の五つの部門に分かれ、その中から部門を問わず大賞、優秀賞、奨励賞を選定するというフレームで、当初から大きくは変わっていない。①まち・みどり・活動部門は当初そうウェイトが置かれていなかったが、いまや主要な部門となりつつあるようである。景観維持の活動については、持続性がどう担保されるかが問題であるが、景観形成のみならず維持管理の活動も極めて重要だということで顕彰対象に含められた。しまね景観賞のユニークな点のひとつである。

受賞者は、所有者および設計者、施工者である。②③④は土木建築関係に限定されるようである。が、特に④を分けたのは、住宅のような小さな建築物でも景観への配慮が欲しい、ということからである。建築賞なのか景観賞なのかという議論はしばしば起こるが、景観賞の視点、評価基準は建築物とその周辺との関係の在り方に置かれる。すぐれた建築であればその基準をクリアするのは当然である。

興味深いのは⑤である。これは本書の結論にも関わるが、誰でも景観形成、景観維持に関わっているということに眼を向けるために、身近なディテールに関わる小さな行為を積極的に取り上げた。中にはバスや列車のデザインも含まれている。具体的な例については、第3章2「景観のレヴェル　スポット景観」でいくつか取り上げたい。

第一回大賞を受賞したのは、大森町町並み保存事業（大田市）と高瀬川沿い町並み整備事業（出雲市）であった。大森町町並み整備事業は、のちに石見銀山の世界文化遺産登録（二〇〇七年）につながっていくが、第一回に街並み全体を大賞としたことはその後の方向性を大きく規定したと思う。塩見縄手地区（松江市、第二回）、矢尾・日下景観づくり（出雲市、第三回）、大井谷の棚田（吉賀町、第九回）（図56）など、これまで歴史的に形成されてきた景観をまず評価することになったのである。棚田の景観は随分数多く選定されている。

もちろん、建築物単体が大賞を受賞した年度もある。島根県立美術館・岸公園・宍道湖袖師親水型湖岸堤（第七回、松江市、一九九九、菊竹清訓設計）島根県芸術センター・グラントワ（第一四回、益田市、二〇〇六、内藤廣設計）などがそうである。特に島根県立美術館が湖畔に建つ建造物としてすぐれた解答であったことは既に触れたとおりである。

建築物の場合、景観賞というと勾配屋根であれば「良い」という紋切型の判断を恐れたから、「図」としての建築の必要性も訴えた。例えば「七類港ターミナルビル」（第四回、優秀賞、一九九六年、高松伸設計、図34b）の場合、隕石（メテオ）をモチーフにした新規なデザインが景観賞にふさわしくないという意見もあったが、海からの景観、ランドマーク性が最終的に評価された。ただ、「図」が成り立つためには「地」がしっかりしてなければならない。どんなに巨大な建築であれ、その建築とその周辺との関係が問題であり、それ自身で景観をつくることはできないのである。

しまね景観賞の受賞作品の中には河川整備事業が少なくない。いわゆる親水護岸、自然護岸をうたう事業である（図38）。土木施設の場合、以前は景観が問題にされることはなかった。土砂崩れを防ぐために切通の斜面をコンクリートで固めること、あるいは河床と両岸をコンクリートで一体的（三面貼り）につくってしまうことが日本中で行われてきたが、いかにも無粋な、景観に顧慮しないやり方であった。そこで、この間、斜面（法面）緑化工法や多自然型工法など、より自然に見える工法が様々に開発されてきた。一度造った堤防を壊して、自然素材に置き換えるあるいは親水性を高める、というのはいかにも無駄なことをしてきたと思わざるを得ないが、それだけ、景観への意識が高まっ

写真提供：島根県

写真提供：島根県

図38●しまね景観賞を受賞した河川整備事業
上：小田川県単独砂防環境整備事業　　下：五右衛門川多自然型川づくり

てきたということであろう。

大橋川景観まちづくり

僕にとっての原風景、記憶の中の大橋川周辺の風景は、第二次世界大戦まもなくの日本の各地に残されていた風景である。大都市圏では明治以降、本書でいう第三の景観層、すなわち西欧風の建築が導入されて、また、近代建築の技術が導入されて、新たな景観層が形成されてきたのであるが、地方には江戸時代に連続する景観層が残されていた。戦後まもなくには戦災を受けて廃墟と化した大都市圏にも第二の景観層が剥き出しになっていた。しかし、日本の復興はめざましく、その景観層は一九六〇年代を閾として急激に変貌していくことになる。日本の地方都市も一様に「東京」化していくことになるのである。

わが大橋川周辺の景観も大きく変わり、いつのまにか泳げなくなった（図39）。実は、大橋川をめぐっては戦後まもなくから推し進められた宍道湖・中海の淡水化という積年の課題があった。琵琶湖の内湖の埋立事業など食料増産のための干拓事業は全国各地で推し進められたが、宍道湖・中海の干拓事業は、「国引き神話」(37)で知られる出雲の景観を大きく変えようとするものであった。

中海の淡水化の問題は全国的にも知られるが、中海と日本海との間に堰をつくり、淡水化し、宍道

廣江俊彦（1993）『大橋川—廣江俊彦写真集）』

図39●ありし日の大橋川

湖・中海の湖水を農業用水として使う、併せて、中海を埋立て、工業団地を造成しようという戦後まもなくからの事業計画をめぐる問題である。戦中戦後を通じて、食糧増産のために湖を埋め立てて農地を拡大する施策がとられてきた。琵琶湖もそうで、多くの内湖が埋め立てられた。しかし、中海干拓の場合、有明干拓もそうであるが、海水と淡水が混ざるという問題があった。とりわけ、中海宍道湖の場合、汽水で採れる蜆によって生計を立てる漁業の問題があった。長い時間をかけて漁業従事者の同意を得、中海干拓は推し進められようとしてきたのであるが、反対は根強かった。『がんばれゴンベ』『ギャートルズ』などで知られる松江出身の著名な漫画家、園山俊二（一九三五〜一九九三）[38]は反対派の急先鋒であった。時は流れて、農業の衰退があり、環境保護への関心が高まる中で、淡水化事業という歴史の計を誤った事業がようやく断念された。二一世紀に入ってからのことである。

一方、大橋川には治水上の問題があった。戦後何度か山陰地方は豪雨に襲われたが、その度に大橋川が溢れるのである。記憶にあるのは、一九七二年七月の山陰豪雨である（図40）。上京して三年、大雨のニュースが気になって実家に電話すると、大橋川が溢れ、我が家も水につかりそうだという。幸い我が家は一階の畳を上げるだけで被害はほとんどなかったが、松江の中心部は大きな被害を受けた。実際に体験しなかったので実感は無いが、下水道が完備していない当時、汚物が流れ出して大変だったという。

すぐさま対策が立てられたが、その実施にあたっては大きな問題があった。最大の問題は、中海の

写真：読売新聞／アフロ

図40●1972年山陰豪雨による松江の水害

淡水化の問題である。また、上流でのダム建設など対策がなされなければ、下流での被害の可能性が増加する対策は受け入れられないという鳥取県側の反対があった。以後、事態は進行することなくとりたてて対策がなされないままに時が流れた。

中海の淡水化が断念され（二〇〇二）、斐伊川流域の治水対策の問題が見直されて大橋川周辺まちづくり委員会が立ち上げられたのは、二〇〇四年のことである。松江で生まれて育ったこと、かつて父が松江市役所にあっ治水対策を手掛けたこと、宇治川利用委員会などに関わってきたことなどを理由に、僕も委員会に招かれた。以降、全体の副委員長として、主として景観専門委員会の委員長として関わってきた。

『風景の中の環境哲学』（桑子敏雄 2005）『生命

と風景の哲学――「空間の履歴」から読み解く』（桑子敏雄 2013）などの著書がある桑子敏雄（現・東京工業大学教授）、後に都市計画学会の会長を務めることになる岸井隆幸（現・日本大学教授）の両先生も委員会メンバーであった。河川改修に伴うまちづくりとなると相当長期の難事業である。景観形成というのは、そもそも百年、二百年の仕事である。実に多くの問題を考えさせられた。その一部を以下に列挙しよう。

第一に河川改修の必要性、根拠に関わる問題があった。流域住民との合意形成を義務づけた河川法の改正以降、特にダム建設やスーパー堤防など巨額な公共投資が必要な事業への疑問が出されてきた。「脱ダム」をめぐって全国各地で同様の議論がなされ続けているところである。

大橋川の場合、①斐伊川・神戸《かんど》川上流へのダム建設②斐伊川と神戸川を結ぶ放水路の建設③大橋川の改修という三つの事業（三点セットと呼ばれる）が合わせて実施されるのが治水事業の合意条件とされてきた（図41）。その内の二つ、斐伊川上流への二つのダム建設と斐伊川の流れを直接日本海へ分流する神戸川放水路の建設は既に着工済みであった。ダム建設はともかく、神戸川放水路は理にかなった事業だと思った。斐伊川は江戸中期までは直接日本海に流れていたのである。河川は生き物である。残るひとつが大橋川の拡幅である。河川工学上の計算によるとこの三点セットが治水上必要だという。河川工学上の議論はここでは置くとしても、実際、大橋川は二〇〇六年、三三年ぶりに溢れた。また、昨今の異常気象で、一五〇〇年に一度とか二〇〇〇年に一度といった確率計算もピンと来ない、

提供：出雲河川事務所

図41●斐伊川・神戸川治水計画

すなわち、いつ水害があってもおかしくないとも感じられる。既に、三点セットの前提で先行するふたつの事業で上流に住む人たちに移転という多大な犠牲を強いており、大橋川拡幅計画は喫緊の課題でもある。

拡幅のもうひとつの前提は、川床を掘り下げないということである。日本有数の宍道湖（松江）蜆（大和蜆）の産地であることから汽水環境を大きく変えないということもあるが、そもそも大橋川は宍道湖と中海水位の変化で流れるために掘り下げても大きな効果はない、ということもある。

最大の問題は、市街地の中を流れる河川の拡幅が沿岸居住者に多大な影響を及ぼすことである。宇治川の場合は、拡幅の余地がなく河床を掘下げることが選択されるのであるが、大橋川では川幅がどうしても必要なのである。川幅を広げるとなると、まず

図42●朝酌促戸

流入口の大橋周辺の景観が大きく変わる。また、無粋なパラペット（洪水防止用の防水壁）が川への視線を遮るのも大きな問題である。そして、『出雲風土記』の時代に朝酌促《あさくみのせ》戸《と》と呼ばれ、位置が開かれていた流出口の多賀神社周辺の景観（図42）が変わる可能性がある。

まず、流出口については、多賀神社周辺の景観を可能な限り保全し、手前に遊水地帯を設けて対処する、また、築堤、パラペットについては、様々な工夫を行うこととした。溢れさせて被害を最小に抑えるという治水の考え方もある。また、「畳提」という知恵もある（図43）。畳堤というのは、水害の恐れがあるときに土嚢を積む代わりに、畳を用いる方法で、具体的には、畳を縦に嵌め込むことができるように柱を立てておくのである。兵庫県の揖保川などで実際に

写真提供：たつの市総務部危機管理課

図43●揖保川の畳堤

造られている。一年に一度は水防訓練として、畳の設置訓練も行われている。コストの問題もあり、コミュニティの力が弱くなっていて、水防団が組織できないという大きな問題があるのであるが、こうした知恵を活かして、現代的畳堤、例えば透明な材質を用いて視覚的に川面が常に見え、普段は水に接近でき、いざという場合防水壁になりうるような畳堤を工夫したらいい。[39] 護岸に如泥石を使うことも議論した。如泥というのは松平不昧公[40]のお抱え大工で、宍道湖の護岸整備を請け負った。その護岸石を使おうというアイディアである。現代に如泥のような存在がいるとすれば、タウンアーキテクトと呼ぶに相応しい。

景観問題として大きな議論になったのは、大橋の架け替えの問題である。何故か新大橋

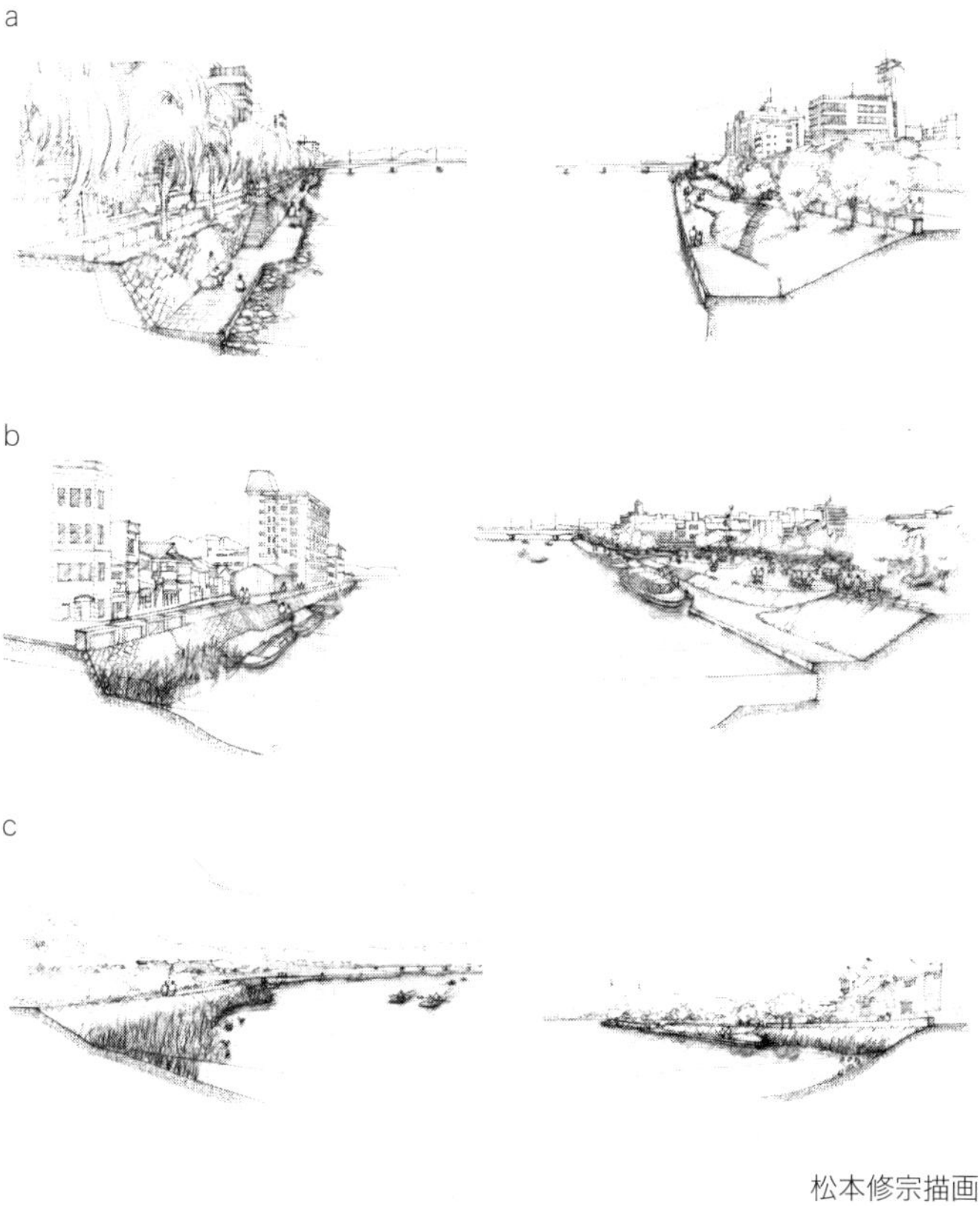

松本修宗描画

図44●改修後の大橋川のイメージ
a：上流　b：中流　c：下流　（いずれも東から西を望む）

明治末期の大橋（第 15 代）

写真提供：松江歴史館

大正初期の大橋（第 16 代）

写真提供：松江歴史館

現代の大橋（第 17 代）

写真提供：出雲河川事務所

図45●大橋の変遷

の架け替えは問題にされないのであるが、源助の人柱[41]の伝説もある大橋には市民の愛着が強い。ただ、拡幅に加えて老朽化の問題がある。嵩上げも必要である。

現在の大橋は、しかし、小泉八雲（ラフカディォ・ハーン）が『知られざる日本の面影』で「毒をもたないムカデのよう」と表現し、カラコロ鳴る下駄の音を聞いたその当時の橋ではない。それ以前にも何度も架け替えられ、現在のものは一七代目である（図45）。現在の大橋を継承する新たな一八代目の大橋を新たにデザインすればいいと思うが、そのまま保存したいという意見も少なくない。耐震補強と架け替え、記憶の継承と新たな貌、コンペに相応しいテーマがある。

景観については、まだまだ問題がある。単に川岸のデザインや橋のデザインが問題ではない。大橋側周辺のまちづくりと一体となった景観計画を立てる必要があるし、生態環境そのもの、生活環境そのものが何よりも大切であることははっきりしている。大橋川周辺まちづくり委員会を通じて機会あるごとに、特に、今のままでいい、拡幅反対という発言がなされる度に、大橋川で泳ぎたい、釣りがしたい、戦後まもなくの景観を議論の出発点にして欲しいと発言した。この半世紀で大橋川周辺の環境は大きく変わったし、それを守るべきものとは思わないからである。

以下、景観形成の作法について、いくつかの原則、方針について考えるが、その素材、根拠となるのが、以上のような様々な経験である。

第2章……風景原論

『風景学入門』『風景とは何か』『風景の研究』『風景と景観』『〈景観〉を再考する』『風景の哲学』等々、景観あるいは風景をめぐる論考は夥しい数に上る。地理学、造園学、土木工学、都市工学、建築学、生態学といった専門分野のみならず、社会学、経済学、政治学、倫理学、哲学など、ありとあらゆる分野が景観あるいは風景を論考の対象としているようにも思える。

そもそも「景観」とは何か、あるいは「風景」とは何か、そして、景観あるいは風景という言葉、概念によって何が問題とされているのか、様々な分野で様々な議論がある。本章では、景観および風景をめぐる基本的問題を整理したい。

景観という日本語は、以下にすぐ見るように、ドイツ語のラントシャフト（Landshaft）の訳語とされる。西欧語では、フランス語のペイサージェ（paysage）、オランダ語のラントシャプ（landshap）、英語のランドスケープ（landscape）など類語がある。そうした関連する西欧語の概念を含めて、その意味と広がりを見たい。本章では、いわゆる「景観論」あるいは「風景論」をめぐって、その基本概念、枠組を確認することになる。いわば、風景原論である。

1 景観・風景・ランドスケープ

「景観」と「風景」という言葉の原義をまずみよう。

手元の辞書によると、例えば、次のようだ。

『広辞苑』

景観：風景外観、けしき、ながめ、また、その美しさ。自然と人間界のこととが入りまじっている現実のさま。

風景：けしき、風光、その場の情景、風姿、風采、人の様子。

『大辞林』

景観：（1）けしき、ながめ、特に、すぐれたけしき、

（2）〔ドイツ（Landschaft）〕人間の視覚によってとらえられる地表面の認識像、山川・植物などの自然景観と、耕地・交通路・市街地などの文化景観に分けられる。

風景：（1）目の前にひろがるながめ、景色、（2）その場のようす、情景。

二つの辞書では、以上のように、「景観」「風景」は区別がつかない。景観＝風景外観とされるし、どちらも「けしき（景色）」「ながめ」という語で説明される。特徴的なのは、景観が「美しさ」あるいは「すぐれた」という価値意識と結びつけられていることである。

また、「情景」「風光」「風姿」「風采」といった類語が混然と使われている。こうした類語を含めて、「景観」あるいは「風景」という言葉によって、何が問題とされるのかを詮索しよう。

景

まず、共通する「景」の意味を考える。

「景」は、「日」の「京」と書く。「京」は光のことである。すなわち、日の「ひかり」あるいは「ひざし」を意味する。

「観」は「見ること」「ながめること」である。すなわち、景観の原義は「ひかりをみる」ことである。「みる」行為を主体的な行為と考えるか、視覚の知覚作用と捉えるかによって大きく異なるが、一般的には視覚（光）によって捉えられた世界が景観ということになる。端的には、眼に映ずるものが景観である。もっとも「観」は「見ること」「ながめること」から「見解」「みかた」という意味を含む。仏教では「真理を観察すること」「細かな分別心」をいい「達観」という言葉もある。さらに「観念」という言葉が派生し「宇宙観」「世界観」など「〇〇観」という「観」がある。しかしは、ここでは「観」という語の意味の広がりは置いておこう。

「景」にはおよそ以下のような用法がある。

A　地景、野景、山景、……

B　煙（焔）景、雪景、……

C　曙景、夕景、暮景、晩景、夜景、春景、秋景、……

D　真景、実景、……

E　佳景、勝景（景勝）、絶景、奇景、致景、美景、……

F　遠景、近景、前景、後景、小景、全景、点（添）景、背景、借景、倒景、……

G　一景、三景、八景、三六景、……

Aは、自然・地形に関わる。水に関わる言葉を日本では一般に用いないが、水景（waterscape）、川（河）景（riverscape）、湖景（lakescape）、海景（seascape）などがありうる。一般的に「場景」という言葉があり、その場の「光景」をいう。「景」は「ひかり」という意味だから、「光景」は同義重複である。Bは、気象に関わる自然の景観を表わしている。クラウドスケープ（cloudscape）という英語があるように雲景という言葉があってもおかしくない。Cは、一日の、あるいは季節の、時の変化に関わる。「時景」という言葉もある。Dは、「虚景」「幻景」という言葉はないかもしれないが、「景」の虚実に関わる。Eは、景観の評価に関わる。いずれも、美しい、素晴らしい、珍しい景観という意味である。Fは「景」の構図に関わる。Gは、美しい景観を数え上げる、風景を数え上げる（ナンバリングする）表現である。

光の様々なあり方、視覚の様々な作用を区別する実に多様な用法がある。「朗景」とは、明るいながめのことであるが、暗景、闇景はない。「景」はひかりだから当然である。

「景色（けしき、けいしき）」とは「景（ひかり）」の「色」である。経済活動について専ら使われる「景気（景況）」という言葉も、もともとは、様子、気配、有様、そして、景観「景色」あるいは景観を添えるもの、という意味である。「此島の景気を見給ふに、心も詞も及ばれず」などと、和歌、連歌、俳諧で、景色や情景をありのままに詠んだものが「景気」である。

「情景」（景情）となると「情」が加わる。単に視覚の作用のみに関わるとは言えない。「景」といっても、視覚に限定されない用法の広がりがある。そのひとつが風景である。

風景

風景は「景」に「風」が加わる。「風」は「かぜ」と読んで、空気の流れを意味する。ただ「ふう」と読むと、様々な意味が加わる。

A　風雨、台風：かぜ、かぜが吹くこと
B　風習、風俗、家風：慣習、ならわし
C　風雅、風流、風情：おもむき、あじわい、様子
D　風貌、風采：なりふり、すがた
E　風教、風靡：なびかせること、教え
F　風評、風聞：それと伝わること、世間の評判
G　風邪、中風、風病：病気

「風」とは、もともと中国では、「詩経」の六義（賦・比・興・風・雅・頌）のひとつであり、各地方（国）の民謡をいう。日本でも、ある範囲の土地や社会にみられる生活様式、ならわし、という意味で、広く使われる。

「○○風」のように名詞の下に付くと、それに類する、その趣がある、などの意が添えられることになる。風景には、この中国語の意味も含まれている。すなわち、「民」の「謡」、すなわち、それぞ

れの土地や地域の「音」が含まれているのである。

景観が「観」、すなわち、専ら視覚によるとすれば、風景は、「景（光）」に加えて「風」を捉えるのであるから、視覚に加えて、聴覚や触覚、さらには嗅覚も関わっていると考えられる。「風」は、はためくもの、あるいは雲や煙など、視覚によっても感じられるけれど、肌でも感じられる。風によって何かが音を出せば、耳でもわかる。『詩経』六義が「風」を各地方の民謡としているのも、「風」が音に関わることを示している。そして、臭いも「風」が運んでくる。

桑子敏雄は、「風景とは「風と光」であり、「景色」や景観と異なるのは、「風」を含んでいる点である」といい、「「風景」は「景色」と同様に、視覚的経験によって与えられるが、風は大気の流動であるから直接には見ることができない。ただ、雲の動きや木の葉のそよぎ、水面に生じる波やなびく煙の様子によって、間接的には見ることができる。さらに、運ばれてくる梅の香りによっても知覚されるであろう。こうして風景は、視覚のみならず他の感覚によって総合的に知覚されるものである。」（桑子敏雄 1999 a）という。そして、「風」を詠んだ西行の歌などに触れた上で、風景を「身体の配置へと全感覚的に出現する履歴空間の相貌」と定義する（桑子敏雄 1999 b）。「履歴空間の相貌」とは難しいが、「自己（身体）の配置が空間の中で積み上げられるとき、それを「履歴」と呼び、西行の旅の空間の履歴は、時を超えて訪れるわたしの履歴に書き込まれていく、それが風景だという。桑子の言う風景は、僕らの身体の側にある。

「風」と「光」とで眼前に広がる世界を捉えたものが風景であるが、「風」が運ぶものは光に限らない。景観と風景を使い分けるとすると、第一に、以上のように、対象を捉える感覚のうち、視覚を基本とするか、視覚を含む全感覚によるかどうかによって区別できるだろう。そして、さらに対象への働きかけに違いがある。

ランドスケープ

景観という言葉は、日本古来の言葉ではなく、植物学者の三好学（一八六二～一九三九）[1]がドイツ語のラントシャフトに与えた訳語である。

一方、「風景」という語は中国伝来である。「景色」「光景」という言葉も、古くから用いられてきた。中国で、「風景（fengjing）」という語の最も早い用例は、三～四世紀ころの『世説新語』[2]に見えるという。また、「風光」という語は、六朝・隋・唐から使用が盛んになる。

「自然」を「光」と「風」で捉える見方、精神は、必ずしも普遍的ではない。中国で、「風光」という言葉が成立するのは、六朝期における「自然」観照の態度の確立と関連している。それ以前には、「自然」が比喩的な意味をもって人間にひきつけて見られていたのに対し、「自然」を独立した対象物として眺めることが可能となり、風景という概念が成立するのである。すなわち、風景という概念をめぐって、根本において問われているのは、「自然」観であり、「自然」認識である。

すなわち、そもそも「自然」とは何か、という大問題が基底にある。そして、辞書にあったように、一般には「自然」景観のみならず「文化」景観、すなわち「自然と人間界のことが入りまじっている現実のさま」が、日本語の「風景」には含まれている。

景観あるいは風景という言葉は、それ故、もう少しグローバルに検討しておく必要がある。

ドイツ語でラントは「土地・田舎・地方・国土」を意味し、ラントシャフトは「地方行政区域」を意味する。意訳すれば「土地性」あるいは「土地の姿（paese）」ということになる。いずれにせよ、ラントシャフトには「(土）地」あるいは「地域」という概念が含まれている。

英語のランドスケープもドイツ語のラントシャフトもオランダ語のラントシャプが基になっている。そして、「土地の姿」という原義は、フランス語のペイサージェも同様で、オギュスタン・ベルクによれば、ペイサージュという概念は、一六世紀のフランドルにおいて現われたのだという（オギュスタン・ベルク 1992）。「自然」を絵の背景ではなく、それ自体として描いたフランドル派の画家たちの登場によって、ペイサージュそしてラントシャプが成立する。そして、オランダ語のラントシャプが口語英語のランドスキップ（landskip）を経て、ランドスケープになったという。すなわち、「風景画」の成立と「風景」という概念の起源は同時ということになる。

スケープ（scape）という言葉は、他にシーン（scene）、シーナリー（scenery）という言葉もあるが、基本的に「景」と考えていいだろう。ランドスケープを直訳すると、「(土)地景」である。ただ、「地景」というと、それこそ「地形」＝土地そのもの(地面)のかたちを連想させる。そこで、より一般的に景観という訳語が選ばれたのであろう。「地景」と訳せば、「地形」との関係はよりはっきりしたかもしれない。

景観も風景も日本語それ自体には対象は含まれていない。しかし、以上に明らかなように、「自然」あるいは「土地」「地域」をどう観るかがその前提である。「自然」それ自体を対象として捉えるという知覚のあり方、認識そのものが、風景あるいはランドスケープという概念の成立に関わっているのである。そうした意味では、ランドスケープの訳語としては、中国語でいう「風景」の方が適当であったように思える。実際、ランドスケープ・ペインティングは風景画と訳される。しかし、ランドスケープという概念の成立が、近代西欧における風景画(日本語では「景観画」とは言わない)の成立と関わるとすると、中国ではるか以前の六朝期に成立した「風景」をそのまま訳語とするのは問題である。

風景画の先駆者とされるのはJ・パティニール(一四八〇頃～一五二四)[3]そしてH・ボス(一四五〇頃～一五一六)[4]である。いずれもフランドルの画家である。フランドルで成立した風景画は視点を前方はるか高い空中に置いた鳥瞰図的構図を特徴とする。そのパノラマ的俯瞰構図は「世界風景」と呼ばれるが、それ自体ひとつの世界として描かれている。何故、フランドル地方で逸早く世界を一望に収める風景画が成立したのかは興味深いテーマである。美術史における議論についてはつまびらかではないが、大航海時代を迎えて劇的に拡大転換した新たな世界観が背景にはある。当時、アジアへのアフリカ航路、アメリカへの大西洋航路が開かれる中で、アントウェルペンは地中海沿岸都市に代わり大航海の一大拠点となるとともに、ヨーロッパ域内においても、絹・香辛料の中東、穀物のバルト海、羊毛のイギリスを結ぶ南北貿易でも栄え、ヨーロッパの中核都市となるのである。ボスやパティニールによって創始されたをもつ独特な風景画の伝統を完成させたとされるのがP・ブリューゲル（一五二五―三五～一五六九）[5]である（図46）。

そして、風景画の誕生には当然自然に対する見方の転換がある。J・パティニールを初めて「風景画家（Landschaftsmaler）」という言葉で呼んだのは、A・デューラー（一四七一～一五二八）[6]である。自身も風景画を描き、画面に人物が描かれない「純粋の風景画」を最初に描いたのはA・デューラーとされる。山本義隆は、A・デューラーをルネサンスにおいて新たな科学の在り方を模索した芸術家のひとりとして位置づけながら、その風景画について、「人物の描かれていない風景画の登場は美術の宗教への従属からの解放の第一歩であるとともに、自然を人間から独立した客観的世界として見る心性の誕生を表し、ひいては人間が中心に位置する世界から人間が外から眺めている世界への世界観の転換につながっていく。[7]」という。A・デューラーは、世界地図をつくり、天球図を描いた。また、細密な動物図や植物図も描いた。その著『定規とコンパスによる測定術教則』（一五二五年）そして

提供：Bridgeman Images／アフロ

図46●初期の風景画（J. パティニール『エジプトへの逃避』）

『人体均衡論』（一五二八年）は後世に多大な影響を及ぼすことになったが、風景もまた測定され、科学的に描写されるのである。

一方、中国には「山水画」の伝統がある。山水画が本格的に興隆し始めるのは六朝時代からであり、完全に独立した分野となるのは、呉道玄（道子）、李思訓・李昭道父子、あるいは王維らが出現する盛唐時代、さらに山水画のみを専門とする画家が一個の画家として認められるようになるのは、中唐から晩唐時代だという。山水画は、隋唐より日本へも伝来し「やまと絵」にも取り入れられていく。

中国文学者であり、中国図像学の大家である中野美代子は、風景は、眼に映る「ある土地のながめ（scenery）」の意であり、文字通り山と水を意味する山水は、中国的観念における自然に他ならないから、ランドスケープの訳語としては山水のほうがよりふさわしかったとする（マイケル・サリヴァン 2005）。ランドスケープも山水も、対象としての自然ということになる。景観という新たな訳語が混乱の素因である。

もちろん、対象としての自然といっても、画としての表現は異なる。イエズス会の宣教師として、初めて北京に住み、『交友論』『天主実義』『幾何原本』などを漢文でものしたマッテオ・リッチ（Matteo Ricci）（利瑪竇 Lì Mădòu）が晩年に書いた報告書の中で、「チーナ人はたいへんな絵画好きだが、わたしたちに及ばない。……彼らは油絵を知らないし、絵に陰影をつけないので、絵画はいずれも青ざめて、全く生彩を欠いている」とくさしている。中国文化に造詣の深かったマッテオ・リッチであるが、その絵画観には、洋の東西の違いを見てとることができる。中国伝統の「山水（shansui）」あるいは「風水（fengsui）」といった概念と西欧のランドスケープという概念の関係は、この違いに関わる興味深いテーマである。

風景という日本語については、内田芳明の『風景とは何か』（内田芳明 1992）の現象学的分析がわかりやすい。風景とは、「風情」―「情景」である、すなわち、風景というのは、「情」を挟んで成り立っている（「風（情）景」）と解釈できる、風景は、情、すなわち、心と感情を含んだものである、という。

そして、風景にしても景観にしても、主として主観性を示している、あるいは主情性に溢れているのに対して、ランドスケープは、対象性、客観性そして場所性を示しているという。「日本の場合には、対象についての主観的な感じ方、感情性、自分中心の好みや感じ方の方面が主として表現されているのに、西欧のばあいには主我性、主観性から一応自由に、外界にある土地について、その地理的空間性、風土生活環境の場所性（トポス性）と形状性（ゲシュタルト）、それらの特徴が「風景」だと認識されている」とする。

対象の客観的特質とそれを捉える主観的把握という力点の違いは、一般的にも指摘される。オギュスタン・ベルクは、「西欧の景観、日本の風景」という（オギュスタン・ベルク 1990）。内田芳明の場合、景観を「自己中心の主観的な身勝手な見方をあらわすもの」「対象の部分を断片化する見方」として、現象学的概念としての風景と区別している。しかし、景観は、以上のように、もともと翻訳語である。オギュスタン・ベルクに従って、本書では、西欧的概念としてのランドスケープ＝景観の概念と中国・日本の風景を区別しておこう。

景観は、土地の客観的な姿に関わり、風景は、土地に対する主観的思いに関わる。別の言い方をすると、景観は「われわれが見る（We see）」であり、風景は「私が感じる（I feel）」である。ただ、風景が単に視覚によって「観」られるものではなく、五感によって感じられるものであることは以上に確認した通りである。

自然

景観は、「土地」のかたちに関わる。風景は、「自然」あるいは「土地」の知覚あるいは認識に関わる。景観、風景が、それぞれの「自然」観、「土地」観に関わっていることは、これまでの語義をめぐる議論からも理解される。

そもそも「自然」とは何か。「風景戦争」においては、しばしば「自然」であるかどうかが争点になる。

中国語の「自然」は、「自らある状態」あるいは「自らあること」を意味する。『老子』に「悠として其れ言を貴《わす》れ、功成り事遂げて、百姓《ひゃくせい》皆我を自然と謂う」（第一七章）、「人は地に法《のっと》り、地は天に法り、天は道に法り、道は自然に法る」（第二五章）などとある。自分が無為であることは、また物のあるがままを尊ぶことであり、「万物の自然を輔《たす》けて而も敢て為さず」（第六四章）ということにもなり、万物の「自《おの》ずから然《しか》る」ことを重んずることになる。すなわち、「万物」あるいは「天地」の「人為の加わらない、おのずからある状態」が「自然」である。「人為を加えず、本来のままである」、すなわち「無為自然」である。この中国語の「自然」がそのまま日本語に入ってきたと考えられる。もともとは「じねん」と読んだ。重要なのは、「自然」が、ある状態（「然」）を表す言葉であり、存在を示す言葉ではない、ことである。

「自然」という概念、言葉が日本にそのまま持ち込まれたことは、様々な用例によって明らかにされている。空海の『十住心論』（『秘密曼陀羅十住心論』）には「経に自然《じねん》というは、いわく、一類の外道を計すらく、一切の法はみな自然にして有なり、これを造作するものなし」（巻第一）とある。この「経に自然というは」の「自然」は、サンスクリットのスヴァバーヴァ（svabhāva）（「自ずからあるもの」の意）の訳だという。仏教の自然観を考える上で興味深いが、空海がこれを「大唐にあるところの老荘の教えは天の自然の道に立つ。またこの計に同じ」と言っていることも興味深い。時代は下って、親鸞には『自然法爾《じねんほうに》』(8)がある。「自然《じねん》」は、人為的でなく自ずからそうあることを意味する形容詞また副詞として用いられるのが一般的であった。江戸時代の医者であり思想家でもあった安藤昌益（一七〇三〜一七六二）の『自然真営道』（一七五三年）においても、「自《ひと》り然《な》す」活真というように、形容詞として用いられている。

「自然」が森羅万象の対象的世界一般を指す名詞となるのは、蘭学が導入され、オランダ語のナトゥール（natuur）の訳語となってからである。一七九六年（寛政八）年に出版された稲村三伯の最初の蘭日辞典『波留麻和解《はるまわげ》』で、ナトゥールに「自然」という訳がはじめて用いられたという。オランダ語のナトゥールや英語のネイチャー（nature）のもとは、ラテン語のナトゥラ（natura）である。ナトゥラは、「生まれる（nascor）」という動詞から派生した言葉で、ギリシア語のフュシス（physis）の訳語である。フュシスもまた「生まれる、生じる（phyomai）」という動詞から派生した言葉で、おのずと生じたもの一般を意味し、人工の規則や慣習であるノモス（nomos）の対語となる。

ただ、もともとギリシアにおいても「自ずと生まれ、成長し、衰え、死ぬもの一般」が「自然」であり、「自らのうちに運動変化の原理をもつもの」（アリストテレス）が「自然」であった。すなわち、無機的自然ではなく、生命ある有機的自然である。しかし、キリスト教世界において、神―人間―自然という截然とした階層的秩序が現れてくる。そこでは自然も人間も神により創造されたものであり、神はこれらのものを全く超越している。人間もまた自然と同格のものではなく、むしろ自然の上にあってこれを支配し利用する権利を神からさずかったものとなる。近代西欧の自然観は、本質的にはこのキリスト教世界に含まれていた自然観を継承し、いっそう方法的に自覚発展させたといえる。

要するに、「自然」も「ネイチャー」も、「人為が加えられていない」という意味であるが、その「状態」をいうのか「対象」をいうのか、生き方や在り方のある価値的状態をいうのか、自ずから生じた「もの」を意味するか、西欧と非西欧で異なっているのである。

人為か自然かという区別は、「自然景観」と「文化景観」の区別につながる。しかし、今日、人為の加わらない「自然」など果たしてあるのだろうか。

例えば、人跡未踏の地など地球上にほぼないのではないか。チョモランマの登山道のゴミが問題になる時代である。人類の探検の最前線は宇宙である。そしてその宇宙も、ロケットや人工衛星の残骸など塵が問題にされる時代である。もちろん、個々の人為によって変わることのない素晴らしい大自然は、地球上に今なお存在している。しかし、異常気象が取り沙汰されるように、人為は地球の環境全体、気候までも左右するに至っているのである。すなわち、今日「自然」には何らかの人為が加わっている。従って、僕らが目の当たりにする景観は、基本的に「文化的景観」といっていい。

人為と自然をめぐっては興味深い議論がある。極めて手入れの行き届いた杉(例えば北山杉)の林と下草が繁茂する原生林を比べると、日本人の多くは前者に「自然」を感じる、というのである(図47)。すなわち、人為が加わらないことが、必ずしも「自然」と思われない場合があるということである。「自ずからある」という原理がそこにはないように思えるからである。

問題は、自然と人為の関係が根底的に変化してしまっていることである。近代科学技術の依拠する

写真提供：京都北山丸太生産協同組合

写真提供：田村茂樹

図47●人工林と天然林
上：北山杉林（京都府）　下：北八ヶ岳（長野県）

「自然」観は、基本的に、自然は人間とは別の独立した外的な対象であり、人間が支配しうるものだと考える。あるいは、征服しうるものと考える。そうした自然観が支配的となることによって、事実、「自然」は、一貫して「人工化（人工環境化）」しつつある。

景観あるいは風景となる「自然」は、以上のように、外的な対象としての「自然」ではない。「自ずから然る」中国・日本の自然観に立ち帰るとすると、今日的には、「自然」をひとつの「生きたシステム」として、捉え直す必要がある。「生きたシステム」としての「自然」は、要素の単なる機械的寄せ集めではなく、要素間の緊密な相互作用をもつ全体である。そして、人為の加わらない自然が既にあり得ないとすれば、人間は「自然」のシステムの外にあるものではなく、まさにその一員として、「自然」のシステムと調和していかねばならない。いわゆる「自然との共生」である。仏教でいう「共生《ぐしょう》」は、人間も含めた世界が共に生きることをいう。

2 文化としての風景

アラビア半島のオアシス都市に住む人々は、沙漠に遠足に行くのを楽しみにしているのだという。日本人の感覚からするととても理解できない。しかし、世界には様々な土地、そして景観がある。

本書に関わるいくつかの代表的な景観論、風景論、風土論をみよう。この場合、「日本」という枠組み自体が問題となる。問題は「土地の姿」であり、日本も北から南まで、様々な土地の景観があるのであって、「日本」という景観や風景を一括できるかどうかは別の次元の問題、すなわち日本文化論の問題となる。しかし、「日本」を、どこか別の地域「〇〇」（例えばアラビア半島、例えばブラジル）に置き換えても、基本的に同じことが問題になる。土地あるいは地域を越えて伝播するものが「文明」であるとすれば、土地あるいは地域に拘束されるのが「文化」である。

景観を考えることは、日本のみならず世界の「土地の姿」を考えることである。

風水

中国には古来「風水」という説、理論がある。土地をどう捉えるか、どう景観をつくるか、について、極めて実践的な知、あるいは術の体系とされるのが風水である。中国で生まれ、朝鮮半島、日本、台湾、フィリピン、ヴェトナムなど、その影響圏は中国世界周縁部にも広がる。それどころか、今日、フェンスイ（feng shui）あるいはチャイニーズ・ジオマンシー（中国地相学）は世界的に流行しつつある。

「風水」は、中国で「地理」「地学」ともいう。また、「堪輿《かんよ》」「青烏《せいう》」「陰陽」「山」などともいう。

「地理」「地学」といわれれば、なんとなく理解した気になるが、風水書と呼ばれる書物群は、一般的に「風水」という言葉を冠さず、「地理」の語を書名に含むものが多い。三浦國雄（2006）によれば、風水を冠するのは歐陽純の『風水一書』しかないという。「地理」は「天文」に対応する。すなわち、「地」すなわち山や川など大地の「理」を見極めることをいう。「堪輿」は、もともと吉日選びの占法のことで、堪は天道、輿は地道を意味する。「陰陽」は、風水の基礎となる「陰陽論」からきており、「青烏」は、『青烏経』という、伝説上の風水師・青烏子に仮託された風水書に由来する。「山」は、「山師」の「山」である。山を歩いて（「遊山」「踏山」）、鉱脈、水脈などを見つけるのが「山師」である。

「風水」は、「風」と「水」である。端的には気候を意味する。風水の古典とされる郭璞《かくはく》（二七六〜三二四）[9]の『葬経』に、次のような有名な典拠がある。

風水的首要原則是得水、次為蔵風

風水の基本原理を一言で言い表すとされる「蔵風得水」（風をたくわえて水を得る）である。

また、風水の中心概念である「気」も次のように説明される。

夫陰陽之気噫為風、弁為動、斗為雷、降為雨、行乎地中而為生気

陰陽の「気」が風を起こし、動きを起こし、雷を鳴らし、雨を降らし地中に入って「生気」となる、というのである。

風水説は、この「気」論を核に、陰陽・五行説、易の八卦説を取り込む形で成立する。管輅《かんろ》（二〇八〜二五六）[10]ならびに上述の郭璞が風水説を体系化したとされるが、とくに江西と福建に風水家が多く輩出し、流派をなした。地勢判断を重視したのが形（勢学）派（江西学派）で、羅経（羅盤）判断を重視したのが（原）理（学）派（福建学派）である。中国の都城理念（『周礼』考工記「匠人営国」条）は中原で生まれ参照され続けるが、風水説は、中国王朝の「中国」観、「天下」観の周辺において発生したことは興味深いことである。

風水説は、専ら、術として用いられた。最も吉相と見られる地を選んで、その地に都城、住居、墳墓をつくらせる地相学、宅相（家相）学、墓相学と結びつけるのである。生人の住居の場合を陽宅、墓地の場合を陰宅と呼ぶ。陽宅風水が、いわゆる家相である。顧客のために吉相の地を鑑定する職業人を「地師」「堪輿家」「風水先生」「風水師」などと称する。

風水説の理論的諸問題についてはそれを論ずる少なからぬ書物に譲ろう。

風水説は、「迷信」あるいは「疑似科学」として、科学的根拠に欠けるものとして位置づけられて

きた。また、風水説には、前述のように、流派があり、諸説があって、その体系が全体的に明らかにされているわけではない。風水ブームとされるが、根拠や典拠が明らかにされない、占いの一種という扱いも少なくない。ただ、風水説には、それこそ「風水」「地理」の伝統的な理解、景観、風景の読み方が示されているという期待がある。本書の関心もその視点にある。

中国では、社会主義体制において基本的に風水説は否定され、顧みられることはなかった。しかし、この間、その見直しが進められ[11]、建築、都市計画に関連しては、風水説を環境工学的に読み直す多くの書物が著されつつある。

風水説は、まず、世界の「地理」について、その全体像（「天下の大幹」）を述べる。また、王朝の都、帝都の選地が問題にされる。そして、具体的な手法として、龍法、穴法、砂法、水法の「地理」の四科が説かれる。龍法は生気が流れる「龍脈」を見つける方法、穴法は生気が濃密に集まる「龍穴」を見いだす方法、砂法は「龍穴」の周囲を囲う方法、水法は水を流す方法である。「龍脈」とは山脈のことであり、砂とは山のことである。風水では、龍が隠喩として極めて象徴的に用いられる。龍法の見立てとして、生龍、死龍、強龍、弱龍、順龍、逆龍、病龍、殺龍などの類型が用いられる。穴法も、穴形などについて、いくつかの類型論が展開される。龍法も穴法も、景観の構成要素とその配置、すなわち景観の構造に関わっているのである。

例えば具体的に、風水説として一般に流布するのが、「四神相応」（青竜＝東、朱雀＝南、白虎＝西、玄武＝北）である。これは、平安京＝京都がこれに基づいたとされるように、都市計画、その選地、そして配置計画に関わる。「穴」の前の朝山、案山、背後の楽山、羅城、水口の諸山などを、砂を盛って配置する模型をつくったのである。水法は、様々な水源、水流の形を評価する。水をその形態から様々に分類し、その得失（吉凶）を述べるのである。

台風、洪水、水不足など、風や水の問題に今日も我々は悩み続けている。風水が現在も見直され、ブームといわれるほどに関心を呼ぶのは、それなりに理解できるのではないか。

中国から風水説が伝わった朝鮮半島では、三国時代には既に都邑の選地（占地）の論拠として重視された。新羅末から高麗初にかけて道詵《どうせん（どうしん）》（八二七〜八九八）[12]によって体系化されたとされる。朝鮮の風水については村山知順の大著『朝鮮の風水』（村山知順 1931）がある（図48）。

道詵は朝鮮の地形を舟形とみなし、太白山・金剛山をその船首に、月出山をその船尾と見なし、舵を扶安の辺山、櫂を智異山、腹部を雲住山に当てた上で、国家安寧のためには、すなわち、舟を安定させることが必要で、要所に寺塔を建て仏像を安置すべしと唱えた。この大きな構図、マクロな地理観は、朝鮮半島の一体的把握につながるであろう。風水説は、高麗朝においても、仏寺建立と結びついて重んじられた。また、王都の選地にあたっても、風水は重視され、しばしば遷都論の論拠となった。李朝の鶏竜山への遷都計画やソウルへの遷都も風水説に拠った。

韓国社会において、風水が現在もなお少なからぬ意味をもっていることは、序章で述べた日帝断脈

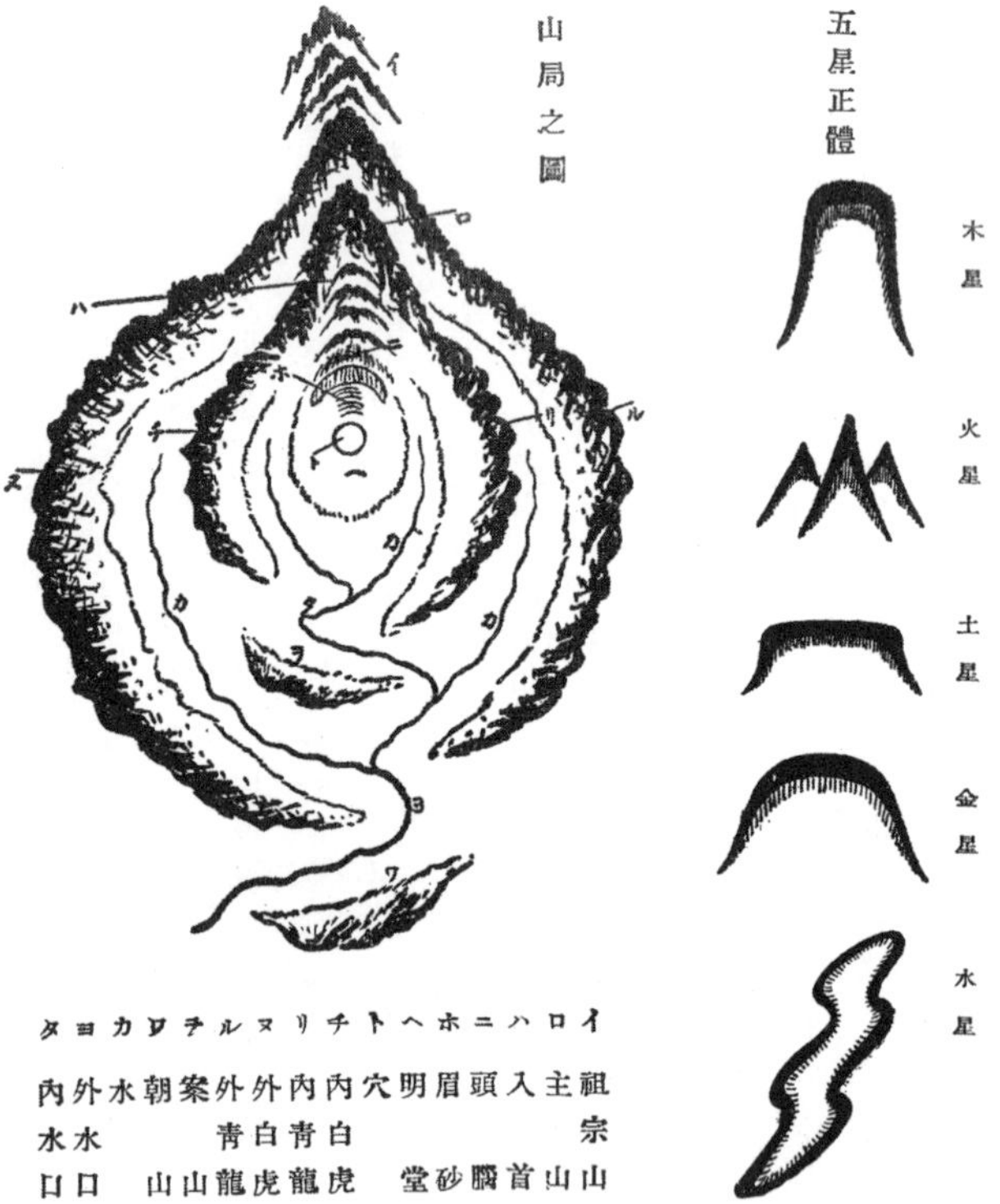

村山知順『朝鮮の風水』

図48●風水図

説（野崎充彦 1994）による大韓民国国立中央博物館（旧朝鮮総督府）の解体という事件が象徴的に示している（図2）。墓地の選定など、一般庶民の間で、風水への関心は高く、風水師に鑑定を依頼するのは珍しくないのである。

ところで、日本は、風水をどのように受容してきたのか。

『日本書記』推古天皇十年（六〇二）の条に、「百済の僧・観勒がやって来て、暦、天文、地理、遁甲、方術の書」を献上したとあるが、この「地理」書の具体的内容、その後の帰趨ははっきりしない。その命脈を伺えるのは「陰陽道」である。「陰陽師」に都にふさわしい「相地」を「視占」させたという記事が『日本書紀』に見えるのである。

日本に持ち込まれた風水書そのものは明らかでないが、これ以降一般に、風水的選地の思想が受容されていったことは、日本における「家相」あるいは「気学」の伝統が示しているだろう。

台湾の都市計画研究者である黄永融（1999）は、平安京など日本の都城が風水説によって造営されたとする。ひとつの解釈としてはありうるだろう。また、考古学者の来村多加史（2004）の『風水と天皇陵』など、実に興味深い論考も少なくない。

風水説はともかく、日本の都城が中国に由来する都城理念をもとに造営されたことは疑いがない。これについては、拙著『大元都市——中国都城の理念と空間構造』（布野修司 2015）を参照されたい。

また、前方後円墳など古墳の形状も天円地方の中国的宇宙観との連関も考えられる。さらに、仏教建築は、中国建築の全く新たな建築技術を日本にもたらすものであった。

古墳の建設、仏教建築の導入、そして都城の建設は、日本に全く新たな景観をもたらすことになる。いずれも人為の造形であり、日本における景観の作法の出発点である。

風土記

ランドスケープあるいはラントシャフトは、前述のように、本来「土地の姿」という意味であり、一定の地表の空間的まとまり＝「地域」を表現する概念であった。

地理学が景観を極めて重要な概念として扱ってきたのは、そうした意味で当然である。景観は、それぞれの土地の自然・文化・社会の生態学的表現である。

では、景観あるいは風景が前提とする一定の空間的まとまりとはどのように知覚され認識されるのか。

「風水」とともに「風土」という言葉がある。風土ということで、すぐさま思い起こされるのは『風土記』であろう。

唯一の完本である『出雲風土記』を見ると、まず出雲国の地域区分がなされ、それぞれの「郡」「郷」について、「郡郷の名は好き字を著《つ》けよ、その郡内に生ずるところの銀銅、彩色、草木、禽獣、魚虫等の物は具《つぶさ》にその品目を録し、及び土地の沃涯《よくせき》、山川原野の名号の所由《いわれ》、また古老相伝の旧聞異事は、史籍に載せて言上せよ」という命に従って、その地名のいわれ、地形、産物などが列挙されている。これは、まさに「土地の姿」である。

古墳、仏教寺院、都城が全く新たな景観を形成する一方で、当時の地域の姿を記したのが『風土記』である。『風土記』に記載される世界は、第3章で述べる日本の景観の第一の景観層である。第一の景観層は、縄文時代から『風土記』に至るまでの、「日本」という枠組みが形成される以前の景観をとどめていたとみていい。

『出雲風土記』については膨大な著作、論考があるが、近年の著作として、出雲主義者にとって実に刺激的なのが『出雲と大和—古代国家の原像をたずねて』（村井康彦 2013）である。歴史学者である村井は、『出雲風土記』を徹底して同時代史として地政学的に読み、その編纂者である出雲国造の意図を明らかにしている。僕には今のところ日本の古代史をめぐって論う蓄積も能力もないが、古代出雲の中心について、また、邪馬台国と出雲族との関係について、これまで考えられてきたのとは異なる見方が説得力をもって示されているように思う。荒神谷遺跡、加茂岩倉遺跡からの空前の銅剣、銅矛の出土にも関わらず、出雲は大和王権の銅剣、銅鐸の宅配所、すなわち大和王権に従属する存在であったといった従来の位置づけには釈然としてこなかったのであるが、村井説によれば、出雲王国と倭国、邪馬台国、さらに大和王朝の関係が、例の魏志倭人伝の行程・距離の記述も含めて、すっきりと整理されるのである。それはともかく、倭国の成立、そして国譲り、大和朝廷の成立という歴史の記憶と具体的な土地の姿が重なり合うかたちで『出雲風土記』には記述されている。大橋川周辺の景観まちづくりに関連して前章（4 松江）で、朝酌促戸《あさくみのせと》と呼ばれる市に触れたが（図42）、その市の近くにあった大井浜については「海鼠・海松あり。又、陶器を造れり」などとあり、農業、魚業とともに窯業も行われていた里として復元されている（図49）。

「風土」という言葉も、風景と同様中国起源であり、『風土記』という地誌の作成も中国に倣ったものである。「風土」とは、端的には、「土地の状態、すなわち、その土地の気候・地味など」（『広辞苑』）を意味する。しかし、単に気候・地形・地質をいうのではなく、「住民の慣習や文化に影響を及ぼす、その土地の気候・地形・地質など」（『大辞林』）と、人間の営みとの関係を含んだ概念である。

風土は、「風」と「土」からなる。風は、空気の流れであるが、季節によって異なり、様々な気象現象を引き起こす。『説文解字』（許慎（後漢））には、「風動いて蟲生ず」とある。風という字の中の虫は、一年中で最も早く生じる生物のことである。風土は、単なる土地の状態というより、土地の生命力を意味する。土地は、天地の交合によって天から与えられた光や熱、雨水などに恵まれているが、生命を培うこれらの力が地上を吹く風に宿ると考えられてきたのである。

風土、すなわち、土地の生命力が、土地ごとに異なるのは当然である。『後漢書』にはそうした用法が見え、二世紀末には『冀州《きしゅう》風土記』など、風土記という言葉を用いる地誌が現われる。

写真提供：島根県古代文化センター

図49●出雲風土記に記載された「大井浜」の復元
上：『出雲風土記』写本（日御碕神社所蔵）
下：大井浜の復元模型（島根県立古代出雲歴史博物館所蔵）

風土は、英語ではクライメイト（climate）（気候）である。ここでも洋の東西の違いがある。クライメイトの語源である「クリマ（klima）」は、風土という意味で使われるが、古代ギリシアで傾きや傾斜を意味した。それが気候や気候帯を意味することになったのは、太陽光線と水平面とのなす角度が場所ごとに変わることからである。風土に対応する言葉が気候であることは、西欧世界では、風土を規定する主たる要因が気候であると考えられてきたことを示している。そうした意味では、上述のように、風水の方がクライメイトの訳にふさわしいだろう。

『風土記』の記載項目を見ても明らかなように、風土は、気候のみを意味するわけではない。気候を大きな要因とするが、地質、地形、地勢、地味など、土地の特性の全体（土地柄）が風土と呼ばれるのである。

風土をどう捉えるか、どう捉えてきたのか、については、あらゆる学問分野が関与する。景観あるいは風景、自然あるいは風土という言葉をめぐる著作に数限りがないのは、土地のあり方ひいては社会の根底、基盤に関わるものがそこにあるからである。

近江八景

江戸時代の半ば、享保年間に、「五機内」の「国」について、それぞれ、その沿革、範囲、道路、形勝、風俗を、また、郡ごとに、郷名、村里、山川、物産、神社、陵墓、寺院、古蹟、氏族などを記述した「五畿内」に関する最初の総合的地誌となる『日本輿地通志畿内部』(『五機内志』)全六一巻(一七三四年)がまとめられている。この編纂者であった関祖衡《せきそこう》は、その著『新人国記』(一七〇一年)に、「人情は国の風水に因れり」「その風土の形勝を知らざれば、その因る所を弁ふることなし」と書いている。風土、風水によって、土地あるいは地域を把握する伝統は、江戸時代にも継承されていることを知ることができる。そして、近世末にかけて、日本の景観享受のひとつの作法ができあがってくる。

第一に、「近江八景」を先駆として、景勝地を数え上げることが行われ出す。第二に、それとともに葛飾北斎(一七六〇〜一八四九)の『富嶽三十六景』(一八三一〜三三)のような風景画が登場する。第三に、景勝地を比較観察して、それぞれの価値や品格を論評する、古川古松軒(一七二六〜一八〇七)の『西遊雑記』(一七八三頃)、『東遊雑記』(一七八八頃)といった著作が現れ始めるのである。

大室幹雄の、『月瀬幻影《げつらいげんえい》』の詩人石雲嶺を中心とする藤枝詩壇の詠んだ風景に関する論考(大室幹雄 2002)に、次のような一節がある。大室は、壮大なる中国空間史論とでも呼びうる「歴史の中の都市の肖像」と題されたシリーズで知られるが、日本の景観についても造詣が深く、後に触れる志賀重昂の『日本風景論』に関する論考もある。(13)

それはこの社会の歴史開始以来はじめて現われた新鮮な景観だった。歴史地理学的に俯瞰するならば、それは、弥生時代に芽をのばしはじめた水田耕作を胚胎とする農耕文化が、遅々たる成長の工作をかさねたあと、徳川幕府による鎖国下二百年を越える四海昌平のあいだに進歩の度を速めて、ほぼひとつの文明の完成に達した時点で現れた特色ある景観であった

一八世紀末から一九世紀初頭にかけて、「全国各地の都会あるいは町と村で、ひとしく現れつつあった光景」は、「農作可能な微地形に、微細に分かれて緊密に結合した人々の集団が、わずかばかりの畜力のほかは、労働力のほぼ全体を人力で供給しながら作りあげた景観」であり、総体的な印象は「偉大とか崇高という形容にはまるでふさわしくない」「かわいらしくて美しいといえる」「全体が入念にしつらえられた工芸品のような世界」であった。

この時期の日本の景観を、日本の第二の景観層(のクライマックス)とする。今日、日本の景観の原点として振り返られるのはこの景観層である。

近世の詩人、すなわち、京都を中心とする教養人士たちは、第二の景観層を風景として享受するにあたって、中国の「瀟湘《しょうしょう》八景」(14)あるいは「西湖十景」などにならって、「景」を数え上げた。

「瀟湘八景」とは、洞庭湖(湖南省)に流入する瀟、湘二水を中心とする江南の景観が、宋代に、画題として、詩的な名称とともに八つにまとめられたものをいう。

日本の先例とされるのが「近江八景」で、一七世紀前半には、琵琶湖南部の景観から、比良の暮雪、矢橋《やばせ》の帰帆、石山の秋月、瀬田の夕照、三井の晩鐘、堅田の落雁、粟津の晴嵐、唐崎の夜雨の八つを切り取っている（図50）。すべて「瀟湘八景」の江天暮雪、遠浦帰帆、洞庭秋月、漁村夕照、煙寺晩鐘、平沙落雁、山市晴嵐、瀟湘夜雨に対応づけられている（図51）。下二文字は眺められるべき景物、またその季節または時刻を示す。明の心越禅師の命名という、今では名のみ残る武蔵六浦の津周辺（横浜市）の「金沢八景」も、洲崎晴嵐、瀬戸秋月、小泉夜雨、乙艫《おつとも》帰帆、称名晩鐘、平潟落雁、野島夕照、内川暮雪と同様である。

「瀟湘八景」の場合、風景のイメージは明確な境界をもたず大きな広がりをもつが、「近江八景」は、場所が湖西に限定され、またそれぞれの景観も狭く「縮景」されてしまっているというのが、大室幹雄の指摘であるが、陸奥の「八戸八景」、陸前の「松島八景」、磐城の「八沢八景」、薩摩の「鹿児島八景」などに広がっていくに従って、紋切り型は崩されて、土地や場所とその景観が一体化した名称になっていく。また、「吸江十景」「桑山一二景」「関の湖一六景」「多度三八景」のように、数も自在に増やされていく。

こうして、日本の第二の景観層は、風景として発見された。「○○景」という数え上げの作法が、日本の風景享受の作法となるのである。上述の『富嶽三十六景』とか、歌川広重（一七九七～一八五八）の『東海道五十三次』（一八三三～三四）『木曽街道六十九次』（一八三五～四二）などもその一環

比良暮雪

矢橋帰帆

石山秋月

瀬田夕照

三井晩鐘

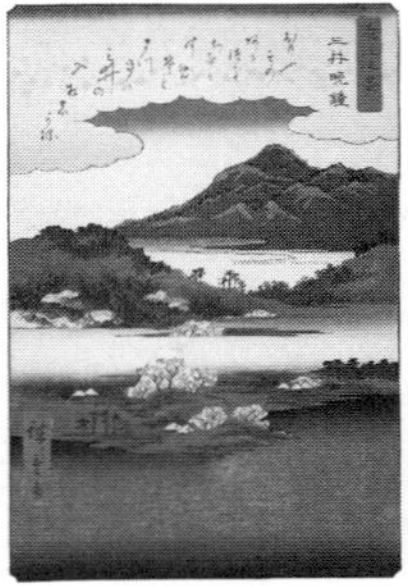

堅田落雁

粟津晴嵐

唐崎夜雨

図50●歌川広重「近江八景」【魚栄板】（大津市歴史博物館所蔵）

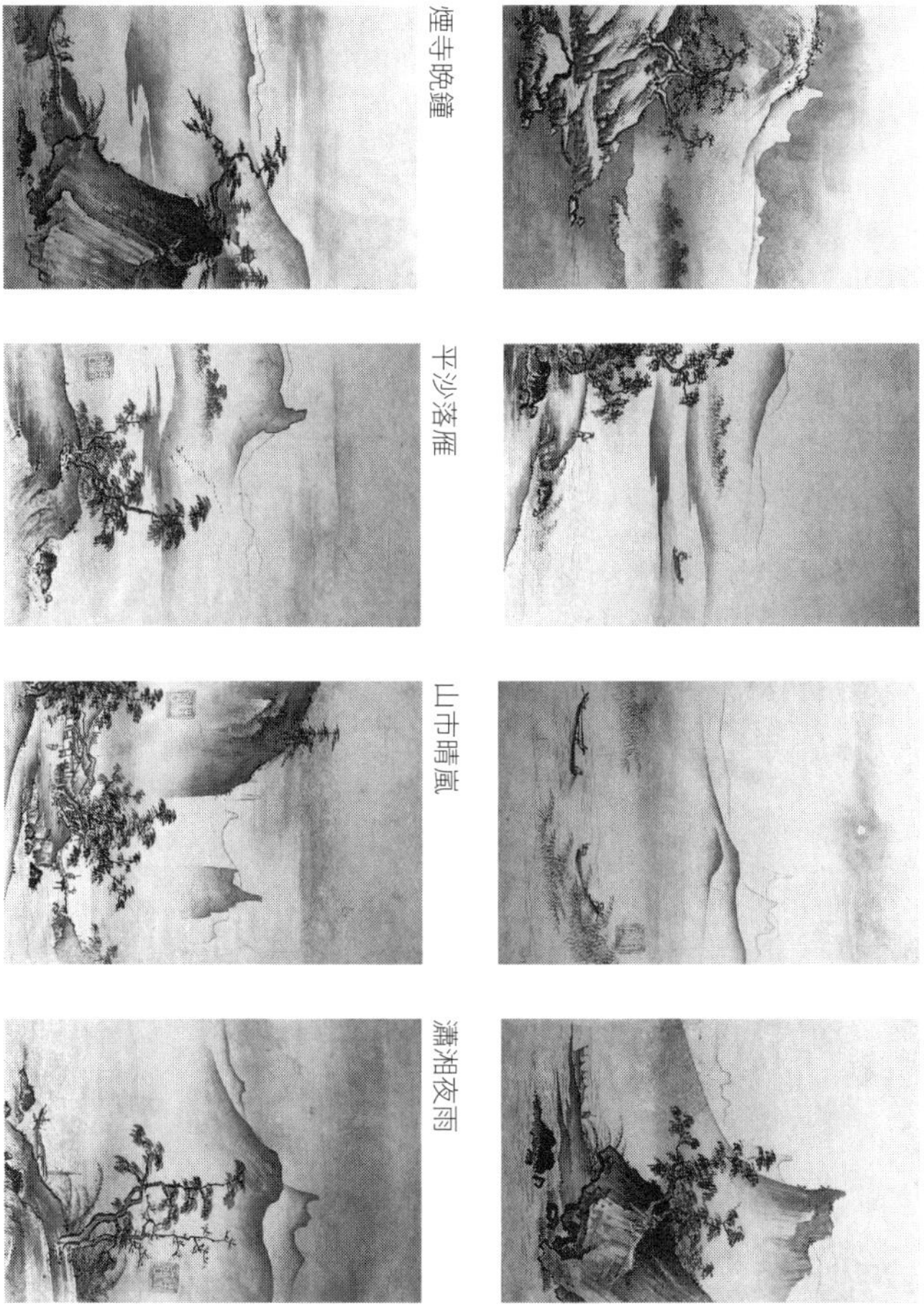

図51●祥啓「瀟湘八景図画帖」(白鶴美術館所蔵)

である。数え上げ（ナンバリング）の発想は「権力もしくは権力への期待による支配と管理と抑制の政治的論理である」と、大室幹雄は鋭く喝破する。風景の享受は、本質的には、個々の主観に属し、無限の多様性に向かうはずである。だから、「数による風景の把握は風景を殺す」のだと大室はいう。だがしかし、この日本の第二の景観層における風景の発見は、景観とそれを享受する人の関係を安定させることにもなる。

『日本風景論』

日本の景観あるいは風景に関する古典的著作として決まって言及されるのが、志賀重昂（一八六三〜一九二七）[15]の『日本風景論』（志賀重昂 1894）である（図52）。日清戦争の年に上梓され、日露戦争（一九〇四〜一九〇五年）の前年まで一五版まで版を重ねた大ベストセラーである。

『日本風景論』は、「江山洵美是我郷《こうざんじゅんびわがきょう》」と書き出され、日本風景の「瀟洒《しょうしゃ》」「美」「跌宕《てっとう》」がまず列挙される。跌宕とは、雄大なこと、細事に関わらず、のびのびしていること、をいう。そして、ひたすら日本の風景を美しい、と唱える。志賀が、『日本人』や『亜細亜』といった雑誌を出していた政教社にあって、反欧化思想、国粋主義の喧伝者としての役割を果たしたことはよく知られるところである。

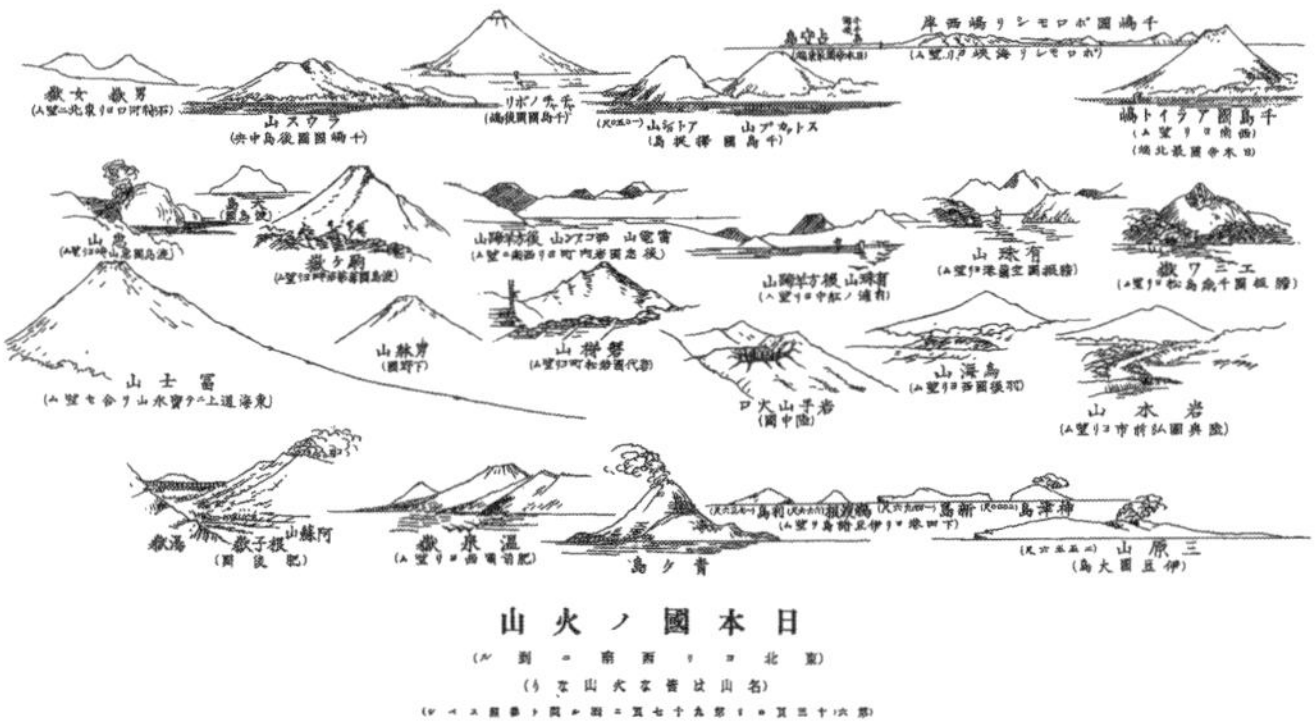

図52●志賀重昂『日本風景論』（1894 年）
上：初版表紙　　下：日本の火山に関する解説頁

『日本風景論』は、日本風景の特性を大きく「日本には気候、海流の多変多様なる事」（二章）「日本には水蒸気の多量なる事」（三章）「日本には火山岩の多々なる事」（四章）「日本には流水の浸食激烈なる事」（五章）と四項目に分けて記述する。志賀は、平均気温や降水量の分布図を示したこの著書によって、日本の近代地理学の祖とも目される（大槻徳治 1992）。『地理学講義』（一九一九年）の他、『河及湖沢』（一九〇一年）、『外国地理参考書』（一九〇二年）、『世界山水図説』（一九一二年）、『知られざる国々』（一九二六年）などを著わし、英国王立地学協会の名誉会員にも推戴（一九一七年）されている。四章には、「付録」として、「登山の気風を興作すべし」という一節が全体の二割もの頁数を割いて設けられている。志賀は近代登山の主唱者ともされる。ただ、志賀本人は登山家であったわけではなく、登山技術についての記述には、英国人著作家による種本があったことが明らかにされている。『日本風景論』には、また、旅行案内書の趣がある。実際、当時出版されていた英文旅行案内書『A Handbook for Travelers in Japan』（一八八一年）の記述から多くの引用、翻訳がなされている。『日本風景論』に、外国人の旅行のための情報、外国人の見る「日本」という視線があることは注目されていい。二章、三章にも、末尾には、欧米人がその国においては見ることのできない日本の風物、風景を列挙している。

大室幹雄の『志賀重昂『日本風景論』精読』（大室幹雄 2003）には、志賀重昂の風景論の射程について、多彩な評価がなされている。また、『日本風景論』がどう読まれたかについても詳述されている。限られた紙幅ではとても要約するところではないが、次のような文章がある。

全体としてみれば、『日本風景論』の新しさは、日本の風景が世界中でいちばん美しく優れていると宣明した一事にあった。……志賀にとっての日本とは、明治二七年の時点で現存していた「日本帝国」であった。ゆえに、この作品の総体としての新しさは、日本のながい歴史において、はじめて風景と国家とを結び会わせたことであった。

また、「江山洵美是吾郷」の「吾郷」について、次のようにもいう。

「吾が郷」は人間一般の人称的にして普遍的でもある存在の場所であることから、志賀が歴史的に生存している個別的な場所、すなわち志賀の日本へ収縮してしまった。

「国粋主義」あるいはナショナリズムと『日本風景論』の関連をめぐっては多くが指摘するところであるが、日露戦争期に著された小島烏水の『日本山水論』、太平洋戦争期における上原敬二（一八八九～一九八一）[16]の『日本風景美論』（一九四三年）も含めて、歴史的に拘束されたものとして読む必要があるのは当然である。しかし、『日本風景論』にもうひとつの継承を読むこともできる。

風景と生態圏

志賀重昻は、一八八六年に、海軍兵学校の練習鑑「筑波」に従軍記者として乗り込み、一〇ヶ月にわたって、カロリン諸島、オーストラリア、ニュージーランド、フィジー、サモア、ハワイ諸島を巡っている。その踏査、見聞をもとに著わしたのが、『日本風景論』に先立つ『南洋時事』(一八八七年)である。その後も、志賀は、台湾、福建、江南(一八九九年)、南樺太(一九〇五年)などへの踏査を続けるが、一九一〇年には、アフリカ、南アメリカ、ヨーロッパなど世界周遊の旅を行っている。また、一九一二年には、アメリカ、カナダにも渡り、一九二二年には、世界周遊の旅を再び行っている。志賀の一連の著作は、当時の日本人としては類のない広範な世界見聞に基づくものであった。

現代のフィールドワーカーとして世界を股にかける応地利明に「文化圏と生態圏の発見」という論文があり(山室新一編 2006)、『日本風景論』を大きく取り上げている。「地理学」を出自とする応地にとって、志賀重昻の諸著作や内村鑑三の『人文地理学講義』『地理学考』などの著作がごく親しいのは当然であって、つとに「初期札幌農学校における地理学教育—Prof. J. C. Cutter, Lecture on the geography of Europe, 1881 を中心として」といった論文[17]もある。

僕は、もう二〇年以上、アジア研究をともにさせて頂いて、応地先生のフィールドに根ざした該博な知識にはいつも教えられるが、ここでも根底的なポイントを教えられる。『日本風景論』を「モンスーン的風土論」として位置づけながら、次のように言うのである。

風景であれ文化であれ、日本の特質をモンスーンとむすびつけて理解しようとする認識は、日本列島の外へと広がる生態圏の「発見」へと導く端緒となっていく。それは、近代とともに始まった「世界の中の日本」の探求に、生態圏という新しい次元を拓くものであった。志賀は、夏の季節風を媒介項として具体的な地理的圏域を措定しつつ、風景を手がかりに日本をとりまく生態圏・文化圏の存在を論じたのである。

世界の風土を大きく「モンスーン的風土」「沙漠的風土」「牧場的風土」の三つに分けて論じたのが、風土論の古典とされる和辻哲郎の『風土』（一九三五）（和辻哲郎 1979）である。[18]『日本風景論』から『風土』へ、応地論文は、モンスーンが日本においてどのように認識されてきたか、南洋そして稲作文化への関心を中心に跡づけながら、「風土生態圏」という空間認識の成立を丹念に論じている。風景と帝国日本を直結させた明治期の「日本風景論」は、昭和の初頭に批判・再評価され、新たに組み直されたという。和辻の『風土』はその結晶であった。

和辻の『風土』論は、先述のように、人間存在の風土的規定を三つの類型において捉える。中国・日本を含むモンスーン地帯、アラビア・アフリカ・蒙古などに広がる砂漠地帯、ヨーロッパの牧場地帯にそれぞれ対応したモンスーン型、沙漠型、牧場型の三つである。この三類型は、土地の姿を細やかに見ようとするものにとっては、いささか大雑把に過ぎるように思える。また、基本的には環境決定論の趣がある。しかし、沙漠型という一項を介在させることにおいて、西欧vs日本という単純な二項対立は逃れていた。その風土、生態圏への視点は、戦後の、梅棹忠夫の「文明の生態史観」、中尾佐助、上山春平らの「照葉樹林文化論」などにつながっていく、というのが応地論文である。高谷好一の「世界単位論」(19)、立本成文の「文化生態複合論」などを含めて、応地らの地域研究が鍵語とするのも、風土であり、生態圏である。

こうして景観論、風景論は、「日本」という枠組みを超えていく。その方向で要請されるのは、モンスーン地帯、稲作文化圏、照葉樹林文化圏といった大きなフレームである。そして一方、以上に見てきたように、日本の中でもそれぞれの地域の差異、土地の微地形、微気候を見極めるミクロなフレームが必要である。

景観の構造

風景は、既に述べたように、文化のあり方に深く関わっている。そして、その基礎として、土地の生態に深く根ざしている。

風景の基礎となる土地の物理的形状の視覚的構造、すなわち景観の構造を明らかにするのが、景観工学の樋口忠彦の『景観の構造』(樋口忠彦 1975)である。英文にも訳され、景観工学、景観設計(ランドスケープ・デザイン)といった分野を切り拓くことになったこの『景観の構造』は、冒頭に、志賀重昂の『日本風景論』、そして上原敬二の『日本風景美論』に触れている。さらに、日本文化論を意識して続いてまとめられたのが『日本の景観』(樋口忠彦 1981)である。

『景観の構造』は、第一に「ランドスケープの視覚的構造」を問題にしている。すなわち、景観の視覚的見え方を、①可視・不可視、②距離、③視線入射角、④不可視深度、⑤俯角、⑥仰角、⑦奥行、⑧日照による陰陽度、の八つの指標において捉える。

視覚の対象としての景観は、まず、見えるか見えないかが問題である(①)。見えるか見えないかは、どこから見るか、すなわち視点によって異なる。景観は、視点からの距離によって異なり(②)、近景、中景、遠景といった区別が一般的に行われる。また、顔の表情、輪郭など、部分(ディテール)が区別できるかどうかで距離が区分される。対象が識別可能かどうかを具体的な距離によって示すものとしてメルテンスの法則[20]が知られる。この距離による見え方は、空気が乾燥し澄みきった日には遠くの山々が近くに見えるなど、天候など大気の汚濁度によって異なる。この原理を活かした「空気遠近法」という絵画の手法は古くから用いられてきた。

視線入射角とは、面的要素と視線とのなす角度をいう(③)。視線に対して平行な面は見にくく、垂直な面は見やすい。不可視深度あるいは不可視領域というのは、視点の前にある対象物によって、視点からある地点（領域）がどの程度見えないかを示す指標である（④）。指標そのものは必ずしも一般化されてはいないが、目隠し塀、借景など景観設計の手法としてはよく用いられる。高層建築が建って見慣れた景観が見えなくなるという事態が「風景戦争」の原因である。

俯角（⑤）、仰角（⑥）は、俯瞰景、仰観景に関わる。奥行き（⑦）は、連続的平面の前後の見え方に関わる。すなわち、遠近の感覚に関わり、上述の「空気遠近法」、日照による陰影（⑧）も含めて、遠近法が生み出されてきたテーマである。

『景観の構造』は、続いて、「ランドスケープの空間的構造」を問題とし、日本において見られる地形の類型を七つに分類してみせる（図53）。すなわち、①水分《みくまり》神社型、②秋津洲やまと型、③八葉蓮華型、④蔵風得水型、⑤隠国（隠処）型、⑥神奈備山型、⑦国見山型の七つである。①は山々や丘陵の間を川が抜け、山地から山麓の緩傾斜地に移って平地に開ける景観、②は四周を山々に取囲まれた平野部の景観、③は同じように四周を山々に取囲まれるが、平野部からは隔絶した山中の聖地、④は風水にいう「蔵風得水」のかたち、三方を山々に囲まれ南に拓いた景観、⑤は峡谷の上流に奥まった空間、⑥は神奈備山として仰ぎ見られる景観、⑦は山・丘陵から見下ろす景観である。こうまとめてしまうと味も素っ気もないのであるが、それぞれの地形、景観を表わすネーミングが魅力的である。例えば、水分神社型とは、そうした土地において、川の流れがいくつかに分かれ、水分神社が立地するのが典型的だからである。

地形は、あらゆる人工構築物が「図」として立ちあらわれてくる「地」であり、土地の景観を考える上では、まず、地形のあり方、地形の空間的構成を問題にする必要がある。加えて、日本の場合、上述したように、風水、『風土記』、「近江八景」の伝統がある。自然の地形は、必ずしも、単なる「地」ではなく、「図」としての意味を付与され、人工構築物（神社、仏閣、集落、都市）の建設にあたっては、地形のあり方を前提として選地がなされ、設計されるのが一般的であった。『景観の構造』で示された日本の地形の七つの空間の型は、歴史的・伝統的に大きな意味をもち、日本の心象風景となってきたと考えられる。

都市景観

さて、以上のように、日本の風景、景観をめぐる諸説、議論は、基本的には、自然景観を対象とするものであった。

日本の景観の歴史的層を大きく振り返ると、第一の景観層は、日本列島の原風景、すなわち太古に遡る自然景観を基層であり、『風土記』が記載した世界の景観は、縄文時代に遡る。『風土記』以前の日本列島の景観は、「日本」という枠組みが形成される以前の景観の古層である。

④蔵風得水型空間の構造と構成要素

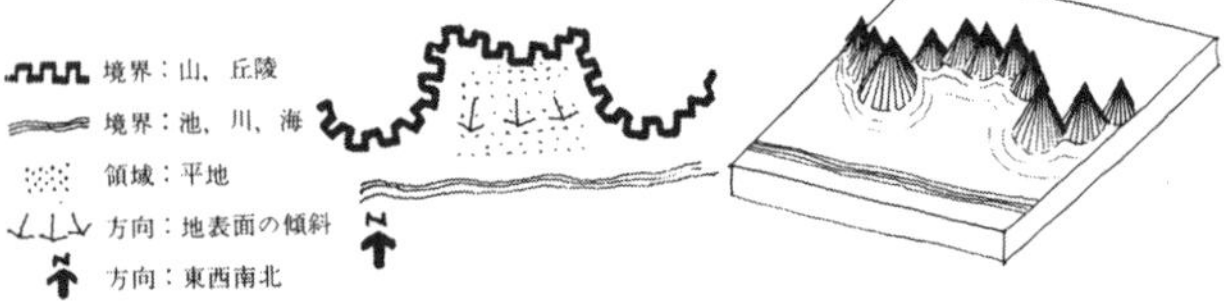

⑤隠国型空間の構造と構成要素

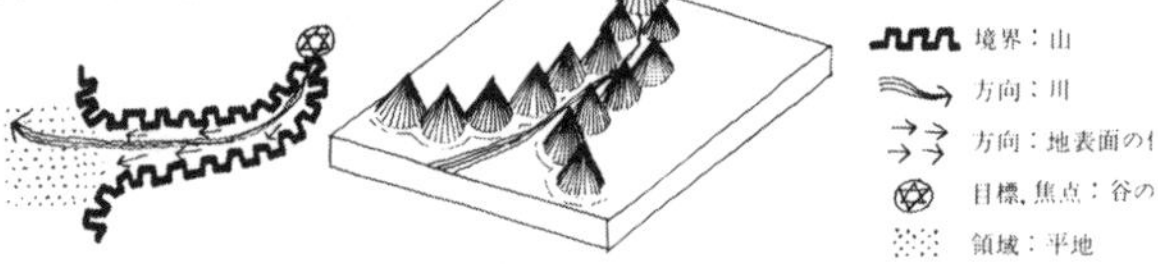

⑥神奈備山型空間の構造と構成要素

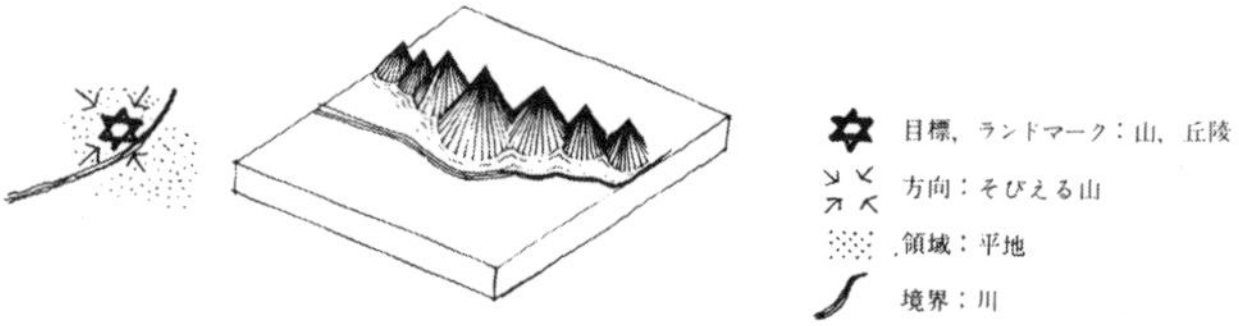

⑦国見山型空間の構造と構成要素

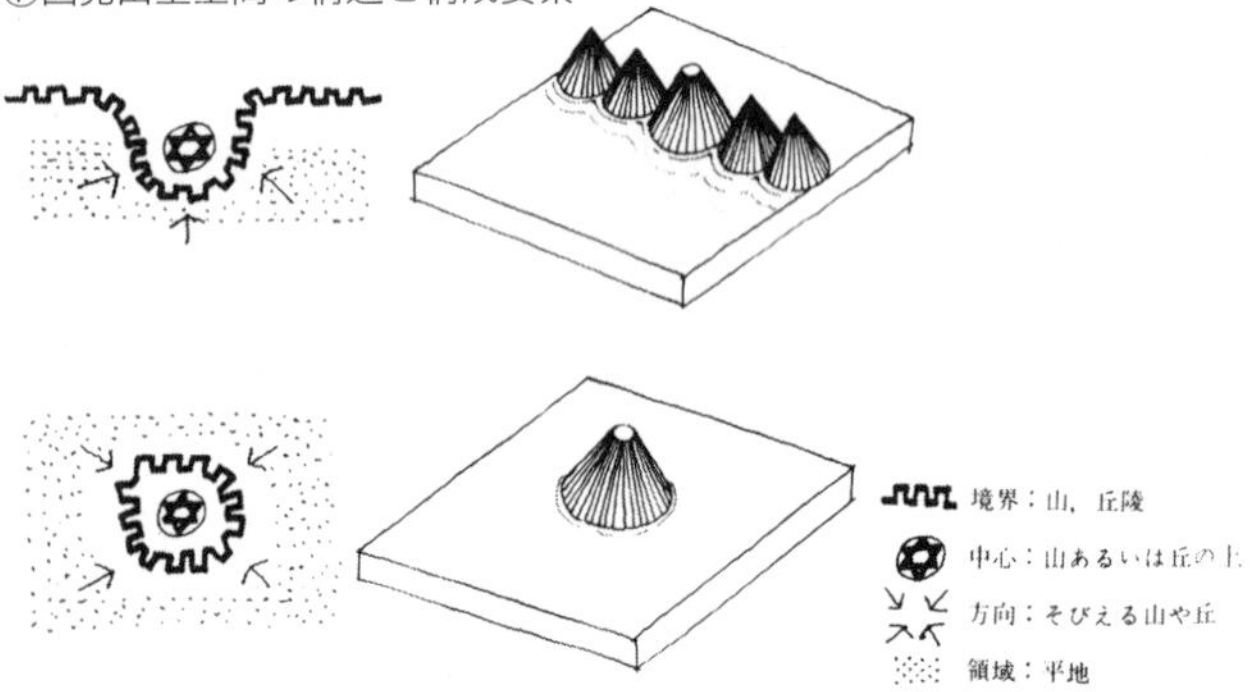

樋口忠彦『景観の構造』(技報堂出版、1975 年)

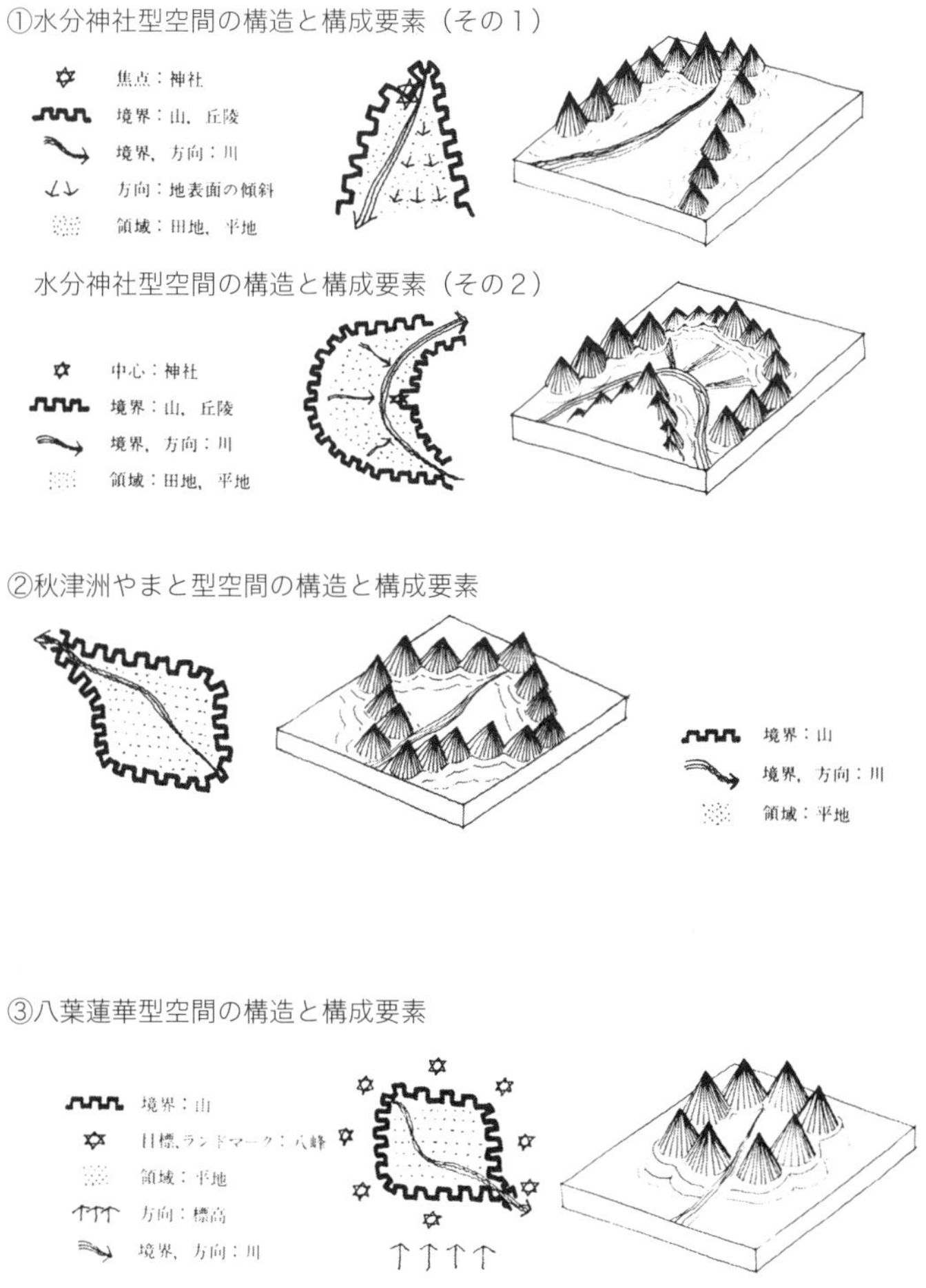

①水分神社型空間の構造と構成要素（その1）

水分神社型空間の構造と構成要素（その2）

②秋津洲やまと型空間の構造と構成要素

図53●樋口忠彦『景観の構造』に記された日本の地形の七つの型

そして、水田耕作が開始され、日本の農耕文化がほぼひとつの文明の完成に達した時点で現れた景観が第二の景観層である。一八世紀末から一九世紀初頭の日本には、農作可能な微地形に、微細に分かれて緊密に結合した人々の集団が、わずかばかりの畜力のほかは、労働力のほぼ全体を人力で供給しながらつくりあげた景観、全体が入念にしつらえられた工芸品のような世界ができあがっていた。今日、日本の景観の原点として振り返られるのはこの景観層である。

明治に入って、日本の景観に新たな要素が持ち込まれる。わかりやすいのは、新たな西欧風の建造物が建てられ始めたことである。開港場と呼ばれた港町（築地、横浜、神戸、長崎、新潟など、）に、「鎖国」を解いて諸外国との外交、交易のために建てられた諸施設がその予兆であった。大工棟梁の二代目清水嘉助[21]が木造で西洋風の建物として建てた築地ホテルは「擬洋風」と呼ばれる。この新たなスタイルの建築様式は、開智学校（長野県松本市）など小学校建築や役場建築に用いられ、各地に新たな景観をもたらした。やがて、銀座煉瓦街の建設や日比谷官庁集中計画など、洋風の都市計画が始められた。また、産業基盤を支える道路整備や鉄道の敷設、ダムの建設などが日本の国土を大きく変えていく端緒となった。

新たな都市景観の誕生、これが日本の景観の第三の景観層を形成することになる。都市景観の層も、日本の都市化の進展に伴っていくつかに分かれる。江戸時代までの都市の景観は、江戸、大阪、京都といった大都市も含めて、第二の景観層に溶け込んでいたとみていい。人口百万人を擁した江戸にしても「世界最大の村落」といわれるように、農村的景観に包まれていたし、街並み景観をかたちづくる建物も、木、土、石、紙など基本的に自然材料によってつくられていたから、その色彩にしても一定の調和が保たれていた。そして、この都市景観は、少なくとも昭和戦前期まで緩やかに維持されていた。

西欧においても、ランドスケープを基にしてシティスケープという言葉が初めて用いられたのは一八五六年、タウンスケープにいたっては一八八〇年という。(22) 市区改正という言葉に関連して前章で触れたが、都市計画(Town Planning, City Planning, Urban Planning)という用語は、さらに新しく、都市のレイアウト(The Laying Out of Town)という言葉が始めて使われたのは一八九〇年のことだった。都市景観が問題になるのは二〇世紀以降のことである。

明治に入って、全く新たな建築様式が持ち込まれ、定着していくことになるが、鉄とガラスとコンクリートによる建築が一般化していくのは一九三〇年代以降である。日本の近代建築は、明治期をその揺籃の過程とし、昭和の初めにはほぼその基礎を確立することになる。そして、日本の近代建築は、一五年戦争期によってその歩みを中断され、戦後になって全面開花することになる。

3　景観価値論

良い景観・悪い景観

景観を、「われわれが観る（We see）」世界、すなわち、視覚による対象世界の知覚に関わるものと考え、また、対象世界の客観的なあり方に関わるとすると、「良い景観」「悪い景観」を区別することができるであろうか。あるいは「美しい景観」「醜い景観」を決定できるであろうか。

著名な漫画家が自宅の外壁を紅白のストライプに塗りたてて、裁判沙汰になったことがある（図54上）。近隣住民が「景観を損ねる」と訴えたのである。結果は、「景観を損ねるほどではない」ということで訴えは退けられたのであるが、予め美観条例や景観条例などによる規定がないのだとすれば、「良い」「悪い」「美しい」「醜い」は決められるわけではない。真っ赤だから、原色だから駄目ということにはならない。色彩理論がいうように、お稲荷さんの朱は境内の緑に映えるのである。また、自宅を派手に塗りたてたりする行為は全く異例で異常というわけではない。むしろ、自己表出の一手段として極く普通に認められるのである。商業ビルであれば、スーパーグラフィックな表現はむしろ一般的である。著名な漫画家の自宅の近くには世界的に著名なアーティストの作品もある（図54下）。

写真提供：塩田哲也

写真提供：塩田哲也

図54●奇抜な住宅
上：まことちゃんハウス　　下：三鷹天命反転住宅

「良い」「悪い」「美しい」「醜い」は倫理学の問題であり、美学の問題ということになる。

倫理学は、一般に、客観的に真であるという価値、倫理はない、とする。対象が持っている形や運動などの物理的性質（第一性質）に対して、色のように、同じ対象を見ても主観によって異なるという性質（第二性質）があり、「良い」「悪い」というのはさらに主観的である（第三性質）と考える。[23]「良い」という共通感覚あるいは間主観性が存在しないとすると、景観形成の根拠をどこに求めればいいのか、ということになる。

「美しい」「醜い」についても同様である。「美しい国へ」「美しい国土」というけれど、「美しい」という感覚、価値判断の根拠が無ければ、議論は少しも進まないことになる。

結局は、「好きか」「嫌いか」、「愛するか」「愛さないか」ということになるのではないか。「風景戦争」が、しばしば建造物の高さのみをめぐって争われるのは、「良い」「悪い」「美しい」「醜い」といった価値判断へ踏み込むことができないからでもある。

しかし、もとより問題は、「好きか」「嫌いか」という個々の価値判断、個々の思いではない。景観も風景も「土地の姿」に関わるのであるから、その具体的なかたちが問題である。また、その共有化されたイメージが問題となる。それが、K・リンチのいう、景観の「公共（パブリック）イメージ」あるいは「集団（グループ）イメージ」である。景観の公共性は議論の出発点であり、前提なのである。彼が『都市のイメージ』（ケヴィン・リンチ 2007）で明らかにしたのは、ランドマーク、パス、エッジ、ノード、ディストリクトという五つの都市の公共イメージに関わる基本的要素である。これは、ゲシュタルト心理学でも明らかにされるが、あらゆる都市についての普遍的な要素と考えられる。しかし、問題なのはそれらの都市の共通性ではなくて、個々の都市、個々の土地の姿である。景観のアイデンティティ、固有性は、第二の前提である

土地のアイデンティティをめぐっては、「好きかか嫌いか」とは別に議論が可能である。言うまでもないが、アイデンティティに関わる要素は決して不変ではない。それぞれの土地の自然とともに、その土地に暮らしてきた人々の無数の営為が積み重なって土地のアイデンティティが形成される。その土地のアイデンティティと考えられるものがごく最近始められたということはよくあるし、ひとりの傑出した人物の存在によってアイデンティティがつくられることもある。

繰り返せば、「良い」「悪い」という判断とは関わりなく、景観を問題とするということは、その公共性とアイデンティティを問題にすることである。すなわち「悪い」景観であれ、その土地のアイデンティティとなることはありうる。

問題は、風景享受の公共性の概念、景観のアイデンティティが世界中で失われていくことである。そこで求められるのが、景観形成の規範、秩序である。

景観で飯が食えるか

「景観で飯が食えるか?・」。誰のものかは知らないが、名《めい》(迷)科白《せりふ》である。景観問題の根がこの科白に象徴されている。

開発か保存か、経済か景観か――。問題の構図は昔も今も変わっていない。この二分法、二者択一的発想をどうすれば脱却できるであろうか? 誰のための開発であり、保存なのか、誰のための経済であり、景観なのか、飯を食うのは誰かを明確にした上で問うべきである。

水や空気、景観は果たして交換価値に還元できるのかということである。経済とは何か、価値とは何か、K・マルクスの『資本論』の冒頭に戻る必要があるかもしれない。

とはいえ、資本主義の圧倒的な経済原理が貫徹していく中で、ひとつのとりあえずの戦術は「景観で飯が食える」ようになる(する)ことである。清渓川再生はその壮大なる実験であった。理論的には、景観を経済価値に換算する仕組み、方程式が必要である。景観は、社会資本であり、公共財である。普通に考えれば、景観を一般的な消費財として扱うことはできないだろう。しかし、景観に関わる価値は、通常、土地や建物の市場取引のうちに含まれている。だからこそ、同じ場所にマンションを得て、見えるはずの景色が見えないと「風景戦争」が起こるのである。

マンション問題が起こると、ほぼ決まって、開発業者の方が、階数を一階低くしたり、戸数を少なくしたりして、一件落着となる。そのため、開発に伴う収支計画にはこのような紛争が初めから組込まれているのが普通である。景観と紛争は、厳密に数値化できないにせよ、事業計画には織り込み済みなのである。

「景観で飯が食えるか?」というのは、景観を無視するということではない。食えるからこそ、人々は景観を損ねても自ら獲得できる利益を最大化しようとする。実は、多くの場合、景観で飯を食っているのは景観を損ねる開発業者である。「景観を損ねて開発を続ければ、顧客や観光客は減るだろう。損をするのは、その土地の居住者であり、地権者である。だから、「景観で飯が食えるか?」というのは、他所者の、ひとりよがりの言いぐさ(経済論理)である。また、景観を享受する顧客、投資家、購買者、入居者も同じ穴の狢《むじな》ということになる。

しかし、ここで考える「景観経済」は次元が違う。主体は、地域の土地に住む住民である。何よりも大事なのは「土地の姿」であり、地域のアイデンティティである。それを前提に、景観でも飯が食えないか、と問うのである。廣瀬俊介の『風景資本論』(廣瀬俊介 2011)は、実にナイーブにそれを提起している。廣瀬は、風景を「土地の姿」とし、「視覚に限らず聴覚、嗅覚、触覚、味覚としての土地の成因から人間が受けとる事物」を含める。「資本」は、「それが無ければ経済活動が成らない生産の源」であり「人間の生活と地域社会を持続可能にする基」と定義する。以上に確認してきたように、その提起に全く異議は無い。要するに、自然が資本だということである。

これは、現代的に言えば、景観（公共）経済学という新たな学術分野が要請されていることを意味する。例えば具体的に、ある町にとって、景観がどれだけの経済価値をもつのかを明らかにする理論が欲しいのである。高層マンションは必要ない、という経済学的根拠が欲しいのである。各地域の経済力を的確に把握し、将来予測をきちんと行えば、必要な建物の床面積、容積は、計算できるはずである。少なくとも、具体的にヴォリュームが設定されれば、経済活動や経済的効果のシミュレーションはできる。しかし、その場合も、景観を経済的価値、交換価値に還元する必要がある。景観権を財産権として確立し、値段をつける必要があるのである。

先行分野としてモデルとなるのが環境経済学である。環境経済学においては、美しい景観や町並みは、空気と同じような環境財と見なされる。そして、その需要と供給、費用と便益が問題にされる。また、外部経済、不経済の問題として、規制、税、補助金などが検討される。さらに所有形態、所有権、コモンズをめぐるメカニズムも議論される。

景観は「土地の姿」に関わるのだからその環境と密接不可分である。従って、景観を環境として捉えるのは当然の視点である。しかし、景観はその土地の環境に結びついているのであって、環境一般、景観一般として扱うことはできない。また、環境経済学の範疇として景観を扱えばいいということではない。それぞれの地域にとって景観はトータルであって、個々の私権となる景観財などとして分離することはできないのである。環境としての景観が問題であって、環境財としての景観が問題ではないのである。これについては、共同研究をもとにしたもう一書が必要となるかもしれない。

生き物との共生

景観を形成するのは、もとより人間のみではない。微生物から昆虫、魚類、動植物に至るまで、全ての生物が景観形成に関わっている。人間活動の影響が強大になり、土地利用形態が急激に変化することによって、生物は大きな変化を被っている。景観を考えるには、虫や魚といった生物の視点も欠かすことはできない。そのために生物多様性原理は大きな指針となる。

景観を様々な生物の生命活動の空間的表現として捉えるのが、C・トロール（一八九九〜一九七五）[24]の「空中写真と大地の生態学的研究」（一九三八）に始まるとされる景観生態学（Landschaftökologie）である。「景観生態学」は、E・ヘッケル（一八三四〜一九一九）[25]に始まる「生態学（Ökologie）」と「景観（Landschaft）」との合成語である。

この景観生態学は、景観を考えるひとつの基盤として生態学的視点が重要であることを教えてくれる。加えて注目すべきことは、その出発が空中写真、すなわち「空からの視点」であったことだ。その視点は、人工衛星からのリモートセンシングによる地球環境全体を捉える今日の視点につながる。すなわち、微視的に見る生物の活動が地球環境全体につながっているという見方である。

しかし、人間にとっての景観は、あくまで人間の眼で見る景観である。C・トロールは、ドイツ語のラントシャフトが地域や風景という意味を含むから景観生態学を後に地生態学（Geoökologie）という名称に変更するのであるが、本書の関心は、地域や風景である。

景観生態学の基礎分野は、地形、土壌、水紋、気候など非有機的世界の空間編成であるゲオ・トープとその機能ゲオ・システムに関わる分野である地生態学と植物と動物など生物の空間領域ビオトープとその機能ビオ・システムに関わる分野である生物生態学（Bioökologie）からなる。しかし、それだけであれば地学や地理学、生物学の延長であり、植物社会学や生物地理学がある。景観生態学の主たる関心は、人為の加わった土地の姿であり、景観である。林業、農業、漁業など第一次産業によって人為の加えられた農地や山地、人間が居住のために建設した集落や都市などの空間構成アントロポ・トープとその土地利用システムに関する分野を含むからこそ景観生態学の名が定着してきたのである。

景観生態学は、様々な空間と時間のスケールにおいて、土地の姿を描き出す。そして、その空間パターンを生み出す要因を様々に問う。とりわけ衝撃的なのは、人間の諸活動が土地と生物世界に多大な影響を及ぼすようになったということである。

景観は変わる

景観あるいは風景をめぐっては、まだまだ考えておくことがある。景観のダイナミズム、レヴェル、そしてスケールの問題である。

景観は変化する。自然景観が四季によって異なるように、市街地景観も人々の営みによって日々姿を変える。新たな建物が建てられたり、既存の建物が建てられたり、長い間には市街地景観も変化する。景観が意識されるようになったのはこの間あまりに急速に景観の変化が起こったからである。前提とすべきは、景観は不変ではなく変わるものだということである。

それ故、まず、変わらないものと変わるものを分けて考えておく必要がある。自然景観は大きくは変わらないものであり、市街地景観のような人為的空間は変わるというのがわかりやすいかもしれない。しかし、大きく自然景観を変えてきたのが近代であり、自然破壊の事例は枚挙に暇がない。市街地景観も自然景観を傷つけることによって、あるいは自然景観の中で成り立つのだから区別は簡単ではない。ここで言いたいのは、景観を固定的に考えるのは不自然だということである。

景観問題というと、往々にして、このまま保存しろ、今の景観を維持しろ、あるいはかつてそうであった景観に戻せ、という主張に結びつく。いわゆる「凍結保存」であるが、これは現実にはありえない。あらゆる建造物は、時が経てば古びていくし、何もしなければ朽ちてゆく。問題は、変化の過程であり、その秩序である。

景観のレヴェル、そしてスケールというのは、景観を誰がどこで享受するものか、ということに関わる。視覚的景観について言えば、どの場所で見る景観かという「視点場」の問題となる。全ての住民による全ての場所の景観が問題であることは言うまでもないが、景観という場合、上述したように共有される景観が問題となる。

都市全体の景観、その都市を象徴する視点場からの景観もあれば、地区（コミュニティ）単位で共有された佇まいもある。また、大きな通りに沿ったパースペクティブな景観もある。第1章で京都に即して述べたが、大景観、中景観、小景観といった区別を行うのはむしろ当然である。

土地の姿という時、そもそもその土地がどうアイデンティファイされるかが問題である。景観という観点において、地域はどう設定されるかである。自然景観の特性によって、ある土地なり、地域なりが、あるまとまりをもって設定される場合はわかりやすい。かつてはそうであった。しかし、都市が一定規模を超えると、また、全国の都市が同じような景観を呈し出すと、そのまとまりが極めて曖昧となる。そこで、景観（土地、地域）のまとまりを地区ごとに区別する必要がある。ある街の景観について、ある地区の景観やイメージのみで都市全体を議論するのは地区ごとのアイデンティティを無視することにつながるのである。

つまるところ景観については、その哲学が問題となる。美学といってもいいが、単なる美学では、個々の価値判断は相対的であるとするしかないことは既に述べた通りである。しかし、景観美学となると、そこに土地の姿に関わる様々な前提が加味され、景観の共同性、公共性を問題にすることになる。地域の自然、生態、環境、経済、社会、文化の全体のあり方が問題となり、その全体に関わる表現が景観であるとすれば、つまるところ景観哲学が問題なのである。哲学に関わるということは、それぞれの生き方に関わるということである。本書の定義に即して言えば、風景哲学、風景思想が問題ということになる。

ではその風景哲学は、どのようであるべきなのだろうか?本章で確認してきたことをまとめれば、以下のようになる。

A　景観とは、狭義には、土地あるいは地域の客観的な姿をいう。姿すなわち視覚（光）によって捉えられた土地あるいは地域、端的には、眼に映ずる土地あるいは地域が景観である。

B　景観は、しかし、単に客観的な姿として捉えられる以上の広がりをもつ。すなわち、視覚のみでなく、聴覚、触覚、嗅覚、味覚、五感の全てで感じるものである。そして、どう見るか、どう感じるか、という主体的な働きかけ、認識の仕方を含んで用いられる。本書では景観を限定的に捉えたが、より広がりをもった言葉として風景がある。繰り返せば、景観というのは、土地の客観的な姿に関わり、風景は、土地に対する主観的思いに関わる。別の言い方をすると、景観とは「われわれが見る（We see）」であり、風景とは「私が観る（I see）」である。

C　景観も風景も、日本語それ自体には対象は含まれていないが、対象となるのは自然あるいは土地、地域である（A）。従って、風景哲学は、まず、自然をどう見るかという意味で自然観、自然哲学を必要とする。自然を自ずからなる状態と見るか対象世界一般を指すものとするかでそれは異なる。また、人為と自然を一体的なものとみなすか、対立的なものとみなすかでそれは異なる。

D　近代科学技術の依拠する自然観は、基本的に、自然は人間とは別の独立した外的な対象であり、人間が支配しうるものだと考える。そして、近代科学技術の依拠する自然観が支配的となることによって、自然は、一貫して「人工化（人工環境化）」してきた。すなわち、今日、人為の加わらない自然は消滅しつつある。

E　今日、自然には何らかの人為が加わっている。従って、僕らが目の当たりにする景観は、基本的に「文化的景観」といっていい。文化的景観は、人為によって歴史的に形成された景観であり、日々人為によって更新される景観でもある。それは、土地によって異なり、地域によって異なる。問題は、人為が土地、地域の差異を無くしつつあることである。

F　風景哲学は、あらゆる人為に関わる哲学を必要としている。そして、人為が地球環境の全体を左右するに至っており、それぞれの土地、地域も大きく地球環境問題に左右されつつある現在、風景哲学として、大きな基盤となるのは地球環境についての環境哲学である。人為の加わらない自然が既にあり得ないとすれば、人間は自然のシステムの外にあるものではなく、まさにその一員として、自然のシステムと調和していく必要がある。

何も難しい議論ではない。以上を基礎として風景哲学は組み立てられる。問題は、それを自らのものとして、どう実践するかである。

第3章……風景作法

景観は自然と人為との相互関係によってつくり上げられる生活文化の表現である。景観が土地の客観的な姿に関わるとすると、その形成の仕方（＝作法）、あるいは制作の方法（＝作法）を問題にすることができる。風景は景観を享受することによって成立するのであって、景観のうちに見出されるものである。この享受の仕方にも作法がある。風景の作法は、基本的に社会文化の枠組み（制度）に関わっている。

本章では、景観の作法と風景の作法を重層的に問うことにしたい。

本書でいう風景の作法を桑子敏雄は「風景道」という(1)。「風景道とは風景を感じ取るための心得であり、風景を変えるときの作法である」として「風景道極意十七か条」を掲げる。「作法一　風景の心をつかむ」「作法二　風景を見る」「作法三　自己と他者を知る」「作法四　風景の道をつくる」といったように、一七のスローガンがまとめられていてわかりやすい。「風景道」には「人の生きる道」という意味の「道」と「風景の道」という土木分野を意識したハイウェイ景観デザイン（「風景の道づくり」）を意味する「道」がかけられているのであるが、ここでは、地域における風景の作法、その仕組みを問題にしよう。

大室幹雄は、次のようにいう（大室幹雄 2002）。

風景の見かた、［日本語では］同じことだが風景の見えかたは社会的な秩序に発しているのであって、自然的秩序には属してはいない。自然を自然それ自体として、あるいはやや社会のほうへ傾いて景観として科学的にか工学的にか見る／にしか見ないのも社会的秩序がそうさせるのである。社会的秩序とは、この場合さしあたり視線の使いかたという身体技法を決定する文化の一位相を意味している。自然科学が自然そのものを見られる、しかも精確に、というのは幻想にまではいかないにせよ一個の仮説でしかない。それにたいして景観のうちに風景を見出すこと、換言すれば自然を宗教的、哲学的もしくは審美的に見ることはほとんど幻想に類するといっていい。

幻想という表現には異論があるかもしれないが、「風景戦争」は幻想をめぐって引き起こされる。

一〇〇〇年に一度の大津波に備えて防潮堤を高く築くというのも、この幻想に関わっている。

1 日本の景観層

日本列島の景観の歴史的変遷については、いくつかの層（景観層）に分けて考えることができることは既に述べてきている（2章2など）。

基準の景観層としたのは、一八世紀末から一九世紀初頭にかけて、日本「全国各地の都会あるいは町と村で、ひとしく現れつつあった光景」であり、この時期に、風景が発見されることになった。それは、「農作可能な微地形に、微細に分かれて緊密に結合した人々の集団が、わずかばかりの畜力のほかは、労働力のほぼ全体を人力で供給しながらつくりあげた景観」である。これを第二の景観層のクライマックス（極相）とした。

その前後、今日に至る日本の景観層について説明しよう。

日本景観の基層

日本列島は、約二万年前の更新世末にほぼ現在に近い形となったとされる。日本列島の景観の基層となるのは、その形成にまで遡る自然生態学的基盤である。ユーラシアプレートと北アメリカプレートに太平洋プレートとフィリピン海プレートが潜り込む、地殻の運動は今日も続いており、それが引き起こしたのが東日本大震災である。

南は亜熱帯気候、北は冷温帯気候、全体として湿潤温帯モンスーン気候に属する日本列島の気候も、地表のかたちと地表下の運動に支配され続けている。この日本の自然生態学的基盤についての認識が共有されたことを示すのが志賀重昻の『日本風景論』であったことは前章で触れたとおりであるが、僕らの景観層についての認識は、今や、海面下のプレートのレヴェルにまで及んでいる。東日本大震災の衝撃は消えてはいないし、地震がある度に地下の動きが報じられるから、意識せざるを得ないのである。

日本列島に人類が居住し始めたのは、列島が現在のかたちをとる以前とされるが、景観を問題にするのであれば、すなわち、自然への人為の働きかけの起点としては、稲作の開始が閾となる。稲作の起源は長江下流域という説が有力であり、日本へはいくつかのルートで伝わったとされる。かつては、稲作の開始は、土器の編年を基にした縄文時代と弥生時代文化の区分にしたがって、弥生時代以降とされてきたが、日本列島へ稲作が伝わったのは、少なくとも縄文中期にまで遡ることが明らかになっている。日本の景観形成の基層としては、水田が日本列島に広がっていく段階を想定すればいいだろう。

都城と条里

日本列島の景観の基層をかたちづくったのは稲作である。稲作がもたらされて以降、水田は稲作可能な平野を覆い、さらに山間部へ向かい、棚田の景観をつくり出した。江戸末期には、人力とわずかな畜力のみによってつくりあげる景観はクライマックスをむかえる。

一方、稲作とともに、あるいは稲作以前に、定住が開始されて集落が形成された。そして、各地域に集落を束ねるかたちで「国（クニ）」が成立し、「日本」国が成立する。そこで、全く、新たな景観として都城が出現する。日本の都市の起源をめぐっては、縄文都市論など日本にオリジナルの起源をもとめる主張もあるが、日本の都城は中国都城の理念とかたちを基にしている。都城の景観は輸入品である。

日本における都市の起源、すなわち都城の成立過程をみると、まず、大王の所在地として「〇〇宮」と呼ばれる「宮」の成立があった。そして、その宮は移動した。大王の代が変わる度に宮の移動

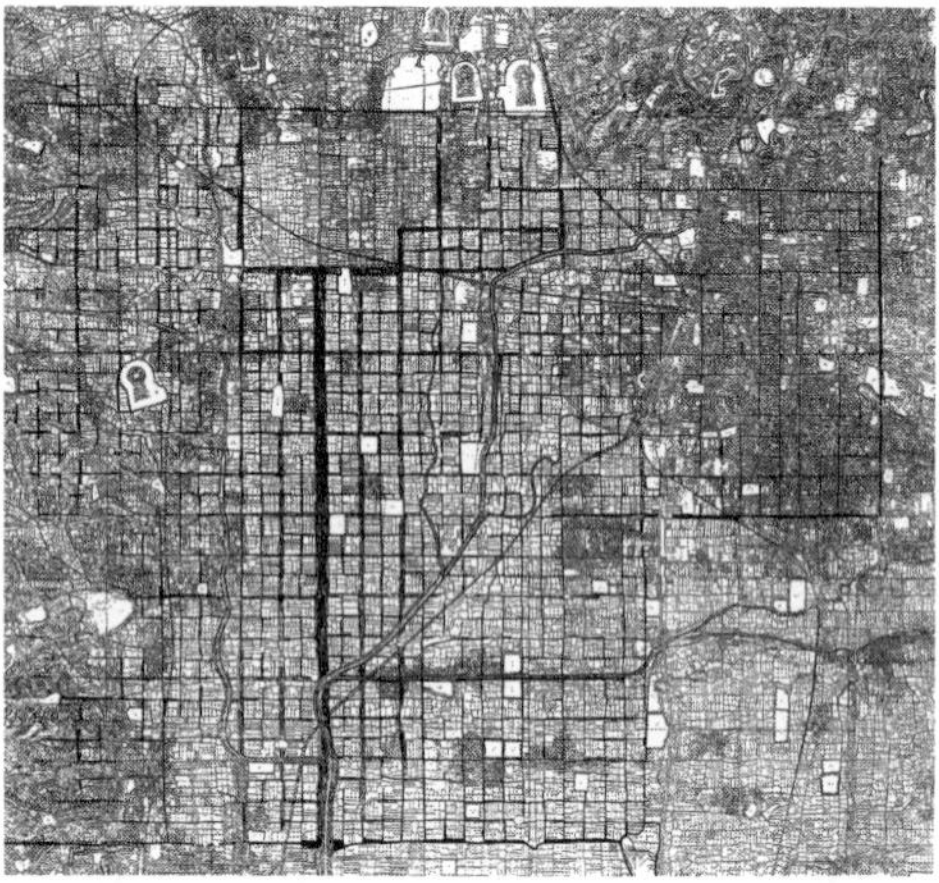

奈良文化財研究所（2002）『日中古代都城図録』

図55●平城京条坊遺存地割図

がなされるだけではなく、一代のうちに幾度も宮を変えた大王もいる。そして宮が一定の範囲に置かれる「倭京」の段階があらわれた。「倭京」的宮都とは、倭京・難波京・近江京から新城・新益京（浄御原令段階の藤原京）までの条坊制都城の前段階の「京」をいう。そして、日本の都城の嚆矢として誕生したのが藤原京である。都市景観の形成ということでは、この段階が第一期ということになる。藤原京↓平城京↓長岡京↓平安京という日本古代の都城の展開は、日本景観史の初期のハイライトである。これほど緻密に都市設計を展開した例は世界にそうあるわけではない。

そして、中国伝来ということで注目すべきは条里制である（図55）。条里制は日本列島の水田景観を実に整然としたものにした。井田制[2]の一〇〇畝＝一〇〇歩×一〇〇歩が条里制の一町にほぼ等しいのは、偶然ではない。日本列島の各地には、近畿地方のみならず、北は東北地方、秋田平野や庄内平野の一部、南は九州、福岡平野、筑後平野、佐賀平野一帯まで、今なお条里地割が残存しており、地図や衛星写真によって確認できる。もちろん、その全てが古代に遡るわけではないが、この土地区画、農地区画の持続力、その規定力の強靭さは特筆すべきものである。

風景の発見

日本の都市史ということでは、平安京という古代都城の完成以降は、鎌倉、平泉といった中世都市との違いなど詳細な議論が必要となるであろうが、日本列島を俯瞰するレヴェルで次の画期となるのは近世城下町の形成である。信長が琵琶湖畔に築かせた安土城、長浜城、坂本城、大溝城、秀吉のお土居（京都の城下町化）、淀城、大阪城、そして徳川幕府になって各藩に築かれた城郭は、今日に至る日本各地における都市景観の核になっている。都市景観の形成ということでは、近世城下町の成立が第二期ということになる。

この徳川幕藩体制下の日本各地の拠点都市となる景観は、地域の生態系に基づく生業・生活システムが支えた景観であり、域内（藩）自給自足を基盤にして成り立っていた。すなわち、自然と人間との関係は一定の循環系において営まれていた。この地域循環システムを中央集権的に統合するかたちで形成された景観が、日本の第二の景観層のクライマックスである。
江戸幕府の参勤交代のシステムによって、また、商人の交通によって、列島の景観を比較する視点が生まれる。そして、そのシステムが安定的に維持されたことで、遊興のための旅が一般化していく。その過程で、風景が発見されることになる。
ここでも大室幹雄を引けば、次のようである。

一般に風景の発見は、日常のきまりきった時間と場所から多少とも離れた場と時とに現れる。景観から風景が人のまえに現れて見えてくるには、見る人の視線が浮動していなければならない。……風景が見えてくるには、一定強度の心理の不安定が不可欠だといえるので、ふつうには日常生活の安定のなかに挿入される時と場の移動として旅や遠出こそそれにぴったりの機会なのであって、たいていの社会では、文化はそのために旅することを社会的な装置として、程度の差はあれ、文化の重要な領域に組み込んでいる。

大室幹雄がここで焦点を当てるのは、物見遊山やお伊勢参りといった旅の成立が風景の発見に結びつくこと、また、士庶（農工商）の身分によって風景が規定されること（庶民は風景を殺す）、教養に

写真提供：島根県

図56●棚田の景観（大井谷の棚田）

よって、すなわち中国文明に対する知識（シノワズリ）によって風景が発見されること（「瀟湘八景」と「近江八景」）などである。「殺風景」すなわち「庶民は風景を殺す」というのは、折角の風景を物見遊山の観光客が台無しにしてしまう、という意味である。

一方、農山村に眼を転じれば、この日本の第二の景観層は、先述のように、「農作可能な微地形に、微細に分かれて緊密に結合した人々の集団が、わずかばかりの畜力のほかは、労働力のほぼ全体を人力で供給しながらつくりあげた景観」であり、総体的な印象は「偉大とか崇高という形容にはまるでふさわしくない」「かわいらしくて美しいといえばいえる」「全体が入念にしつらえられた工芸品のような世界」としての景観である。これを今に伝えるのが全国各地に残る棚田の景観である（図56）。

景観の洋風化

日本列島の景観に大きなインパクトを与えるのは第三期である。文明開化と殖産興業、要するに産業革命の波が日本列島を襲うことによって新たな景観が出現する。

象徴的には、西欧風の建築の出現がある。開港場に建設されたホテル、そして、松本開智学校（図57）のように各地に建設された小学校が文明開化の薫りを列島にもたらすことになった。擬洋風建築と呼ばれるが、西洋建築そのものではなく、木造で西洋建築のスタイルだけを真似するかたちの建築をいう。平戸のオランダ商館[3]のように、洋風建築が日本に建設された事例もなくはないが、オランダが世界を股にかけて建設した植民都市や植民拠点の中で出島は唯一の例外であり、その建設を行ったのは長崎の商人たちであった（布野修司編 2005）。西洋建築が本格的に導入されるのは、幕末から明治にかけてのことである。しかし、いきなり本格的西洋建築を実現する技術はなかった。そこで、かたちだけを真似ようということで、擬洋風建築が生まれたわけである。それを支えたのは、江戸期までに培われてきた木造建築の技術であり、大工の組織である。何故日本に石造建築が発達しなかったかといえば、森林資源が豊富だったからである。日本の都市景観は、やがて、木造から鉄筋コンクリ

写真提供：松本市

図57●松本開智学校

国文学研究資料館

図58●東京市区改正予図（1888 年）

ート造へ大きく変改していくことになる。

まずは、銀座煉瓦街建設、日比谷官庁集中計画など新たな都市計画が試みられた。明治の維新政府が目指したのは、江戸をロンドン、パリに匹敵する新たな首都「東京」に改造することであった。明治の東京計画をめぐる当時の議論は藤森照信（1982）に詳しいが、第1章でみたように、「東京市区改正」が想定していたのは「一丁倫敦」のような街区が広がっていくことであった（図58）。

日本列島全体を俯瞰するレヴェルでは、産業基盤（インフラストラクチャー）の整備が日本の景観を大きく変えた。鉄道、ダム、治水、港湾、鉱山、製糸工場、発電所など、それ以前にない施設の出現である。電柱と電線が全国津々浦々に延びていくのが、この景観層の初期の表層イメージである。今日では電柱電線は景観破壊のシンボルとして邪魔者扱いされ、地中に埋設されようとしているが、この時期、電気、電灯は文明開化のシンボルであった。

社会経済社会の全体が産業化へ向かうなかで、自然に対する人為はそれ以前に比べてはるかに強大なものとなる。時として、地形、山川のかたちそのものを変えてしまうほどである。そして、足尾銅山による公害のように、自然に対する人為が人間に大きな影響を及ぼすようになるのである。

鉄とガラスとコンクリート：産業化の風景

産業革命の進行とともに、農村から都市へ、大規模な人口移動が起こる。東京、大阪、名古屋といった大都市の中に貧民窟が形成され、並行して大都市には洋風建築が徐々に建ち並んでいくことになった。

文明開化、産業化、都市化の進展は、一方で、失われゆく日本、その伝統や民俗への視線を生む。また、置き去りにされ疲弊していく「地方」への視線を生む。柳田國男の民俗学、「地方《ぢがた》の研究」がその視線を代表する。柳田國男は、失われゆく日本の第二の景観層を確認し、さらにその古層へ向おうとしたのである。志賀重昂の『日本風景論』もこの第二の景観層の発見に関わる。

ここでも、建築の変化、すなわち建築材料と建築構造の変化がわかりやすい。鉄筋コンクリートの発明が世界中の景観を一変することになる。

図59●フランクリン街のアパート

鉄筋コンクリート造、略してRC造は[4]、今日僕らには極めて身近であるが、せいぜい一五〇年ほど前に「発見」され、一〇〇年前から使われ始めたに過ぎない。一八五〇年頃に、フランス人のJ・L・ランボーが鉄筋コンクリートでボートをつくったのが最初で、その後一八六七年にJ・モニエ（一八二三〜一九〇六）が鉄筋コンクリートの部材（鉄筋を入れたコンクリート製植木鉢や鉄道枕木）を特許品として博覧会に出品したのを契機に普及が始まった。J・モニエは一八八〇年に鉄筋コンクリート造耐震家屋を試作する。その後ドイツのG・A・ワイスらが一八八六年に構造計算方法を発表し、実際に橋や工場などを設計し始め、建築全般に広く利用されるようになった。建築作品として、最初の傑作とされるのがA・ペレ（一八七四〜一九五四）[5]のパリ・フランクリン街のアパート（図59）で、建てられたのは一九〇三年のことである。

鉄筋コンクリートの発明は、「鉄とコンクリートの幸せな結婚」と呼ばれる。引張りに強い鉄と圧縮に強いコンクリートを組み合わせる実に合理的な材料と考えられたが、さらにいくつかの幸運な条件が重なったのである。鉄とコンクリートとの付着力が十分強いこと、コンクリートはアルカリ性であり、鉄はコンクリートで完全に包まれている限りさびる心配がないこと、そして鉄筋とコンクリートの熱膨張率が非常に近いことである。鉄筋コンクリート造は、耐久性があり耐震耐火性のある理想的な建築構造と考えられた。また可塑性があり、あらゆる形がつくれる夢の材料と考えられた。その脆さ、巨大な廃棄物と化す厄介な材料でもあることが認識されだすのははるかに後のことである。

写真提供：佐藤圭一

図60●日本最初のRC橋

日本最初の鉄筋コンクリート造土木構築物は、琵琶湖疎水山科運河日岡トンネル東口の支間七・四五メートルの弧形単桁橋である（田辺朔郎（一八六一〜一九四四）[6]設計、一九〇三年、図60）。そして、後に「柔剛論争」で知られることになる真島健三郎（一八七三〜一九四二）[7]が佐世保鎮守府内のポンプ小屋を建てたのが一九〇四年、そして一九〇六年には白石直治（一八五七〜一九一九）[8]が神戸和田岬の東京倉庫を鉄筋コンクリート造で建てている。本格的な鉄筋コンクリート造建築の最初のものは、その白石直治の東京倉庫G号棟（一九一〇年）といわれている。東京帝国大学に佐野利器（一八八〇〜一九五六）[9]が担当する「鉄筋コンクリート構造」という科目が開講されるのは、サンフランシスコ大地震が起こった一九〇五年である。

日本の建築構造学の基礎を築いたとされる佐野利器が昭和戦前期における柔剛論争の一方の当事者であった。すなわち、剛構造派の代表が佐野利器、柔構造派の代表が真島健三郎である。柔剛論争というのは、わかりやすく単純化すると、地震に対して建物を硬く固めて抵抗するか（剛構造）、地震のエネルギーを柔らかく受け止めて衝撃を弱めるか（柔構造）のどちらがいいかをめぐる論争であった。柔構造理論は、実際の地震で伝統的な木造住宅の方が被害は少なかったことを根拠にしており、今日の免震構造や制震構造の考え方につながっていく。昭和戦前期には剛構造派が勝利を収め、木造住宅には筋交いが導入されることになる。しかし、戦後になって柔構造理論が評価し直されることになる。超高層ビルが建設可能となったのは柔構造理論が採用されたからである。かくして建築の構造技術は都市景観のあり方に大きく作用するのである。

鉄筋コンクリート造の初期の建築物は倉庫や橋梁など人の居住に関わるものではない。日本で初めて鉄筋コンクリート造の集合住宅が建てられた（一九一六年）のは、意外なことに東京から遥か離れた長崎県の端島《はしま》であった（図61）。海底炭鉱（高島炭鉱）で栄え、東京以上の人口密度であったというが、炭鉱労働者向けの宿舎として建設されるのである。日本海軍の戦艦、土佐に似ているという理由で、大正期から「軍艦島」と呼ばれてきた。この鉄筋コンクリートの建築物が林立する景観が日本の目指した第三の景観層のイメージである。

写真提供：ミヤジシンゴ／アフロ

図61●日本最初のRC造集合住宅（軍艦島）

高島炭鉱は、一九六〇年以降、石炭から石油へのエネルギー政策の転換によって衰退し、一九七四年に閉山する。端島は無人島となり、アパートの老朽化、崩壊が進行しつつある。軍艦島の姿はまさに日本の近代産業の興亡が生んだ景観である。文部科学省の文化審議会は、端島からなる高島炭鉱跡を史跡に指定した（二〇一四年）。日本の近代化遺産として世界文化遺産への登録への動きもある。(10)

日本の炭鉱町は、明治以降の一世紀で急激な成長衰退を経験してきた。北九州の炭鉱町を訪れて、採掘によって田畑が一面陥没しているのに驚いたことがある。産業化は、地域の景観を大きく変貌させるすさまじい力をもっているのである。

建築材料が世界の景観を一変させたもうひ

写真提供：AP／アフロ

図62●被曝翌日の広島（1945年8月7日）

とつの例は亜鉛塗鉄板（トタン）である。世界中の民家の屋根は、古来、茅、藁などの草によって、あるいは、土を焼いてつくった瓦によって葺かれてきた。地域で産する自然材料によってそれぞれにユニークな民家の形態が生み出されてきたのであるが、そうした屋根が、一九世紀末から二〇世紀にかけて亜鉛塗鉄板に置き換わったのである。草葺屋根、瓦屋根は手間隙がかかるのに対し、亜鉛塗鉄板は安価で、施工が簡単なのである。今後も、安価で性能にすぐれた新たな建築材料が産み出されれば、世界の景観は一変するだろう。

日本への西欧の建築技術の導入には大きな問題があった。地震である。煉瓦造や石造、ブロック造などの組積造は、地震の多い日本にはなじまないのである。明治から昭和にかけて、新たに建設された組積造の建築は大きな被害を受けた。首都「東京」にとって、関東大震災（一九二三年）は、それまでの歩みを大きく振り返らせることになった。建築技術、都市計画の分野の革新が始まるのは関東大震災以降である。

日本で鉄筋コンクリート造、鉄骨造の建物の構造基準が設定されるのは一九三〇年である。以降、これらの新しい構造方式が普及していく一九三〇年代に出現するのがいわゆる近代建築である。すなわち、「豆腐を切ったような」と称された、フラットルーフ（陸屋根、平らな屋根）の四角い箱形の建築（モダニズムの建築）が現れ始めるのが一九三〇年代である。

明治以降の西欧の建築技術の導入が日本建築の近代化を推し進めてくるが、建築スタイルについては、西欧の一九世紀における様式建築、折衷主義建築をそのまま持ち込もうとする、あるいは、模倣するものであった。それと同様、一九三〇年代にも建築技術とかたちの間にはずれがあった。かたちだけは豆腐のようであったが、ほとんどは木造であったのである。近代建築が日本に根付くためには、鉄とガラスとコンクリートによる近代建築技術の熟成をまたねばならなかった。戦前期における建設投資は一九三八年にピークとなり、以降、建設より破壊に向かう。

戦災によって、明治以降造られてきた多くの都市の景観は一旦白紙に戻されることになった（図62）。日本に近代建築が全面開花するのは第二次世界大戦後のことである。

廃墟から

第二次世界大戦の敗戦以後、日本の都市景観は一変する。廃墟に新たに建設されたのは近代建築であり、戦前期までの様式建築は一切建てられなくなった。朝鮮戦争の特需によるビルブームによって戦後復興の足掛かりをつかみ、日本は高度成長へ離陸していくが、唱えられたのは「木造亡国論」であり、新たに建てられるビルやアパートは、鉄筋コンクリート造あるいは鉄骨造が当然の前提となったのである。

近代建築の理念は、日本の第四の景観層を支える強力なイデオロギーとなる。

近代建築は、その理念において「国際様式(インターナショナル・スタイル)」をうたう。すなわち、世界中どこでも同じような建築が同じように建てられるのが近代建築の理念である。具体的には、鉄とガラスとコンクリートなどの工業材料を用いた、四角い箱形《はこがた》の、ジャングルジムのような建築が近代建築である。実際、結果として、世界中の大都市には、同じような超高層建築が建ち並んでいる。どこでも同じ工業材料でつくるから、色彩も似るのは当然である(図63)。

近代建築以前、建築は、それぞれの地域で採れる材料(地域産材)で建てられてきた。それぞれの地域の村や町が自然景観に溶け込むように存在してきたのは、第一に地域産材を用いてつくられてきたからである。昭和戦前期までは、江戸期に遡る第二の景観層は日本列島各地に維持されてきたとみ

図63●超高層の都市（上海城市規劃展示館模型）

ていい。

第二次世界大戦後、都市化のさらなる急激な展開があった。明治初年の日本の総人口は約三四〇〇万人、終戦直後が約七二〇〇万人、そして、現在は約一億二八〇〇万人である。この人口増加の過程で、日本列島の平野部はあっという間に宅地化されていくことになった。

日本景観の第四層のクライマックスは、一九六〇年代の一〇年間である。

一九五九年、プレファブ（工業化）住宅の第一号（大和ハウスの「ミゼットハウス」）が誕生する。住宅といっても一〇坪ほどの庭先に増築する部屋である。この頃、日本全国で毎年六〇万戸の住宅が建てられたが、全ては地域の大工や工務店によって建てられていた。しかし、一九七〇年には、毎年建てられる日本の住宅の一割近くがプレファブとなる。一方、この一〇年で、茅葺民家が日本からほぼ完全に姿を消してしまう。また、一九六〇年には全く用いられていなかったアルミサッシュの普及率は、一〇年後にほぼ一〇〇パーセントになる。日本の住宅の気密性が高まり、クーラーが普及していくのである。一九六〇年代の一〇年は、日本の住宅史上最大の転換期であった。

一九六〇年代に入ると、住宅生産の工業化、そして居住空間の人工環境化が一気に進められた。住宅が工業材料によって工場で生産されるようになること、室内環境が人工的にコントロールされるようになるということは、土地と住宅の関係、建築と地域の関係が希薄化することを意味する。景観が大きく変貌するのは当然である。

住宅の生産という観点から言えば、次の画期は、一九八五（昭和六〇）年である。この年を期して、日本に毎年建つ住宅のうち、木造住宅が五割を切った。鉄筋コンクリート造や鉄骨造の住宅が五割を超えたということである。持家の割合、一戸建住宅の割合も五割を切った。そして、輸入木材の割合は五割を超えた。要するに日本で鉄筋コンクリートや鉄骨でつくられた集合住宅が一般的となったのが一九八五年なのである。日本の景観が大きく壊れていったのは、こうした単純な数字だけからも、推して知ることができる。都市景観はコンクリートの塊と化していくのである。

ポストモダンの風景

産業化、都市化、近代化の流れが世界を主導していくことで、鉄とガラスとコンクリートでできあがる都市景観が世界を覆っていくことになる。世界中の都市の景観が類似し、均質化していく巨大なシステムがそこにあることは、本書で繰り返し指摘するところである。

しかし、やがて、その産業化の流れへの批判、懐疑が生起する。象徴的なのが公害の発生である。高度成長を成し遂げ、日本の景観を一変させた一九六〇年代の末には、大気汚染（光化学スモッグなど）、水質汚染（水俣病など）、土壌汚染など、産業廃棄物による環境汚染の問題が顕在化していた。また、日照権問題など、高層化、稠密化する都市環境の限界も意識され始めた。さらに、一九七〇年

写真提供：深尾精一

図64●踊る家（プラハ）

代の初頭に起きたオイル・ショックは、地球そのものに限界があることを認識させることになった。環境汚染の問題、温暖化、エネルギー・資源・食料問題など地球そのものの限界に関わる問題は、今日に至るまで大きな問題であり続けている。アラル海が干上がり、アルプスやヒマラヤの氷河が溶け出す、そして海面が上昇するといった地球規模の景観変化が危惧される、そんな段階にまで事態は進行しつつある。

都市景観のレヴェルで、ますます画一化し、均質化していく趨勢に対する一種の反動、あるいは批判が現れ出すのは、一九七〇年代以降のことである。その批判の方向は様々であったが、わかりやすいのは、四角い箱型のジャングルジムのような超高層建築は面白くないとばかりに、様式や装飾を復活する動きが現れてきたことである。近代建築批判の様々なこころみは、やがて「建築のポストモダニズム」と総称されるようになる。

歴史的建造物の一部を残して超高層に建て替える動きもその流れの中にある。第1章で述べた東京中央郵便局はその典型である。「ポストモダン歴史主義」といわれるようになるが、上で第五の景観層といったのは、こうした「ポストモダン」を標榜する建築がかつての都市景観に取って代わっていく段階をいう（図64）。

ただ、その転換は、あくまで都市の表層の転換にとどまり、第四の景観層を食い破り、取り替わっていくというものではない。すなわち、都市景観といっても、都市の貌を装うレヴェルの変化である。

地球環境問題は、大きく景観を変えつつある。例えば、あちこちに巨大な風車が建設されていったのもそのひとつであり、住宅の屋根に太陽光発電のパネルが敷き詰められつつあるのもそのひとつである。

しかし、こうした動きがどのような景観層を形成していくのか、今のところ予断が許されない。景観の作法は、次の景観層の形成を確かに推し進める方向性に関わっているといえるだろう。

2　景観のレヴェル

日本列島の景観層の形成の歴史を大きく振り返ってきたが、そもそも景観の制作者は誰なのだろうか。ここでは、まず景観作法の前提となる、景観制作の主体を確認するために、景観のレヴェルを問題にしよう。景観のレヴェルとは、そのスケール、すなわち対象となる土地の区分、景観を構成する地域の段階区分をいう。景観問題は、身近な生活空間から地球環境全体にまで広がっている。

日本列島の景観を形成してきたのは日本社会そのものである。大きな歴史の流れの中で、この日本列島の景観は形成されてきた。しかし一方、景観は極めて身近でもある。住まいを中心とした近隣環境であれば、誰でも無関心ではいられないであろう。巨大なマンションが眼の前に建つと聞いたら、否応なく「風景戦争」に巻き込まれるのである。都市景観であれ、田園景観であれ、その土地で暮らす住民であれば、誰もがその景観に関わっている。そしてもちろん、国土スケールの景観、日本列島全体の自然景観の問題も、身近な景観の問題と無縁ではないだろう。

地球景観（レヴェル1）

最大規模の景観、最大の景観レヴェルは、地球景観、すなわち地球の姿そのものである。人類の英知は、はるか広大な宇宙（時間空間）の成り立ちを明らかにしつつあるが、宇宙の全体にはとても人為は及ばない。人為、すなわち、人類の活動が、地球全体の姿そのものに作用するということですら、つい最近まで考えられなかったことである。

地球を地球外から眺める視点は、一九六一年、ボストーク1号で世界初の宇宙飛行を行ったユーリイ・アレクセーエヴィチ・ガガーリンによって初めて獲得された。「地球は青かった」という一言が日本では有名である（厳密には「空は非常に暗かった。一方、地球は青みがかっていた」が原文に忠実な訳である）。

その後半世紀を経て、地球外から地球を舐めるように眺める視点は、日常のものになった。日々の人間活動の様子は、刻一刻観察される。かつて真っ黒であった夜の地球は、二四時間活動を続ける大都市圏域を明るく浮かび上がらせている。

人類自らが宇宙をどう認識してきたかを振り返ってみれば、驚くべき視点である。そして、人類が地球をここまで改変するまでに至ったことを思うと、かつて神や仏、天帝が支配すると考えられてきた宇宙は人間の活動が繰り広げられる身近な世界となってしまったことを実感せざるを得ない。

実は、ガガーリンの地球周回中の言葉として報道された中で、「地球は青かった」より有名なのは「ここに神は見当たらない」である。

現在、僕ら人類が認識している宇宙は、地球の規模をはるかに超える。太陽系があり、銀河系があり、銀河群があり、なおかつ、宇宙の大半はダーク・マターとダーク・エネルギーによって満たされているという。宇宙の起源は何なのか？　そして、その将来はどうなるのか？

もとより、本書が問題にしうるところではないが、宇宙の謎はまだ解けたわけではない。理論化されているのは宇宙発生の一〇のマイナス一二乗秒以降である。人類の頭脳と感性は、今のところ神を想定せざるを得ないのではないか。

ともあれ、地球は、太陽系の惑星として、その成立の起源に遡る原理、正確には人類がそう考える原理に従って生きてきた。地球物理学が明らかにする物質構造をもち、公転、自転の運動によって、日々生きている。景観論が最大限射程に収めるのはこの地球の姿である。人類の諸活動が地球の姿を変えつつあることの表れが地球環境問題である。そのレヴェルの問題に直接アプローチすることは容易ではない。

ただ興味深いのは、極大の世界を明らかにしようとする宇宙論と極小の世界を明らかにしようとする素粒子論が密接不可分につながっていることである。天文学における「ビッグバン宇宙論」「インフレーション理論」の展開と素粒子宇宙論の展開の連関をアナロジカルに借用すれば、地球景観と身近な景観は密接に関連する、ということである。本書は、あくまで身近な景観を問うが、少なくとも地球景観までは射程にいれる必要がある。

すなわち、地球の生態系が崩れつつある、危機的状況になりつつあるという事態が景観問題の根にあることを確認すべきである。上でも触れた中央アジアのアラル海の例を考えて欲しい。アム河とシル河という大河がパミール高原に降る雨や氷河融解水を運んでできた内陸湖であるアラル海は、そこから流れ出す河川をもたない。乾燥地帯にあるために、蒸発する水の量と流れ込む水の量が古来バランスを保って維持されてきた。このアム河とシル河に挟まれた、古くはギリシア語で「トランス・オクシアナ（オクジアナ、オクサニア）」（オクソス（アム河）を越えた地）あるいはアラビア語で「マー・ワラー・アンナフル」（川向うの地）と呼ばれてきた地域は、一大オアシス地域をなしており、世界史の流れの中で大きな役割を果たしてきた地域である。いわゆる「シルクロード」の中心である。今、この地域は劇的に変化してしまった。その象徴がアラル海の消滅である。地球温暖化で、ユーラシアの氷河がどんどん融けて小さくなり、一方、アラル海はほぼ干上ってしまった。人口が増え、さらに灌漑網を拡大してきたのであるから、水が不足するのは当然である。さらに、カスピ海に水を抜いて利用していることも大きい。アラル海は、もともと水深が浅く、わずかの水量の減少もかなりの湖岸の後退を引き起こす。

地域の営みの変化は、地域の景観を劇的に変える可能性がある。また、地球環境問題が地域の景観を激変させた例は、アラル海のみならず、アマゾン、ゴビ砂漠、水俣など枚挙に暇がない。そして「フクシマ」の風景がある。

地球レヴェルの景観については、その下位単位を設定することが可能である。上に述べた「生態圏」(応地利明)、生態学的基盤をベースとしてその上に発展してきた歴史文化の複合体としての「世界単位」(高谷好一)が下位単位になるであろう。

地域景観(レヴェル2)

地球そのものの運動が規定する生態圏、そこで育まれてきた「世界単位」の下位には無数の地域区分が成立する。その地域を境界づけるのが自然である。すなわち、土地の姿として、地域全体に関わるのが、地域を包む山や平野や川、湖や草原、すなわち、大きな自然景観である。このレヴェルは、地域の生業、経済の全体が関わり、ひいては地球環境の問題に繋がっていく。ナイル川、チグリス・ユーフラテス川、インダス川、長江、黄河など、都市文明が発生したのは大河川の流域である。人類が居住を開始した場所は水と関わっている。水の循環が自然を支え、多様な動植物を生み、人類の活動を支えてきたのである。

地域の規模は、生態学的基盤をもとに伸縮自在に考えられるが、国土計画のレヴェルがこのレヴェ

図65●斐川平野の築地松の風景

ル2である。世界単位あるいはその下位単位として、国土全体、すなわち日本列島の北から南への連なり、そして、利根川、淀川、信濃川といった主要河川の流域圏が地域区分のベースとなる。水資源という視点で考えてみればわかりやすい。淀川水系と近畿圏は不可分である。日本海側に設置された原子力発電所に事故があって放射能物質が琵琶湖に流入することを考えれば、淀川水系がひとつの単位であることは否応なく認識できるであろう。

下位単位として、『風土記』の世界が地域景観のレヴェル2となるであろう。出雲の場合、築地松の景観が地域を浮かび上がらせている（**図65**）。さらに、都道府県、市町村といった行政単位も、歴史的に形成されてきたという意味で地域景観の単位とされていいであろう。特に江戸時代の「藩」は地域の自然文化社会生態の単位として歴史的根拠をもっている（第二の景観層）。

都市――市街地景観（レヴェル3）

地域の中で、集落や都市、人工的な建造物によって形成される空間が次の単位となる。レヴェル1、2の地域景観が大きくは自然に規定されているのに対して、このレヴェル3より身近な景観は人為によって大きく規定される。

市街地景観全体がまず問題となる。このレヴェルも、集落・都市の規模によって分けて考える必要がある。東京のような巨大都市と過疎の山村では、共通の問題もあるものの、景観の問題は全く異なる。ヨーロッパでは、都市と農村は截然と区分される。日本では都市と農村が渾然とつながってメリハリがない。これには法的な枠組みの問題によるものである。日本の都市計画法では、日本列島は市街化区域と市街化調整区域のふたつに分けられるだけである。全国一律の法体系が画一的な風景を蔓延させる大きな要因となってきたことは間違いない。後述するが、景観法の施行によって地域ごとに固有の景観を形成していく工夫ができるようになったのはごく最近である。

このレヴェル3においては、都市生活の全体を支えるインフラストラクチャーのあり方が問題となる。また、産業構造がその景観を大きく規定することになる。

地区景観（レヴェル4）

都市―市街地の景観も、細かく見ていけば、地区ごとに違う。京都のような歴史都市の場合、北部は保存、南部は開発という緩やかなコンセンサスが形成されているが、その他の各都市においても地区ごとに景観形成の指針は異なるというのが、以下に見る地域性の原則の第二「地区ごとの固有性」である。

規模にもよるが、ある都市（市町村）の景観をひとつのステレオタイプ化したイメージで捉えるのは無理がある（美し国づくり協会編 2012）。地区ごとの固有性を目指すべきである。都市―市街地全体としては、モザイク的になっていていいし、むしろそれが自然でもある。また、モザイクであること自体が魅力にもつながる。地区ごとに、例えば保存地区とか、リニューアル地区とか、景観形成の指針は異なってくる。開発か保存か、あるいは伝統か創造かといった二分法では必ずしもうまくいかない。各都市で地域に住む人々が問題意識を共有する中で選択していくことが原理になる。

このレヴェル3でわかりやすいのは、文化財保護法が規定する伝統的建造物群保存地域の規模である。全国各地に残る歴史的な集落・街並みの保存を目的として文化財保護法が改正されたのは一九七五年であるが、以降、市町村が保存条例に基づいて保存事業を計画決定し、国が特に価値が高いと判断して選定した重要伝統的建造物群保存地区は現在八六市町村で一〇六地区ある。四一道府県に及ぶが、全く選定がないのは、山形、宮城、東京、神奈川、静岡、大阪、熊本である。このことは当該都道府県の都市化の度合、日本の第二、第三の景観層の残存状況を示しているといっていいが、このレヴェルの地域の規模は都道府県レヴェルにあるわけではない。同一の市町村で複数箇所選定されているのが、塩尻市（長野）、高岡市（富山）、南栃市（富山）、金沢市（石川）、加賀市（石川）、高山市（岐阜）、京都市（京都）、篠山市（兵庫）、大田市（島根）、萩市（山口）、八女市（福岡）、うきは市（福岡）、鹿島市（佐賀）、長崎市（長崎）と一四市を数えるように、集落スケール、街区スケールである。選定された地区の規模は、〇・六ヘクタール（金沢市主計町）から一二四五・四ヘクタール（南木曽町妻籠宿）まで幅はあるが、要は一ヘクタールでも景観形成の単位となりうるということである。

言うまでもなく、このレヴェルで問題になるのは歴史的な集落や街区のみではない。新たに形成される街区がそれぞれの場所に固有な景観を形成しつつあるかどうか、振り返って、歴史に残る街並みにつながるかどうかが問われているのである。新たに計画住宅地をつくる場合にも地区計画制度などの法的手法も用意されているところである。(11)

このレヴェルで、大きな問題となるのは、モータリゼーションの波が日本列島全体を覆い、地方都市でも郊外化がどんどん進んでいることである。都市郊外には、車を呼び込もうと大きな派手派手し

図66●ロードサイド・ショップが立ち並ぶ風景

い看板や奇抜なかたちの郊外型のロードサイド・ショップが建ち並び、アメリカの郊外住宅地のような風景が展開されつつある（図66）。一方、地方都市の中心に、その規模に不釣合いなマンションがどんどん建ち並ぶ、という問題がある。すなわち、場所の固有性を無化していく方向がむしろ強められつつあることである。

スポット景観（レヴェル5）

レヴェル3は、街を俯瞰する大景観のレヴェルである。それに対して、町の中の小さな部分の景観、スポット的な小景観が区別される。また、大景観と小景観の間に、街路景観とか、ある地点からの眺望景観とか、例えば、僕らが道を歩く際に眼にするスケールの中景観が区別される。レヴェル4は、中景観のレヴェルである。

スポット的な小景観のレヴェルについては、身近で誰もが関わることができる。しまね景観賞の受賞作品からいくつか紹介しよう（図67）。

松江では毎年一〇月に松江神社の例大祭として、『鼕《どう》行列』が行われる。江戸時代藩主松平宣維のもとに、京都から輿入れした岩姫のため、各町内で華やかに太鼓を打ち鳴らしたのが始まりといわれるが、松江開府を祝う祭りである。十数台の山車を入れる山車庫は町のスポット景観となる重要な要素である。また、小規模な集会所やトイレ、バス停、ベンチなどのストリート・ファーニチャー、街灯や自動販売機など公共空間に置かれるものは全てデザイン要素である。

自動販売機を外壁と同じ木材で覆った気配りや、洪水防止に用いた伝統的な聖牛を水辺に置いたデザインがしまね景観賞として評価を得ている。スポット景観としては看板やサインも重要である。また、自然素材をどう用いるかも地域の景観デザインのポイントである。

季節や時間による景観の移ろいについても考慮が必要とされる。夜景のためのライトアップや秋のみ限定の干し柿の簾などもしまね景観賞の対象となる。固定的な物のデザインだけではない。巡回バスや列車のデザインも受賞している。景観あるいは風景の定義に照らせば表彰のねらいは明らかであろう。風景は享受されて豊かな意味をもつのである。

たとえ大都会であれ、此処其処に魅力あるスポットをつくりだすことは可能である。第1章（2）

a

b

c

d

e

f

写真提供 a〜f：島根県

図67●しまね景観賞を受賞したスポット景観の例

a：自動販売機等修景　　b：高津川の水制工作物「聖牛」
c：Audi 山陰　　d：木製の看板
e：干し柿の簾　　f：ぐるっと松江・レイクライン

で触れたが、京都の大景観の保存に関してはもう手遅れかもしれないと思う。多くの場所で、三山の景観をかつてのように眺めることはできなくなっている。しかし、眺望景観の保全策が導入されたように、街並みなど通り沿いの中景観やスポットの小景観には魅力あるものが少なくない。それを活用することが景観形成の最初の手掛かりとなる。京都に限らずどんな都市であれ、景観のレヴェルと次元を分けて、様々な角度からアプローチするのが基本方針となる。

3 景観作法の基本原則

以上の景観のレヴェルの設定によって、誰もが景観形成、景観制作に関わっていることは明らかであろう。少なくとも、レヴェル3〜5は、実に身近な活動に関わっている。

ここからは、具体的な景観作法を問題にしよう。まず、景観作法の基本原則を確認するが、その第一は、誰もが景観形成に関わっている、誰もが建築家であるという原則、前提である。

誰もが建築家である

「建築家＝アーキテクト」とは、単純には「建築」する人のことである。例えば、住宅を建てることも「建築」することだから、誰もが建築家である。

しかし、住宅を建てるという経験は日本では最早少なくなりつつある。住宅は建てるものではなくて買うものであり、選ぶものである。『住宅戦争』（布野修司 1989）で力説したが、住宅が建てるものではなく買うものになったこと自体が決定的な問題であった。プレファブ住宅（工業化住宅）がその象徴であるが、住宅が工業材料を用いて工場でつくられるようになることで、地域産材を用いてつくられてきたかつての街並みは大きく変わらざるを得なかったのである。

しかし、自ら建てないにしても、どういう住宅を選択するかは景観のあり方に大いに関わる。どのような住宅に住むのかは、それぞれの生活の表現である。そして、住宅地の景観はそれぞれの住宅によってつくられる。自らデザインしなくても、誰かに頼むか、誰かがデザインしたものを選ぶ。通常この誰かが建築家とされるが、デザインを決定するのはそこに住む自分であり、そういう意味では自分もまた建築家である。こう考えることによって、地域の景観には誰もが関わっていることをはっきり意識することができる。

アーキテクトというと、極めて特権的で偉そうである。確かにヨーロッパの伝統においてアーキテクトは偉大な存在とされる。アーキテクトは単に建築物を建てるだけでなく、道路、橋梁、水道、港湾などのような土木工事も行う。また、築城のみならず投石機などの武器製造にも携わる。日時計、水時計、揚水機、起重機、風車、運搬機など機械製作なども行う。そして、すべてを統括する神のような存在としてしばしば理念化されるのがアーキテクトである。

ルネサンスの時代に理念化されたのも、万能人、普遍人（ユニバーサル・マン）としてのアーキテクトである。レオナルド・ダヴィンチやミケランジェロは発明家であり、芸術家であり、哲学者であり、科学者であり、工匠であった。この神のごとき万能な造物主としてのアーキテクトのイメージは極めて根強い。多芸多才で博覧強記のアーキテクト像は今日でも理想とされる。

人工物が全てこうした理想のアーキテクトによってデザインされてきたのだとすれば、おそらく景観問題などは起こらなかっただろう。しかし、理想は理想である。世界が人為によって秩序づけられるかどうかは、核燃料廃棄物の処理の問題を考えても全くわからないではないか。また、理想のアーキテクトなどますます複雑化する現代社会に望むべくもないのではないか。

日本ではそもそも欧米流の建築家という概念や言葉が一般に普及してこなかった。一般人にとって、建築家とは「建築士」であり、「図面屋」（絵描き屋、漫画屋）であり、「土建屋」であり、「建築業者」であり、「大工・工務店」であり、せいぜい「建築屋」である。この分裂は大きい。

実は、ヨーロッパにおいてもこの分裂、差別は存在してきた。すなわち、石工や大工と区別される知的で精神的な仕事に携わるアーキテクトこそが尊敬に値するとみなされてきた。レオナルド・ダヴィンチにしても、絵画、彫刻、金銀細工の工芸品の製作を手掛けていた工房で育った職人であり、体系的な理論を残しているわけではないし、残された夥しい数の手稿も生前公表されることはなく、影響力も限られたものであった。風景画の誕生に関連して触れたA・デューラーも、明らかにレオナルド・ダヴィンチの限界を超えた芸術家であったが、あくまで職人の世界の存在であった。職人の手仕事がヨーロッパの歴史において一貫して低い評価しか与えられてこなかったこと、しかし、ルネサンスにおいて大きな役割を果たしたのが職人たちであったことは、山本義隆の三部作(12)が総じて明らかにしている。

それはともかく、景観に関して職人か建築家かの区別は関係ない。誰もが建築家あるいは職人であるということでいい。「アーキテクチャー」の訳語として「建築」という言葉が採用される前までは、「造家」という言葉が用いられていた。「造船」という言葉があるように、「家を造る」という意味である。しかし、「アーキテクチャー」=「建築」という訳語とともに、「ビルディング」=「建（造）物」との区別（差別）が行われるようになる。また、「アーキテクト（建築家）」と「ビルダー（建設者）」との区別（差別）が行われるようになった。こうした問題については『裸の建築家――タウンアーキテクト論序説』（布野修司 2000）で触れたからここでは省略したい。「建築」と「非建築（建造物）」との区別（差別）は、景観問題にとっては基本的に意味がない。「建築作品」としてどれだけ傑作であっても、それが建つ場所の景観は問題となる。言い換えれば、景観の中での表現もその評価のうちである。

「日本の町がちっとも美しくならないのはわれわれが尊敬されないからだ」と建築家がいい、「何を偉そうな。美しい日本を破壊してきた張本人こそ建築家ではないか。信頼できるのは誠実な大工さんや職人さんであって、口先だけの建築家ではないのだ」と「一般大衆」が反発する構図は、景観問題の解決への糸口にはならないであろう。「建築」と「建物（建造物）」の区別（差別）を超えたところに景観問題があること、全ての「建築」＝「建物（ビルディング）」が街並み景観を形成することは、以上にたどたどしく考えてきたところによらなくても自明の出発点である。

それでもなお「アーキテクト（建築家）」という言葉を選択するのは、他にいい言葉を思いつかないからでもあるが、根源的であるという意味を込めてのことである。根源的技術を司るのが「建築家＝アーキテクト」である。「アーキテクチャー」はもともとギリシア語の「アルキテクトン」から来ている。「アルキテクトン」とはアルケー（arkhē）（原初、根源）のテクネ（techne）（技術、技能）を語源とする。アーキテクトというのはいわゆる「建築家」に限らない。「電脳建築家」（コンピュータ・アーキテクト）などの例に見られるように、身近な景観、身近な環境に関わるのが本来の「アーキテクト」なのである。

以上のことを確認したうえで、これまでの議論によって確認される景観作法の諸原則を整理しよう。

景観のアイデンティティ

景観あるいは風景の定義から基本的に導かれるのは地域性の原則である。地域ごとに独自の固有な景観をつくり出すことが第二の基本原則となる。そして、「地区ごとの固有性」が原則となることは既に述べた。要するに、景観のアイデンティティが問題であり、それをどう形成し、どう保持していくが問題なのである。

全国各自治体で五〇〇近い景観条例が制定されているが、その内容を見てみると大同小異、ほとんど同じで、とても地域の固有性を重視しているとは思えない。これは景観法でも基本的に同じで、条例本文では、原則的なこと、あるいは手続き的なことしか書かれないので、仕方ないとも言えるが、どうにももどかしい。地域性の原則はうたえても、その地域性の具体的中身を規定できないのである。まず、先に述べたように、景観のレヴェルと次元をこと細かに規定することができないのである。条例として規定することが煩瑣だというわけではない。本質的に規定できないのである。第一、地域をどう設定するかという問題がある。

条例をもとにつくられる各種基準に関わるマニュアルについても似たような問題がある。そして、このマニュアルが全国似たようなものになるとするのが大問題である。明らかに地域性の原則違反である。地域ごとにその地域の写真を他と入れ替えるだけの景観マニュアルを作成するコンサルタントの姿勢に本質的問題があるというべきである。

これに比べればまだ、景観賞などの顕彰制度のほうが地域性の原則に沿っているといえる。それぞれがその場にある景観を評価することで、単に評価基準項目によるチェックとは異なる評価について議論が可能になるからである。ただ、景観賞にしても、全国各地で選ばれたものが似通ってくるのはやはり大きな問題である。

問題は景観のステレオタイプ化である。

問われているのは地域の構想力であり、創造力である。地域の中からいろいろな独自性を引き出してくるという作業が基本である。

日本の街はみんな似てくる、そこでヨーロッパの都市からイメージを借りてくる。テーマパークの構想が随分出され、実現もした。長崎にはオランダの町を再現したハウステンボスがつくられ、多摩のニュータウンにはイタリアの山岳都市ができた。しかし、果たして、ヨーロッパの都市が各都市のモデルになるのだろうか。もちろん、日本の伝統的街並みをそのまま復元すればいいということでもない。

地域性の原則は、このまちにしかない景観という原則である。過去にこのまちにあったものというだけではなくて、これからつくり出すものも含めて、このまちにしかないものという発想が基本である。逆に、このまちには○○は絶対いらないという発想も重要である。このまちには、「銀座」はいらない、歩道橋はいらない、地下街はいらない、高速道路はいらない、他所の真似をしないとなれば、自ずと地域に固有なものができていくはずだ。

景観のダイナミズム

第2章3「景観価値論」で提起したように、景観は決して固定されたものでも静止したものではない、変化するものである。自然景観にしろ、文化的景観にしろ、時間的、歴史的に変化してきたし、今も変化している。景観の問題、とりわけ歴史的景観の問題というと、とにかく凍結的に保存すればいいという話になる。文化財保護法の伝統的建造物群保存地区などの規定はそれが前提である。しかし、時にドラスティックな変化が景観のアイデンティティを生むこともある。景観のダイナミズムを前提とすることが景観作法の第三の原則となる。

京都の場合、古都の景観を守れという声が多いが、それに対して、京都は「博物館化」していいのかという議論が常に出される。京都の景観問題をめぐって、博物館化か経済か、というのは一見対立的な主張のように見えるが、博物館化によって、すなわち、歴史的景観で飯が食えるという意見が出てくると話は複雑になる。京都の場合、毎年、四〇〇〇万人もの観光客が訪れ、観光による収入がGDPの約一割を占める。中には景観でしか飯が食えないまちもある。その場合、景観のある種凍結的な保存も必要かもしれない。

しかし、博物館化、すなわち、景観の凍結保存というのは、極めて特殊なケースであり、人の生活の営みがある限りありえない。景観は、基本的には変わるものであり、それも、ダイナミックに変化していくものである。

各地で電線の地中化が行われている。確かに、ヨーロッパの町と比べて、電柱の存在は日本のまちの景観を損ねているように思う。しかし、電柱はかつて近代化のシンボルであった。農村に電柱がどんどん建っていくことが文明化の象徴として受け入れられたという歴史がある。それなのにいまや邪魔だというので地中化せよという。しかしここでも一斉にやるのは問題である。ただ地中化するだけでなく、電柱を景観要素として取り込む試みもあってもいいのではないか。こうしたささやかな例からもあきらかなように景観が地域の中で時代とともに変わっていくのは当然なのである。

地球環境と景観

第2章「風景原論」において総括したように、また、景観のレヴェルとして上で確認したように、景観は人為と自然の関係のあり方に関わっており、景観問題の背景として究極的に問われているのは地球環境の問題である。

身近な景観の問題を地球環境の問題につなげていくプロセスは容易ではない。しかし、身近な自然との関係を考え直すことは大きな手がかりとなる。この間の環境の変貌は実にすさまじい。かつて僕らが親しんだ環境では当たり前に見られた生物（例えばメダカ）がいなくなりつつあるのである。絶滅危惧種にあげられる生物が年々増え続けているのが不気味である。

僕らの生活環境が人工環境化していくことによって、生物との関わり以前に、土とか、火とか、水とか、風とか、自然の基本的な要素に直接触れる機会がますます少なくなっている。温室栽培などで、食物や花卉が年中いつでも手に入れられるようになると、季節感も薄れてしまう。ビニールハウスがずらっと並ぶ畑の景観が象徴するように、自然の変化に従い四季折々にいろいろな表情を見せる景観のあり方も変わりつつある。加えて、異常気象もある。地球温暖化の影響で、年々気温が上昇している。また、これまでにない豪雨が季節外れに襲ったりする。毎年のように都市洪水が起こるのは、あらゆる地表面がアスファルト舗装され、雨水が一気に河川に流れ込むせいである。また、計算以上の降雨量で下水管が溢れてしまうせいでもある。雨水を地下に浸透させる、あるいはうまく溜め込んで利用することは身近にも考えるべきである。

単純な指針は、地表面に緑を増やす、身近な場所に自然に触れる機会を増やすということである。例えば、二酸化炭素など温室効果ガス排出削減のための対策として、まず、エネルギー消費量を大幅に削減することが必要であるが、同時に二酸化炭素を吸収する森林や田畑の面積を増やすことを目指す必要がある。これは土地利用の問題であり、都市計画の問題である。すなわち、ごく身近なテーマでもある。

もうひとつ、地球環境と景観をめぐって、単純な指針となるのは、可能な限り「自然材料」、「地域産材」を使うということである。自然材料はいうまでもなく環境に負荷をかけないという点で評価できる。また、地域産材というのは、地域内で循環系をつくることによってエネルギー消費を削減する意味がある。

しかし、地球環境問題が喧しく論じたてられ、様々な対応策が論じられるにも関わらず、いっこうに事態の改善が見られないのは実に不思議である。そして、そこにこそ現代の根源的危機があるのもはっきりしている。第一に、危機を危機として認識しない底抜けの楽天主義がある。あるいは危機を疑う懐疑主義がある。第二に、裏返しで、危機を危機として煽るだけのエコ・ファシズムがある。あるいは、エコという名に値しない「偽装エコ」が横行している。第三に、この二つによって「不都合な真実」[13]が隠されてしまっている。第四に、隠された「真実」として、危機を危機としてそれをビジネスとする、あるいは危機であろうとなかろうと格差、差異を利潤の原動力とする世界資本主義の自己運動がある。第五に、危機を危機として意識するものの、対処の仕方がわからない、対処ができないという問題がある。これが最も身近な問題である。

石油依存の社会、車依存の社会が決定的に問題であることは明らかである。しかし、車に乗るな！

といわれても、そうはいかない。ライフスタイルを変えさえすれば良いと頭では理解できても、最早身体がついて行かない、そんな事態に陥ってしまっている。すなわち、地球大の問題と個々の身体の問題が直接絡まり合って、解くに解けないのが現代なのである。

景観問題も大きくは地球環境問題のこうしたジレンマの中にある。

合意形成と景観

景観問題は、繰り返し確認してきたように、決して個人的な美学や嗜好の問題ではない。公共の問題であり、地域全体の問題である。地域の景観について、いかに合意形成をはかるかが、徹頭徹尾鍵となる。以下に続いて、景観条例、景観法などに基づく景観整備、景観形成の手法に触れるが、様々な規制を行うにしても、まずは地域住民のコンセンサスが前提となる。

まず、

①地域の景観がどうあるべきかについての合意形成が必要である。

地域の生業、土地利用についての共通認識がそのベースとなる。地域がどう生きていくかについての基本合意がなければ、景観もなにもないだろう。すなわち飯が食えないのだとすれば、景観についての理念や原則を議論しても意味はないし、力にはならない。景観は、地域住民の多様な生産活動の

自己表現である。そして、

②地域の歴史的景観資源についての共通理解が必要である。

景観は現在生きている住民たちだけのものではない。過去生きた人々がそれぞれ形成してきたものでもある。それをどう評価するかについて合意形成が必要である。また、どういう景観を未来の住民たちに引き渡していくかについて合意形成が必要である。伝統（トラディション）とは、引き渡す（トラデーレ）ことである。さらに、

③地域の自然環境資源についての共通理解が必要である。

地域固有の景観をつくりあげてきたのはひとり人間だけではない。多様な生物の営みが地域の景観形成に関わっている。多様な生物の生息環境についての共通理解がひとつのベースである。

②③の合意形成については、そう大きな分裂はないだろう。しかし、①と②③はしばしば衝突し、地域住民の間で意見が分かれる。地域には様々な利害の対立があるのがむしろ一般的である。そして、景観をめぐって「域外」業者と「地」の業者が行動原理を異にすることも一般的である。こうしたレヴェルの合意形成は、まさに地方自治の問題であり、地方政治の問題である。

しかし、景観ついての合意形成は、もう少し身近なレヴェルで発想されるべきである。上述の景観のレヴェルで言えば、レヴェル5のスポット景観から出発するのがいい。身近な環境であれば、例えば、商店街でのれんや看板を揃えようとか、住宅地であれば、月に一度清掃しようということは、一

般的にも行われていることである。地区景観（レヴェル4）→都市―市街地景観（レヴェル3）→地球―地域景観（レヴェル2）へと合意形成を拡大していくことが基本方針となる。

合意形成とは公と私との（利害）調整である。景観は、明らかに私のものではない。しかし、公というと、日本では「御上《おかみ》」であり、その「上意下達」のニュアンスが強い。条例や法も、基本的には、「公」によって「私」権を制限していくのが前提である。しかし、そもそも中国でいう「公」も上下の縦の関係だけでなく、個（私）と個（私）の間の水平的関係についてもいう。合意形成とは、日本でいう「公」と「私」の間の調整の問題である。「公」「私」の間「共《コモンズ》」の問題といってもいい。空間的には、公と私の間の「中間領域」、「共有空間」「共用空間」をいかに拡げていくかの問題である。

以上、景観問題を考えるための、また、実際に景観形成を行っていく際の、いくつか基本原則を確認し終えた。ここからは、具体的にどうするか、何ができるか考えよう。

4　景観法という制度

景観条例

二〇〇四年に景観法が制定された。[14]そのもとになったのは、前年の「美しい国づくり政策大綱」(国土交通省、二〇〇三年七月)である。その中に景観に関する基本法制の制定がうたわれており、それがわずか一年で実現したのであるが、この一連の流れにはもちろん前史がある。

景観法の制定に直接つながったのは、一九六〇年代末から一九七〇年代初頭に始まった各自治体の景観に関わる条例制定の動きである。東京海上ビル、京都タワーをめぐる美観論争に象徴される高度経済成長期の終焉を見通すように制定されたのが、金沢市伝統環境保存条例(一九六八年)、倉敷市伝統美観条例(一九六八年)、京都市市街地景観条例(一九七二年)である。歴史的街並みを残す地方都市において先鞭をつけられた条例制定の動きは、文化財保護法の改定による伝統的建造物群保存地区制度に結びついた。そして、一九七八年の神戸市都市景観条例の制定によって、都市景観基本計画の策定、都市景観形成地域の指定、地域景観形成基準の策定などのメニューを用意する、より一般的な形での条例が体系化される。以降、全国の自治体で景観条例が制定されてきた。二〇〇三年の段階で制定されていた景観条例はじつに四九四にのぼる。

しかし、景観条例は、あくまで条例であって、法的拘束力がない。各地で「風景戦争」が勃発し、条例違反が裁判沙汰になっても、根拠法を欠いているから究極的には実効性をもち得ないことはこれまで見てきたとおりである。景観法に期待されたのは、まさに法であることによる実効力である。

日本における都市計画あるいは建築に関わる法制度は、一九一九年の都市計画法、市街地建築物法の制定に始まる。市街地建築物法は今日の建築基準法（一九五〇年制定）の前身である。この都市計画法にしても、市街地建築物法にしても、基本は取締り法である。二年前に市街地の建築行為を取り締まる建築警察が制度化（警視庁建築規則）され、それをもとに起草されているのである。違反建築を取り締まる、という法の基本は今日まで変わらない。

ところで、この日本最初の都市計画法・市街地建築物法の中に「美観」そして「風致」という言葉が既に含まれていたことは特筆に値する。「…土地の状況に依り必要と認むるときは風紀又は風致の維持の為特に地区を指定することを得」（都市計画法第四条）、「内務大臣は美観地区を指定し其の地区内に於ける建築物の構造、設備又は敷地に関し美観上必要となる規定を設けることを得」（市街地建造物法第一五条）としているのである。実は、両法の制定をめぐって、ひとつの争点となったのが「美観」であった。法制定の目的を、単に「取り締まる」だけでなく「都市に美観を添える」あるいは「都市を立派にする」とすべきだという主張があり、討議の末（？）に「美観」は斥けられたのである。日本の都市計画の発展に大きな役割を果たしたことで知られる大阪市長、関一《せきはじめ》は、「「美観」の二字を永久に抹殺されて、日本の都市計画は都市美とは全然関係のないものとなってしまった」と回想し、嘆いている。

この「風致地区」「美観地区」が実際に指定されるのははるか後のことである。東京府で全国初の風致地区が指定されたのは一九二六年、明治神宮外苑であった。ここに巨大な新国立競技場が建設されようとしていることは第1章「1東京」で触れた。一九三〇年には、京都府の鴨川、東山、北山が指定され、一九四〇年までに全国で四六四地区が指定されている。美観地区は、皇居外郭一帯が最初の指定である（一九三三年）。いずれも「天皇」に関わる地区が第一号であった。伊勢神宮の内宮、外宮の参道、御幸通りも一九三九年に指定されている。「美観地区」は少ないが、大阪では御堂筋（一九三四年）、大阪駅駅前（一九三九年）が指定されている。

一九三〇年代に入ると、欧米のシティ・ビューティフル運動の影響を受けて、各地に都市美協会が設立され、都市美運動が展開された。一九三六年には東京に都市美協会が設立された。しかし、その運動は戦時体制が強化されるなかで防空運動に吸収されることになる。そして、多くの都市が灰燼に帰すことになった。

景観法

景観法は、「第一章総則」以下「第七章罰則」まで七章一〇七条からなる。ポイントは、強制力をもった景観に関わる根拠法が初めて成立したということ、そして景観形成のためのいくつかの仕組みが用意されたことである。要点は以下のようである。

目的（第一条）[15]、基本理念（第二条）[16]に続いて、いくつかの注目すべき仕組みが規定されている。

まず、景観行政団体となる自治体（市町村）が景観計画を立案する。景観計画とは、すなわち、景観計画区域を決定し[17]、景観計画区域における良好な景観の形成に関する方針を定めるとともに、良好な景観の形成のための行為の制限に関する事項を策定することである。

景観行政団体は、景観整備機構（特定非営利活動法人）を設けることができ（第五章）、景観協議会を組織することができる（第一五条）。景観協議会には、関係行政機関及び観光関係団体、商工関係団体、農林漁業団体、電気事業、電気通信事業、鉄道事業等の公益事業を営む者、住民その他良好な景観の形成の促進のための活動を行う者を加えることができる。さらに住民等による提案も認められている（第一一条）。

また、景観行政団体は、景観重要建造物、景観重要樹木、景観重要公共施設を指定できる。所有者全員の同意が条件であるが、その「増築、改築、移転若しくは除却、外観を変更することとなる修繕若しくは模様替又は色彩の変更をしてはならない」（第二二条）とし、違反した場合、原状回復命令（第二三条）、損失の補償（第二四条）、所有者の管理義務（第二五条）、指定の解除（第二七条）などを規定する。

そして、市町村は、都市計画区域又は準都市計画区域内の土地の区域については、市街地の良好な景観の形成を図るため、都市計画に、景観地区、準景観地区を定めることができる（第三章）。景観地区については、「一　建築物の形態意匠の制限、二　建築物の高さの最高限度又は最低限度、三　壁面の位置の制限、四　建築物の敷地面積の最低限度を定め、建築物の形態意匠の制限を行うことが出来る（六一条）」とする。

準景観地区は、「都市計画区域及び準都市計画区域外の景観計画区域のうち、相当数の建築物の建築が行われ、現に良好な景観が形成されている一定の区域」について設けられる（第三章）。いわゆる市街化調整地域にも景観区域を設けることができるのである。さらに、景観協定締結についての規定がある（第四章）。

景観協定においては、景観協定の目的となる土地の区域（景観協定区域）とともに、「イ　建築物の形態意匠に関する基準、ロ　建築物の敷地、位置、規模、構造、用途又は建築設備に関する基準、ハ　工作物の位置、規模、構造、用途又は形態意匠に関する基準、ニ　樹林地、草地等の保全又は緑化に関する事項、ホ　屋外広告物の表示又は屋外広告物を掲出する物件の設置に関する基準、ヘ　農用地の保全又は利用に関する事項、ト　その他良好な景観の形成に関する事項」を定めることができる。

景観整備機構

景観法の成立によって景観に関わる法的枠組みは一応用意されたのであるが、これをどう運用するかは別の問題である。

景観地区や、景観計画区域の指定は、誰がどのようにして行うのか、景観重要建造物は誰がどのような基準で設定するのか、景観協議会や、景観整備機構は誰がオルガナイズするのか、住民やNPO法人による提案を、誰がどういう基準で認めるのかなど、景観法には曖昧な点が多い。また、既成の制度でも、特別用途地域性などやる気になれば使える制度は少なくない。それぞれの自治体で独自の仕組みをいかにつくり上げるかが競争的に問われることになったのである。

景観法が施行されて一〇年が経ち、景観行政団体となったのは約六〇〇、そのうち約四〇〇が景観計画を策定しているというが、景観法施行以前に景観に関わる条例を定めていた自治体は約五〇〇あったから、そう増えたわけではない。条例を景観法による景観計画に移行させた自治体が約二〇〇で、全く新たに景観計画を立案したのが約二〇〇自治体という。すなわち、三〇〇近い自治体は条例のままにとどめたことになる。法的強制力を伴う規制より、ゆるやかな合意形成を選択したことになる。

条例と景観法を合わせて用いる自治体もあり、この多様なあり方は歓迎すべきことである。

そうした中で、後で述べる権限と報酬と任期を明確化した上で、個人もしくは一定の集団が都市(地区)の景観形成に責任を負うタウンアーキテクト制がひとつの選択肢になる。欧米には様々な形態があるが、なにもその真似をする必要はない。日本独自の、各自治体独自の仕組みをつくり上げればいい。景観法の活用について、いくつか前提にすべきことをあげよう。

①景観行政団体(自治体)は、まず、都市形成過程、景観資源の評価などをもとに、市域をいくつかの地区に分ける必要がある。同じ都市でも、地区によって景観特性は異なる。

②全ての地区が「美しく」あるべきである。景観の問題は、景観計画区域、景観形成地区といった地区に限定されるものではない。景観法などが規定する地区指定にあたって、住民やNPO法人の発意を尊重するのは当然であるが、それ以前に、自治体(景観行政団体)が、景観計画を明らかにし、全市域について地区区分を明確にすべきである。もちろん、住民参加による景観計画の策定、地区区分の設定も試みられていい。景観整備機構の役割がこの段階に求められることも考えられるが、権限が完全に委譲されることはないのではないか。本来は自治体(景観行政団体)の責任である。

③全ての地区について、望ましい、ありうべき景観が想定されるべきで、全ての建築行為がそうした視点から議論される必要がある。全ての地区が望ましい景観創出のために何らかの規制を受け

るという前提でないと、景観地区とそれ以外の地区、指定以前と指定後の権利関係をめぐっての調整が困難を極めることは容易に想定できる。

④景観創出、景観整備は都市(自治体)の全体計画(総合計画、都市計画マスタープラン)の中に位置づけられる必要がある。景観行政と建築行政、都市計画行政との緊密な連携が不可欠である。

⑤それぞれの地区について、その将来イメージとともに景観イメージがまず設定される必要がある。この設定にあたっては、徹底した住民参加によるワークショップの積み重ねが不可欠である。地区の景観についての一定のイメージが共有されることが全ての出発点である。

⑥それぞれの地区の景観イメージの設定以降、地区の景観創出のためのオルガナイザーであり、コーディネーターであり、プロモーターともなりうるのがタウンアーキテクトである。地区ごとに景観協議会を自治体(景観行政団体)が直接組織するのは機動性に欠ける。また、行政手間を考えてもきめ細かい対応は難しいだろう。景観整備機構が、各地区アーキテクト(コミュニティ・アーキテクト)の連合体として機能することが考えられるが、固定的な機関となるのは問題である。

文化的景観

景観法の制定と並行して、二〇〇四年の通常国会において文化財保護法の一部が改正され、翌年四月一日より施行された。新たな保護の対象とされたのは「文化的景観」である。宇治の歴史的地区が二〇〇九年に重要文化的景観に選定されたのは第1章でみたところである。

文化的景観とは「地域における人々の生活又は生業及び当該風土により形成された景観地で我が国民の生活又は生業の理解のために欠くことのできないもの」と定義される。景観法と絡んでいささかややこしい。

地域、生活、生業、風土がキーワードに加えられている。既に議論した（第2章2）ように景観という概念は広いが、景観とは既に現前する自然や人工の要素の集合体ではなく、自然と人為が関係しあっている様子（すなわち文化）であることが強調される。そのため、文化的景観すなわち歴史的景観といってもいい。

ユネスコの世界遺産委員会が、「世界遺産条約履行のための作業指針」の中に、文化的景観の概念を盛り込んだのは一九九二年のことである。ユネスコの文化的景観には、庭園などのように人間が自然の中につくり出した景色、あるいは田園や牧場のように産業と深く結びついた景観、さらには自然それ自体にほとんど手を加えていなくとも、人間がそこに文化的な意義を付与したもの（宗教上の聖地とされた山など）が含まれる。

文化的景観として登録された世界遺産の第一号は、トンガリロ国立公園（ニュージーランド）である。この物件は一九九〇年に自然遺産として登録されていたが、マオリの信仰の対象としての文化的側面が評価され、一九九三年に複合遺産となった。日本の、紀伊山地の霊場と参詣道（二〇〇四年）そして石見銀山遺跡（二〇〇七年）、さらに富士山（二〇一三年）も文化的景観として登録されたものである。(18)

この流れを受け、文化財保護法も文化的景観を有形文化財、無形文化財、民俗文化財、記念物、伝統的建造物群に続く六つ目のカテゴリーとして取り入れたのである。

文化財保護法は、文化的景観を「地域における人々の生活又は生業及び当該地域の風土により形成された次に掲げる景観地のうち我が国民の基盤的な生活又は生業の特色を示すもので典型的なもの又は独特のもの」（選定基準の第一項）とするが、「次項に掲げる景観地」とは、「（一）水田・畑地などの農耕に関する景観地、（二）茅野・牧野などの採草・放牧に関する景観地、（三）用材林・防災林などの森林の利用に関する景観地、（四）養殖いかだ・海苔ひびなどの漁労に関する景観地、（五）ため池・水路・港などの水の利用に関する景観地、（六）鉱山・採石場・工場群などの採掘・製造に関する景観地、（七）道・広場などの流通・往来に関する景観地、（八）垣根・屋敷林などの居住に関する景観地（第二項）」である。

文化財保護法にいう文化的景観にチャチャを入れるわけではないが、第2章で議論したように、本来全ての景観は文化的景観である。保護に値しようが値しまいが、景観は僕らが受け継ぎ、次に世代に渡していく文化である。景観法にいう景観形成地区や景観計画地域も同じであるが、線を引くと、新たな「風景戦争」の火種ともなる。すなわち、文化／非文化、良好／不良、美／醜の区別、差別を地域に持ち込むことになる。

文化的景観の選定を目的とする場合には、まず景観法に基づく景観計画を策定し、そこで景観計画区域または景観地区の中に文化的景観を定めることが必要である。そして、その文化的景観に対して、必要な規制を定めていることが必要となる。文化的景観を自ら定義しなさい、という精神である。これは、合意形成の問題といっていい。

文化的景観の制度は随分柔軟である。保護のために必要な措置が不足していると判断できる箇所については、条例に基づいたなんらかの規制を定めておきなさいという。その条例には、景観法に基づく景観条例である場合と、その他の法律、例えば文化財保護法、都市計画法、自然公園法、都市緑地法などに基づく条例である場合が考えられる。

地域の生業の過去・現在・未来を見据える中で、文化的景観という制度に基づいた規定も使いようがあるだろう。しかし、問題は、その内実である。

5 コミュニティ・アーキテクト制

僕が景観について考えるようになった個人的な様々な経験と経緯は、第1章「風景戦争」に記した通りである。様々な経験をする中で「タウンアーキテクト」という概念、発想が生まれた。直接的なきっかけとなったのは、建築文化景観問題研究会（一九九二〜一九九五年）である。建設省（現国土交通省）の若手官僚（森民夫現長岡市長ほか）と建築家（隈研吾、團紀彦、小嶋一浩、山本理顕、元倉眞琴ほか）による研究会で景観問題をめぐって議論を続けたのであるが、その結果提起された制度が「アーバン・アーキテクト」制であった。

アーバン・アーキテクトという命名に僕は関与していないが、主旨は「豊かな街並みの形成には建築家の継続的参加が必要である」ということである。アーバン・アーキテクト制と呼ばれる制度の構想は、いかにすぐれた街並みを形成していくか、建築行政として景観形成をどう誘導するか、そのためにどのような仕組みをつくるか、という問題意識がもとになっており、その仕組みにアーバン・アーキテクトと仮に呼ぶ建築家の参加を位置づけようというのである。

しかし、この構想をどう制度化するかとなると多くの問題があった。建築士法が規定する資格制度、建築基準法の建築計画確認制度、さらには地方自治法など既存の制度との関係がまず問題となった。

さらに、それに関連する諸団体の利害関係が絡む。新しい制度の制定は、既存のシステムの改編を伴うが故に往々にして多くの軋轢を生むのである。

アーバン・アーキテクト制の骨子は以下のようであった。

①アーバン・アーキテクトは自己の活動実績を含め必要事項をあるセンター（公的機関を想定）に登録、センターはアーバン・アーキテクトのデータ・ベースを構築する。

②地方公共団体等が、景観形成やまちづくりに資するために建築の専門家を捜す場合、希望に基づきセンターがデータから情報を提供する。

③アーバン・アーキテクトの関与するまちづくり事業については、建設省所管の助成事業との連携を図る。

この構想ではセンターは人材派遣組織ということになり、中央が一方的に地方の仕事に介入するかのような印象を与える。さらに、アーバン・アーキテクト制は、「建築士」の上に新たな資格もしくは新たな確認制度を制定する構想と受け止められたらしい。そして、その資格の認定を誰が、どういう機関が行うかをめぐって、水面下で熾烈な抗争があったらしく、この構想は、表立ってはさしたる議論もないままに、建設省の施策としては放棄された[19]。

建築文化景観問題研究会での議論をもとにした僕なりの構想を「タウンアーキテクト論序説」としてまとめたのが『裸の建築家』（布野修司 2000）である。その時以来考えたことは、既に本書に盛り込んであるが、いつまでも理念や序説ばかりでは物事は進まないと若い友人たちと始めたのが、タウンアーキテクト制のシミュレーションである京都コミュニティ・デザイン・リーグ（京都ＣＤＬ）（二〇〇一〜二〇〇五年）であった。

何故、タウンアーキテクトなのか、タウンアーキテクトとは何者か、タウンアーキテクトは何をするのか。京都ＣＤＬ（コミュニティ・デザイン・リーグ）の経験を踏まえて、その初心を確認しながら、さらなる方向を展望しよう。

何故、タウンアーキテクトなのか

タウンアーキテクトとは、直訳すれば、「まちの建築家」である。幾分ニュアンスを込めると、まちづくりを担う専門家がタウンアーキテクトである。「まちづくりの仕掛け人」、要するに、それぞれのまちのまちづくりに関わる様々なプロフェッショナルたちをタウンアーキテクトと呼ぶ。類似の語としてコミュニティ・アーキテクトという言葉も用いられるが、こちらは直訳すれば「地域社会の建築家」である。都市あるいは地域社会を支える根源的技術に関わる職能を想定するのである。ランドスケープ・アーキテクトという言葉もあるが、「造園家」と訳されて既に定着している。ここで考えるタウンアーキテクトの仕事、すなわち、まちづくりの仕事はそれより包括的である。

タウンアーキテクトあるいはコミュニティ・アーキテクトは、欧米では定着しつつある概念であるが、残念ながら、今のところいい日本語がない。タウンマネージャー、ファシリテーター、イネーブラー、コーディネーターなどという言葉もあるが、いずれも横文字である。建築全般に関わりながら地域社会の世話役であった鳶さんとか、町内会の会長さんと町場の大工さん、職人さんを合わせたような存在といったほうがわかりやすいかもしれない。いずれにせよここで仮にタウンアーキテクトと呼ぶ職能が定着していくのだとしたら、相応しい名前が自然に生まれるであろう。本書では、コミュニティ・アーキテクトをタウンアーキテクトの概念を含むより包括的な概念と考える。すなわち、タウンアーキテクトは、主として地域の景観や物的計画に関わる職能とし、コミュニティ・アーキテクトは、地域住民の生活の全体に関わる職能とする。

まちづくりとは、本来自治体の仕事であり、その全てはまちづくりに関わっている。本書では、既に様々な事例を見てきたように、景観形成に関わる分野、まちのかたちに関わる都市計画（フィジカル・プランニング）の分野を主に念頭に置いている。日本の自治体によるまちづくりについては、様々な問題があるが、最大の問題は、多くの自治体がまちづくりの主体として十分その役割を果たせていないことである。そして、地域住民の意向を的確に捉えたまちづくりを展開する仕組みがないのが決定的であるように思われる。

そこで、自治体と地域住民のまちづくりを媒介する役割をもつタウンアーキテクトという職能を考えようというのである。これは何も全く新たな職能というわけではない。その主要な仕事は、既に様々なコンサルタントやプランナー、建築家たちが行っている仕事である。ただ、タウンアーキテクトは、そのまちに密着した存在として考えたい。必ずしもそのまちの住民でなくてもいいけれど、そのまちのまちづくりに継続的に関わるのが原則である。

それでは何故アーキテクトなのか。これには大きくふたつの理由がある。ひとつは既に述べた。アーキテクトの語源に遡って、まちの根源に関わる職能が必要とされているということである。そして、その前提は、誰もがアーキテクトでありうる、ということである。

もうひとつもこれまでに述べてきたところであるが、まちづくりの具体的表現としてまちの景観が大事だということである。複雑な諸条件をひとつの空間やイメージにまとめあげる能力にすぐれている、あるいはそういうトレーニングを積んでいるのがアーキテクトである。

そしてもうひとつの切実な本音の理由が、既往の建築家の側にある。建築家は、その存在根拠を地域社会に求めざるを得なくなりつつあるのである。地球環境問題という観点からも、また少子高齢社会という観点からも、少なくとも日本は最早建てては壊す（スクラップ・アンド・ビルド）時代ではない。建築家の役割は、既存の街並みや建築をどう維持管理していくか、どう再利用していくかに移りつつある。そして、新たな領域として、まちづくりという仕事の領域を開拓することが必要になっているのである。

もちろん、全ての建築家がタウンアーキテクトであれというわけではない。国家的なプロジェクトや国境を超えて仕事をする建築家は必要であるし、民間の建築の仕事はまた別である。しかし、まず確認すべきは、建築家の仕事の原点はタウンアーキテクトにある、ということである。

西欧における古典的な建築家という職能は、施主と施工者（建設業者）の間にあって、基本的には施主の利益を代弁する職能である。医者、弁護士などとともにプロフェッションとされるのは、命、財産に関わる職能だからである。その根拠は西欧世界においては神への告白（プロフェス）である。あるいは市民社会の論理である。世界で最初に建築家の職能団体として設立されたＲＩＢＡ（王立英国建築家協会）の設立目的は、簡潔かつわかりやすい。

①市民建築（シビル・アーキテクチャー）の全般的な発展・振興をはかる。

②建築に関連する人文科学と自然科学の知識の獲得を促進する。建築は市民の日常生活の利便性を向上させるものであるとともに都市の改善や美化にも大いに貢献するものである。したがって、文明国において建築は芸術として尊重されかつ奨励されるものである。

ここで、文明や芸術を言う前に、建築がシビル・アーキテクチャー（市民建築）とされていること、都市の改善や美化に関連づけられていることに留意すべきである。タウンアーキテクトの根拠もここに既に示されているのである。

日本にも明治以降建築家の概念が移植されたが、根付いてこなかったという歴史がある。また、本来の役割を果たしてきたかは疑問なのである。

タウンアーキテクトの原型

タウンアーキテクトは、では一体何をするのか。まちづくりのどういう仕組みに位置づけられるのであろうか。

誰が景観をつくるかといえば、誰もがである。無数の個々の活動が積み重なって地域の景観は成立している。地域の景観は、個々の建築行為を支える法的、経済的、社会的仕組みの表現であり、地域住民の集団的歴史的作品である。

個々の建築行為は、建築基準法や都市計画法などによって、建物の高さや、容積率、建蔽率、などがゾーニング（用途地域制）に従って規制されており、建築主事の「確認」が必要とされる。単純化すれば、この「確認」に鍵がある。

建築活動には一定のルールが必要である。法規制はひとつのルールであるが、建築基準法は、建造物の安全性に関わる規定（構造強度、防火性能、など）が主で景観とは必ずしも関係ない。

情けないことに、建築基準法はザル法といわれ、建築行為に関わる諸規定（容積率、建蔽率、接道義務など）が遵守されず、自治体の建築指導課は、違反建築を取り締まるのに精一杯という実態があり、そのことを含めて、日本ほど建築の自由な国はないといわれる。すなわち、建築基準法など法制度さえ守っていれば、何を建てるのも自由である。

各自治体が景観条例などを制定しても、私権を優先する法体系が確固としてある。そうした意味では、景観法による法的拘束力の強化は、大いに評価できる。しかし、おそらく問題は一歩も先に進んだことにはならないであろう。どのような景観をつくり出すのかについて、何らかの基準を一律に予め設定することは不可能に近いからである。

赤い色は駄目だといっても、お稲荷さんの鳥居の色は緑に映える。曲線は駄目といっても、自然界は曲線に充ちている。同じまちでも、旧市街と新たに開発された地区とでは景観は異なるし、地区ごとに固有の貌があっていい。勾配屋根を義務づければ、勾配屋根でありさえあれば周辺の環境にいかに不釣り合いでも許可せざるを得ないだろう。基準、規定とはそういうものである。

ヴァナキュラー（土着的）な集落が結晶のように美しいのは、使用する建築材料や、構法などに一定の生産システムやルールがあったからである。産業化の論理が拡大浸透することによってそうしたシステムやルールが解体される中で、どのような景観創出のシステムを再構築するのかが問われている。全ての原点は、個々の建築行為のそれぞれが地区の景観創出に資するかどうかを問うことである。

飛躍を恐れず言うと、個々の建築行為を確認する、地域の建築事情に最も明るい建築主事がそれを判断し、誘導すればいいのではないか、というのがタウンアーキテクト制発想の原点であった。全国におよそ一八〇〇人いる建築主事が、あるいは約二五〇〇の自治体に一人ずつのタウンアーキテクトが、景観創出に責任をもつのである。

デザイン・レビュー制度

ところが、建築主事には、法律に基づく処理能力はあっても、とてもデザインを指導する能力がない、という。それでは、それなりのセンスをもった専門家あるいはそのグループにその役割を委嘱すればいいのではないか。大都市の場合、とても一人というわけにはいかないだろうから、一万人から数万人のコミュニティ・アーキテクトが地区ごとにその景観を誘導していく。本来、各自治体に設けられている景観審議会は、そうした役割を果たすべきであるし、景観アドヴァイザー制度やコンサルタント派遣制度、景観パトロール制度などを実質化すればいいのである。

タウンアーキテクトの第一の役割は、個々の建築行為に対して的確な誘導を行うことである。またそのために、担当する町や地区の景観特性を把握し、持続的に記録することである。また、景観行政に関わる情報公開を行うことである。さらに、公共建築の設計者選定などの場合には、ワークショップなど様々な公開の場を組織することである。場合によっては、個別プロジェクトについてマスター・アーキテクトとして、デザイン・コーディネートを行うことである。『裸の建築家――タウンアーキテクト論序説』には、タウンアーキテクトのイメージや仕事について想像たくましく書いた。問題は、タウンアーキテクトの権限、任期、報酬などがどう保障されるかである。

タウンアーキテクト制の構想を公表したのは二〇〇〇年のことであるが、よく似た発想の制度が一九九九年にイギリスに生まれていたことをその後知った。建築環境委員会（CABE）という。[20]文化・スポーツ・メディア省（DCMS）と地域社会・地方自治省（DCLG）がサポートする法定の行政機関である。

CABEは、建築環境の設計、運営、維持管理の質の改善をうたい、研究、教育、啓蒙、出版など多彩な活動を行うが、活動の中心はデザイン・レビューである。地域にとって重要なプロジェクトを取り上げ、その設計計画案をCABEのデザイン・レビュー委員会が第三者として評価し、改善のための助言を行うのである。

デザイン・レビュー委員会は約三〇名からなり、プロジェクトに合わせて数名が招集される。レビューの候補は、CABEの地域担当スタッフがリストアップする場合や地方自治体によって持ち込まれる場合など様々あるが、まず、スタッフによって現地調査と事業者へのヒヤリングが行われて資料が用意される。デザイン・レビューそのものは、図面と模型によるプレゼンテーションをもとに行われる。CABEは、本書で考えてきたタウンアーキテクト制とほぼ重なり合う。

CABEのような機関が日本にもできていれば、東京オリンピック二〇二〇のための新国立競技場やその他の施設のデザインについて広範な議論が可能になったと思われるが、デザインに対する彼我の厚みの違いということであろう。ＣＡＢＥのデザイン・レビューについては、国交省の「良好な景観形成のための建築のあり方検討委員会」（山本理顕座長）で一年かけて検討したが具体化する意義と価値はある。かつてのアーバン・アーキテクト制の蘇生であったが、東日本大震災後、その仕組みが最も必要とされているにも関わらず、その後の動きはない。

京都コミュニティ・デザイン・リーグの活動

しかし、制度があろうがなかろうが、景観形成は日々の個々の活動の積み重ねである。誰もがアーキテクトであり、やれることはある。

京都コミュニティ・デザイン・リーグ（ＣＤＬ）の六年間（二〇〇一〜二〇〇六）の試行は大いに参考になると思う。その活動の全体は、京都ＣＤＬの機関紙『京都げのむ』No. 1（二〇〇一年一〇月）〜No. 6（二〇〇六年五月）に記録されている（図68）。

京都ＣＤＬのうたい文句を並べれば以下のようだ。

○京都ＣＤＬは、京都で学ぶ学生たちを中心とするチームによって編成されるグループです。

○京都ＣＤＬは、京都のまちづくりのお手伝いをするグループです。

図68●京都 CDL 機関紙『京都げのむ』

○京都CDLは、京都のまちについて様々な角度から調査し、記録します。
○京都CDLは、身近な環境について診断を行い、具体的な提案を行います。
○京都CDLは、その内容・結果（試合結果）を文書（ホームページ・会誌）で一般公開します。
○京都CDLは、継続的に、鍛錬（調査・分析）実戦（提案・提案の競技）を行うグループです。
○京都CDLは、まちの中に入り、まちと共にあり、豊かなまちのくらしをめざすグループです。

京都CDLは、当初一四大学二四チームで出発した。各チームは代表（監督）および幹事（ヘッドコーチ）と選手からなる。要するに大学の野球やラグビー、サッカー、アメフトなどのリーグを組織のモデルとした。監督と幹事からなる運営委員会と事務局によって運営され、コミッショナーに広原盛明、運営委員長に渡辺菊真、事務局長に布野修司という陣容体制での出発であった。

京都市全域（上、中、下京区など全一一区）を四二地区に分け、各チームは大学周辺ともう一地区、あるいは中心部一地区と周辺部一地区の二地区を担当する。ベースとしたのは元学区、国勢調査の統計区である。約二〇〇区を平均四統計区ずつに分けたことになる（図69）。

「学生」を誰もがそうでありうる「建築家＝アーキテクト」に入れ替えれば、そのまま「タウンアーキテクト」の理念となる。当初の具体的な活動は以下のようであった。

①各チームが、毎年、それぞれ担当地区を歩いて記録する。②年に二度、春夏に集まって、それを報告する。

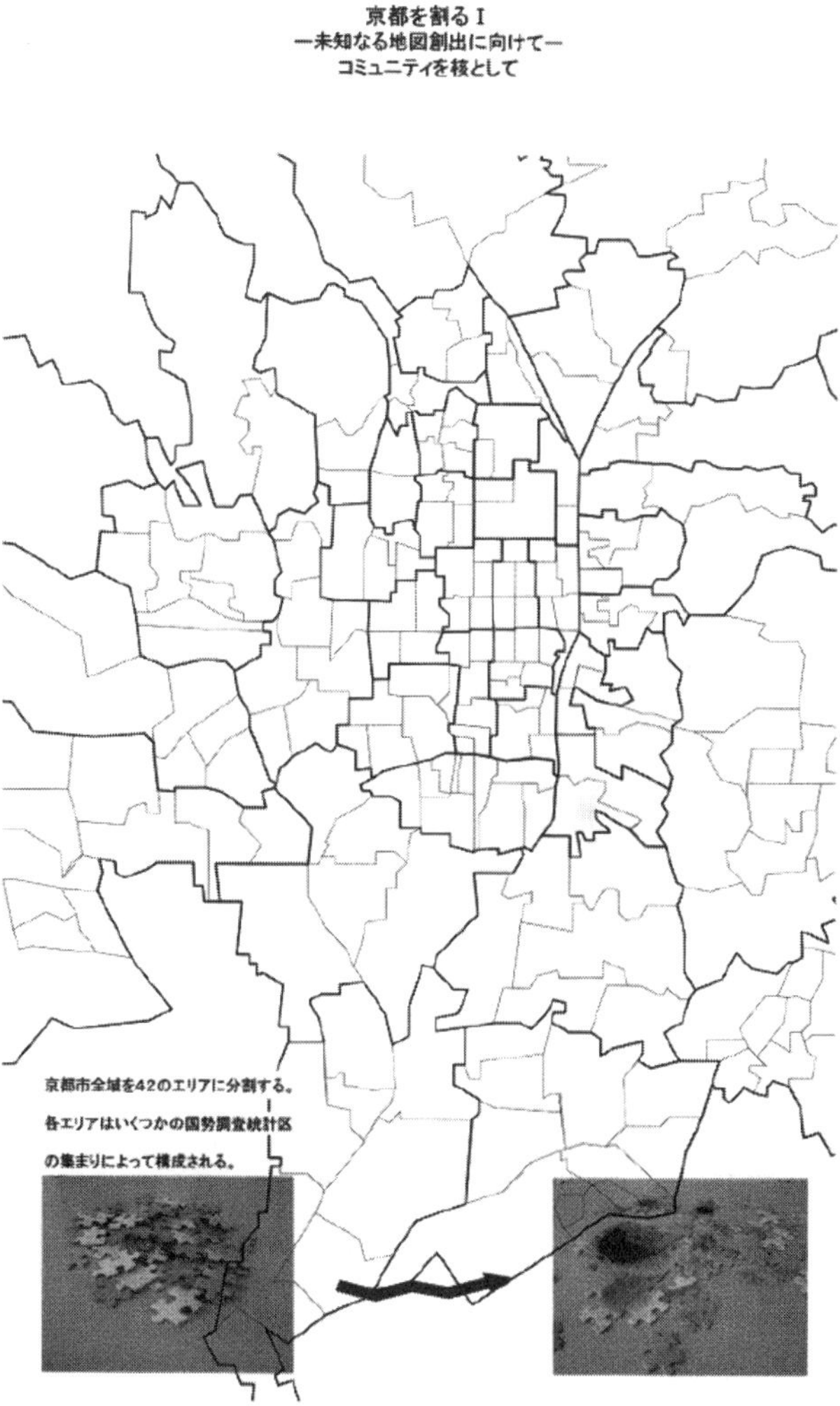

図69●京都 CDL 地区割

基本的にこれだけである。具体的には以下のようだ。

A　地区カルテの作製：担当地区について年に一回調査を行い記録する。その際、共通のフォーマットを用いる。例えば、1/2500の白地図に建物の種類、構造、階数、その他を記入し、写真撮影を行う。また、地区の問題点などを一枚にまとめる。このデータは地理情報システムGISなどの利用によって、各チームが共有する。また、市民にインターネットを通じて公開する。

B　地区診断および提案：Aをもとに各チームは地区についての診断あるいは提案をまとめる。

C　報告会・シンポジウムの開催：年に二度（四月・一〇月）集まり、議論する（四月は提案の発表、一〇月は調査及び分析の報告を行う予定）。

D　一日大行進京都断面調査の実施：年に一日全チームが集って京都の横断面を歩いて議論する。初年度は、八坂神社から松尾大社まで四条通りを歩いた。二〇〇二年は下鴨神社から鴨川を桂川の合流点まで歩いた。二〇〇三年は、平安京の北東端から南西端まで襷掛けに歩いた。二〇〇四年は、かつての朱雀大路を北から南へ再び縦に歩いた。二〇〇五年は、洛中の周辺をぐるりと歩いた。

E　まちづくりの実践：それぞれの関係性の中で具体的な提案、実践活動を展開する。始めてすぐに、

F　地区ビデオコンテスト

というのが加わった。若い世代には映像表現の方がわかりやすいということである。

そして、活動を記録するメディアとして機関誌G『京都げのむ』が創刊された。

あくまでもシミュレーションに過ぎないが、これらの活動を通じて、タウンアーキテクトの有効性についてかなりの手応えを感じることができた。京都であれば、一一区それぞれにタウンアーキテクトが張りつけば相当きめ細かい景観創出の試みが可能である。

タウンアーキテクトは、自治体と地域住民のまちづくりを媒介する役割をもつ。そして、まちづくりは、そのまちに住む人々の生活全てに関わる。タウンアーキテクトの仕事は、景観の問題や都市計画の問題に限定され、閉じるわけではない。景観の問題は、地域の生活環境の全体の問題であることは、本書で繰り返し触れてきたところである。タウンアーキテクトの仕事を包括するのがコミュニティ・アーキテクトの仕事である。

近江環人（コミュニティ・アーキテクト）

京都CDLの活動は、活動資金の問題が大きいが、自治体の仕組みの中に位置づけることがうまくいかず頓挫することになった。僕は、二〇〇五年に拠点を彦根（滋賀県）に移したのに伴い、新たな職場である滋賀県立大学で引き続いて日本のタウンアーキテクトのあり方を模索することになった。その中で、新たな仲間とともに「近江環人（コミュニティ・アーキテクト）地域再生学座」という教育プログラム（内閣府「地域再生のための人材育成プログラム」）を始めることになるのである。

このプログラムでは、「地域診断からまちづくりまでを一貫して担う人材」を「コミュニティ・アーキテクト」と呼び、「近江商人」になぞらえて「近江環人」と呼ぶ。「環」は環境の「環」であり、ネットワークの「環」である。大学の学則にコミュニティ・アーキテクトという言葉がすぐさま取り入れられたのにはびっくりしたが、それだけコミュニティ・アーキテクトという存在の必要性がかなり広範に共有されているということである。

地域には地域の課題がある。少子高齢社会となって、今後日本の人口は減少していくことになるが、全国で滋賀県だけは増加するという。京阪神への通勤者が転入することが予測されるのである。しかし、それは県南の県庁所在地大津を中心とした地域のことであって、県北では過疎化が進行し、「限界集落」も少なくない。滋賀県の「南北問題」である。嘉田由紀子前知事が、新幹線駅（栗東駅）の新設を「もったいない」と訴えて当選したのは、開発拡大成長路線ではどうしようもない現実があるからである。

滋賀県には琵琶湖があり、世界有数の古代湖として、貴重な生物が生息してきた。ところが、その多くが次々に絶滅危惧種に指定されつつある。環境問題は近江（滋賀）の大テーマである。また、琵琶湖は近畿の水瓶であり、淀川水系の治水・利水問題の要でもある。県内にダム問題も抱える。

滋賀県立大学では、大学院の教育プログラムである「近江環人（コミュニティ・アーキテクト）地域再生学座」の開設に先駆けて、「地域に根ざし、地域に学ぶ」をスローガンに学生が地域活動に取り組む「スチューデント・ファーム近江楽座」というプログラム（文部科学省の「現代的教育ニーズ取組支援プログラム」）を通じて、地域の様々な課題に取り組んできた。

キャンパスそのものがまずフィールドである。省資源、省エネルギー、自然共生（ビオトープ）、地産地消など環境への負荷の低減、循環型社会実現のための取組みの基地として、木工作業所「もくれん」、古民家の蔵を移築活用したエコハウスがある。そして、近江八幡にはNPO法人エコ村ネットワーキング、株式会社地球の芽による小舟木エコ村がある。「湖国菜の花エコ・プロジェクト」は、環境に配慮したバイオディーゼル燃料の可能性を追求してきたが、これには学生たちも参加する。倉を学生たちのシェアハウスに改造する「豊郷改蔵プロジェクト」といったプロジェクトもある。

こうしてあげていけば、地域それぞれ数多くのコミュニティ・アーキテクトのテーマがある。固有の課題を固有の方法で解くのがコミュニティ・アーキテクトの手腕である。そして、こうした地域再生の試みは、全国で多様に展開されつつあり、数多くのコミュニティ・アーキテクトが既に活躍しつつある。

ディテールから

タウンアーキテクトの仕事がコミュニティ・アーキテクトの仕事に広がっていく、あるいは包括されるということを確認したうえで、景観について何をすればいいのか、何から始めればいいのかを考えたい。

景観に関わる法的枠組みは景観法によって一応用意されたのであるが、その枠組みに従えばいいということではない。第一、法律は「こうしなさい」と書いているわけではない。「するならこうですよ」「こういうことはできますよ」というだけである。

景観法は、まちづくり協議会や景観整備機構といった組織の設置を認めており、それを活用することはできるが、誰がどうやって何を始めるのかは自治体や地域住民に委ねられている。上で触れたように、行政主導のプロセスとして想定されているのは、まず、自治体が景観行政団体となり、景観計画を立案することである。その上で景観地区、準景観地区を定め、景観協定などを定めることである。

行政主導の景観計画については、既に多くのマニュアルもあるし、多くの自治体が景観行政団体として名乗りを上げつつある。それぞれの自治体が独自の取り組みを競うことが求められている。しかし、成果が議論されるにはもう少し時間がかかる。何しろ、景観計画は少なくとも百年の計である。

しかし、全体的に上からコントロールしたり、指針をつくったり、マニュアルができたということで、必ずしも日本の景観が「よくなる」(変わる)わけではない。問題が合意形成であることは、様々な事例が示している。この状況は、景観法施行以降も変わったわけではない。法的拘束力をもった景観計画が成立しているかどうかが問題であり、私権を制限するルールを他から強いるのは容易ではない。

ただ、「風景戦争」が勃発してからでは遅い。だからこそ、日常的に地域のことを考えるタウンアーキテクトの存在が必要なのである。くどいほど述べてきたが、報告書やマニュアル、提案だけ立派でも仕方がない。まず、誰もが建築家であるという原点に立ち返って考えることである。景観形成の主体は、いうまでもなく、市民であり、住民である。行政、あるいはタウンアーキテクトの役割は大きいのであるが、住民の参加は不可欠である。また、住民こそが主体となり、イニシアティブをとるべきである。

一般的に市民参加型の景観づくりの組織体として、まちづくり協議会のようなシステムが必要となる。景観の問題のみならず、これからまちを活性化するためにどうするのかという議論を重ねながらまちづくりをする。まちづくり協議会の形態はそれこそ多様でいい。その形態のユニークさが地域に固有な景観をつくり出す鍵になるだろう。大切なのは、システムの透明性であり、公開性である。決定のプロセスが公開されていれば、常にチェックが可能である。どんな仕組みをとるにせよ、公開性をもった試行錯誤が積み重ねられて多様な仕組みができるであろう。

出発点は、身近なこと、小さなこと、ディテールからである。

例えば、「街並み景観として自動販売機やクーラーの室外機、看板が気になる」といったこと、どんな小さなことでもどんどん知恵と工夫を出せばいい。住民ができることは、やはり身近な問題なのである。できることは、もしかすると家の前を掃除することかもしれないし、花壇をつくったりすることかもしれない。とにかく自分でできる身近なことからというのが出発点である。景観法に基づく景観計画にしても、小さなことを各都市で様々にゲリラ的に展開したほうがいい。

この間、イスラーム都市について考えている。実際、イスラーム圏のいくつかの都市について臨地調査も行って『ムガル都市――イスラーム都市の空間変容』（布野修司・山根周 2008）という本も書いた。都市計画や景観計画のモデルはヨーロッパだけではない。アラブのイスラーム都市にも学ぶべきことがある。一言で言えば、「ディテールから」という原理である。予め全体計画（マスタープラン）として立案される都市計画の伝統とは異なった伝統がイスラームにはある。『ムガル都市』にかなり詳細に書いたので省略するが、要点は二つである。

ひとつは、相隣関係に関する細かな規定が積み重なって街ができあがっていることである。イスラームが専ら関心を集中するのは、身近な居住地、街区のあり方である。道路の幅はラクダが通れる範囲かとか、ラクダに人間が乗るから、何メーター以下のものをつくってはいけないとか、そういった細かいディテールについてイスラーム法（シャリーア）や様々な判例がある。日本にももちろん民法あるいは建築基準法上の規定はあるが、イスラームの方がより細やかである。白紙の上に線を引くような規定ではないのである。上からコントロールするのではなく、身近なルールを積み上げるそういったまちづくりのあり方が模索されるべきである。相隣関係のあり方が鍵である。

もうひとつは、ワクフという寄進制度である。イスラームには、自ら得た富を街に還元(寄付)する教えがある。モスクやマドラサ(学校)など主要な都市施設は、一般的にワクフ財によって建設されるのが一般的である。これは特殊なことではなく、日本でも社寺仏閣に寄進の仕組みはある。まちづくりには本来こうした制度が不可欠である。

議論をいくら積み重ねても、お金が無ければある段階から先へは進めない。何でもそうであるが、どうしても財政的な裏づけが必要となる。自治体の財源、財政の問題となるが、地方財政には限りがある。そうした状況の中で、景観基金制度というような仕組みを考えられないかと思って『裸の建築家』にも書いた。「景観を壊すな!　マンション建設反対!」というけれど、先立つものがない、景観問題に口は出すけれど、金は出さない、というのではどうにも動きがとれないのである。補助金や他人のお金を当てにするだけでは消極的である。

景観基金制度ができても、まちの全体をカヴァーしようとするとどうしても効果が薄くなる。ターゲットを絞って、戦略的に施策を展開するべきだろう。優先順位を決めて順番に基金を回転させていく、そんな仕組みが各都市にできればいい。場合によると、ナショナル・トラスト的な形も必要になるかもしれない。ここでも、多様な基金集めのやり方が問われるであろう。また、小さなお金をいかに有効に効果的に使うか、その創意工夫が問われるであろう。

お金の話で締めくくるのは本意ではないが、言いたいのは、「景観で飯が食える」世界のほうが、「景観」を売り飛ばす世界より、遥かに豊かで健全ではないか、ということである。

結章……………風景創生

本書では、景観をめぐる争いの本質と、すぐれた景観を形成するための作法について考えてきた。ここで、本書の冒頭であげた東日本大震災後の東北地方の風景と復興計画に話を戻そう。被災地にどのような風景が創生されるかは本書のテーマそのものに関わる。

大災害は、それが襲った社会・地域の拠って立つ基盤（インフラストラクチャー、社会経済政治文化の構造）を露わにする。東日本大震災後のエネルギー、資源、人材の不足は日本列島全体に影響を及ぼし、日本がいかに東北地方に依存してきたかを明らかにした。また、東北地方は既に日本の少子高齢化がいきつく地域社会の姿を表してきたが、東日本大震災によって失われた人口によって、従来の人口予測が想定してきた二〇五〇年の状況がいきなり現実のものとなった。復旧復興支援は、日本全体の問題であり、東北各地の復興を考えることは、そのまま日本各地の地域社会の創生を考えることである。

番屋・会所・みんなの家

二〇一一年三月一一日一四時四六分、たまたま彦根の自宅にいて国会中継をみていた。国会が揺れて大騒ぎになり、少し間を置いて彦根も揺れた。続いて仙台の若林区を襲う津波の映像が流れ、画面に釘付けになった。迫りくる津波に気づかず走る車に息を飲んだ。

その時ありありと思いだされたのは、二〇〇四年一二月二六日、スリランカのゴールにいてインド洋大津波に遭遇、危うく命拾いをしたときのことだった。気がつくとバスや車、そして船が転がっていた。自分がいた周辺で亡くなった人は五〇〇人にのぼったという。その時に思わず書き留めたメモがある。(1)

一瞬に召された命数知れずああ大津波神のみが知る
転がった列車の中から幼児が生還名前名乗るも住所を知らず
高波が襲ったという人の声あるわけないよこの晴天に

城壁に人が連なり海を見る氷のように一言も無し
道端に座り込んでいる母子の眼宙を彷徨い震えるのみ
気がつくと昨日撮った橋がない津波に飲まれ跡形も無し
気がつけばクリケット場に舟浮かぶフェンス破ってバスもろともに
口々に逃げろと叫ぶ声空し迫り来る二波後ろに気づかず
シュルシュルと獲物を狙う蛇のよう運河を登る津波の早さよ
大車横転後転繰り返す押し流されて皆スクラップ
大津波バスを転がし押し流すビルに突っ込みようやく止まる

東日本大震災は、まさに悪夢の再現であった。

京都大学の布野研究室出身で仙台に住む宮城大学の竹内泰准教授と連絡が取れたのは発災二日後のことであった。電子メールそして一ヶ月前に始めていたフェイスブック（Facebook）が強力なメディアとなった。竹内泰からは毎日のように報告が送られてきた。都市別、建物種別、地区別に被災状況が実に的確でよくわかった。実は、竹内泰とは二〇〇九年九月に起こった西スマトラ沖地震の際に、ユネスコ・ジャカルタ事務所および東京文化財研究所の要請で被害調査に一緒に参加して、調査報告書をまとめ復興計画について議論を重ねていたところであった。(2)

この未曾有の状況に対して何ができるのか。レポートを受けとり続ける誰もが考えた。そしてどこか具体的に支援する場所を決めよう、ということになった。

竹内泰がまず支援しようと考えたのは、南三陸町の志津川地区だった。竹内泰研究室に所属している工藤茂樹君の実家がある、漁業の町である。現地の方々の希望は、志津川地区の復興のためには、まず漁港を逸早く復興したい、そのためにはたとえ仮設でも漁師が集まる番屋が欲しいというものであった。

「生活の復興と産業の復興は同時。仮設住宅だけでなく、仮設産業施設も必要」というスローガンのもと、「番屋プロジェクト」が始まった。すぐさま呼応したのが東京理科大学の宇野求教授と滋賀県立大学をはじめ多くの大学の学生たちである。千葉大学の安藤正雄教授（現・東京大学特任教授）と僕は四半世紀続けている「木匠塾」の本拠地、加子母（中津川市）に資材提供を頼み込んだ。中島工務店の中島紀于社長に快く引き受けていただいて、五月の連休中に、学生たちがかけつけて、とりあえず組み立てあげることができた（図70）。

竹内泰のグループは、引き続いて東松島、気仙沼市唐桑などに漁業関連の番屋を建設していった。その活動に呼応しながら、滋賀県立大学の学生たちは独自に「木興プロジェクト」を立ち上げ、NPO法人環人ネット（コミュニティ・アーキテクト・ネットワーク）と連携しながら南三陸町田浦に番屋を建設した。滋賀県立大学の陶器浩一教授・永井拓生助教のグループもまた逸早く動いた。建築家と

図70●番屋
上：南三陸町志津川　下：南三陸町田の浦

図71●浜の会所（気仙沼大谷）

しての仕事上の付き合いが深かった、気仙沼本吉町大谷の高橋工業・高橋和也さんの支援に向かい、とにかく集まる場所が欲しいという要請にこたえて建設したのが「竹の会所」である。そして、その支援活動は「浜の会所」へと引き継がれた（図71）。

このように、東日本大震災の発災直後から復旧復興支援の活動に立ち上がった建築家たちは少なくない。伊東豊雄、山本理顕、妹島和世といった国際的に有名な建築家たちによる「みんなの家」（仙台市宮城野区、釜石、東松島、陸前高田、岩沼など）がその象徴である。

津波は全てを一瞬にして押し流し、二万人にも及ぶ命を奪った。住む場所も集まる場所もない、とにかく集まれる場所をつくろう、番屋、会所、みんなの家は、復旧復興の拠点となることを目指した。

戦後の原風景

戦後の出発点において、日本の大都市、東京、大阪、そして広島、長崎は焼野原であった。戦後の日本は焼け跡と廃墟からの出発であった。しかし東日本大震災、とりわけ千年に一度という大津波は、この日本の戦後の歩みを一瞬にして洗い流してしまった。東北沿岸部の茫漠たる風景は、一方で日本の原風景を剥き出しにしているようにも見える。否応無く、日本の風景をその原初に遡って考えさせられる。

ゼロからの出発であるように見えるかもしれない。しかし、果たしてそうだろうか。

戦後、日本列島の景観は、本書で述べたように（第3章1）、第三の景観層から第四の景観層へ変わっていくことになるが、その出発点において出現していたのは、混沌たる風景である。戦後まもなく、日本の大都市、東京は、バラックで覆われた。豪舎をはじめとして人々はありとあらゆるところへ住み着いた。至るところに露店が並び、闇市が建った（図72）。

番屋、会所、みんなの家の多様な出現は、戦後まもなく、それぞれがそれぞれの創意工夫によって無数に建てた仮小屋群の出現とよく似ている。しかし、東日本大震災後の場合、全体として活気がな

写真提供：Everett Collection／アフロ

図72●戦後、バラックが立ち並ぶ東京（1945 年 9 月）

く、そもそも動きがない。

ひとつには、制度的な縛りがきつい、ということがある。番屋の建設ひとつとっても、建築確認申請のめんどうくさい手続きがあくまで必要であり、仮設建築に限って確認するという回答を得るまでにかなりの時間を要した。番屋のいくつかは、復興計画の邪魔になるということで移動を余儀なくされ、中には解体されたものもある。

巨大災害の場合、建築基準法に基づいて、無秩序なまちづくりを防ぐため最大二ヶ月間の規制をかけることができる（八四条）。建築主事がいる都道府県などが主導し、期間中に自治体が復興の都市計画を立てるというのがその目的である。しかし二ヶ月というのはあまりに短い。そして、計画が立てられてもそれが実施されるまでに長い月日を要す。東日本大震災は被害が甚大で二ヶ月では短いとして、特例法で最大八ヶ月とされたが、いずれにせよ、千年を見通す計画が短期間にできるわけはない。

巨大災害後の応急仮設住宅の供給、仮設住宅団地の計画については、入居者選定が機械的で地域社会が分断されたり、集会所や店舗など日常生活のために必要な施設が建設されなかったりといった様々な問題が指摘されてきているが、第一の壁となるのが、無秩序なまちづくりを防ぐための建築制限である。茫漠たる被災地は、最初から大災害を防ぐ巨大な壁と建築制限という巨大な壁の間に広がっているのである。

阪神・淡路大震災の経験を都市や集落の防災・減災、そして復興に生かすため一九九九年に結成された仮設市街地研究会(3)は、仮設市街地を災害発生後すぐさま建設すべきだと主張し続けている。大都市でも地方でも、災害に襲われた場合には、なるべく元の場所やその近くに復興の基地となる「仮設のまち(仮設市街地)」をつくって復興に取り組むべきだ。仮設住宅は単に食べて寝ることさえできればいいものではない。復興までの期間を互いに助け合って暮らしながら、復興の考えを協議していくことが必要である、というのはごく当然の主張である。

しかし、東日本大震災後の被災地は、戦後まもなく無数の仮小屋が焼野原を埋め尽くしたようにはならなかった。国家が建築制限という強大な壁を築いたからであるが、それだけではない。どう復興

写真提供：TEPCO／Gamma／アフロ

図73●爆発破損した福島第一原子力発電所4号機（2011年3月15日）

するかについて、被災者たちの間でも確たるヴィジョン、方向性が共有されていないからである。そして、それ以前に街そのものが生存していけるのかどうか必ずしも見通せないということがある。

焼野原の廃墟がバラックで埋め尽くされ、「人間くさく」なっていくことは、戦災を近代的都市計画実現のための絶好のチャンスと捉えた建築家や都市計画家にとっては不安の種であったが、焼野原となった白紙の上に描かれる（建設される）べき近代建築、近代都市計画の理想は自明のものとしてあり、過去を顧慮することなくその実現に向けて着実に歩を重ねていけばよかったのである。

「大津波に対処するためには、巨大な

防潮堤が必要である」「高台に移転する必要がある」、復興計画の指針はこの乱暴極まりないスローガンに最初から縛り付けられてしまった。その指針が共有されないのはもっともである。再び津波が来てもいい、自ら所有する土地で死にたいと、建築制限を破って住宅再建を行った老夫婦がいる。復興計画はこのような願いにどう答えればいいのだろう。

本書で考えてきたことをもとに改めて問おう。果たしてゼロからの出発か？　戦後まもなくの振り出しに戻ったのか？　そして、戦後日本が辿った道を再現すればいいのか？

東北地方が近代日本においてどのような役割を果たしてきたかを振り返る必要があるが、強調すれば、東日本大震災前において、少子高齢化の問題にしても、産業構造の問題にしても、エネルギー問題にしても、東北地方が日本社会のいきつく近い将来を示していたことである。

繰り返しになるが、東日本大震災で尊い命が失われることによって、東北地方の人口は一挙に二一世紀の半ばの状況に行き着いてしまった。東北再生のヴィジョンが戦後まもなくの復興ヴィジョンと同じでありうるはずはないのである。

ましてや「フクシマ」がある（図73）。

めざすべきは、原発のない日本の第六の景観層である。

自然の力・地域の力

一九九五年に近畿圏を襲った阪神淡路大震災の第一の教訓は、自然の力、すなわち、地域の生態バランスの重要性である。以下は、僕が阪神淡路大震災後に著した考察の一部である（「コミュニティ計画の可能性——阪神・淡路大震災の教訓」（布野修司 2000））。

いくつものビルが横転し、高速道路が捻り倒された。地震の力は強大であった。また、避難所生活を通じての不自由さは自然に依拠した生活基盤の大事さを思い知らせてくれた。水道の蛇口をひねればすぐ水が出る、スイッチをひねれば明かりが灯る。空調設備で室内気候は自由に制御できる。人工的に全ての環境をコントロールできる、というのは不遜な考えである。災害が起こる度に思い知らされるのは、自然の力を読み損なっていることである。山を削って土地をつくり、湿地に土地を盛って宅地にする。そして、海を埋め立てるという形で都市開発を行ってきたのであるが、そうしてできた居住地は本来人が住まなかった場所だ。災害を恐れるから人々はそういう場所には住んでこなかった。その歴史の知恵を忘れて、開発が進められてきた。

東日本大震災の場合もまた同じ教訓を噛みしめなければならない。否、同じでは駄目である。自然と人間の根源的な関係、地球環境についてのより深い洞察に至る必要がある。その必要性を究極的につきつけているのが「フクシマ」の風景である。

阪神淡路大震災の第二の教訓は、「地区の自立性」が不可欠だということである。また、ヴォランティアの役割の大切さである。続いて次のように書いた。

目の前で自宅が燃えているのを呆然とみているだけでなす術がないというのは、どうみてもおかしい。……防火にしろ、人命救助にしろ、うまく機能したのはコミュニティがしっかりしている地区であった。……自治体職員もまた被災者である。行政のみに依存する体質が有効に機能しないのは明らかである。問題は、自治の仕組みであり、地区の自立性である。

地区の自立性とともにそれを支えるネットワークも不可欠である。阪神淡路大震災ではヴォランティアの支援活動が復旧復興を大きく支援した。(4) 一九九五年は、ヴォランティア元年と呼ばれる。NPO(特定非営利活動法人)が制度化される大きな契機になったのも阪神淡路大震災の復興支援の活動である。

東日本大震災の場合、首長はじめ、自治体職員の相当多数が犠牲となったケースがある。「地区の自立性」を問う以前に、地区が拠って立つ基盤が津波に浚われてしまったところも少なくない。すなわち、地域社会の成員の少なからぬ命が失われたケースがある。それ自体、津波の想像を絶する巨大さを物語っている。

それでも、人命救助、瓦礫の撤去、物資の搬送等々、発災直後から被災地を支えたのはやはり地域のコミュニティ組織である。また、地域建設業など地場を支える産業組織である。そして、全国から支援のヴォランティアが復旧を支えたのも同じである。番屋、会所、みんなの家の建設支援もその一環である。

復興計画の風景像

さて、以上を確認した上で、東日本大震災以後の日本がどういう復興計画を立案したのか、すなわち、どのような国土の風景をつくりだそうとしているのかを問おう。

全面的に復興計画の主題、目的とされるのは防災であり、国土の強靭化である。空前の大災害を経験したが故に、防災計画、安全と安心のまちづくり計画が被災地のみならず全国で大きなテーマとなるのは当然である。

国土の強靭化の方向として目指されるのは、第一に災害時にも強いインフラストラクチャーの整備強化である。東日本大震災において国土交通省東北地方整備局のいわゆる「櫛の歯作戦(5)」は災害救助、復旧に絶大な成果をあげたことで評価が高い。阪神淡路大震災の場合、鉄道、高速道路、新幹線といった交通インフラがわずか幅一キロの間に東西のみに走っていて迂回路をもたない問題点が指摘された。これによって浮き彫りになった「多極分散構造」（代替システム、重層システム）の必要性は、阪神淡路大震災で得られた第三の教訓である。

このレヴェルの国土強靭化は、国土の基幹構造の強化、一極集中型のネットワークの弱点克服の課題である。エネルギー供給の単位、システムについても、多核分散型のネットワークと地区の自立性が必要である、ということである。ガス、ディーゼル、電気の併用、井戸の分散配置など、また情報システムについても多様、多重のネットワークが必要である。

東日本大震災が露わにしたのは、エネルギー供給にしても、産業立地にしても、東京一極集中のネットワーク・システムができあがってしまっているということである。東京圏に電力を供給していた福島の原子力発電所はまさにその象徴であった。

強靭化とはレジリエンスの訳語という(6)。レジリエンスとは、「復元力」「回復力」「弾力」などと訳されるのが一般的で、近年は特に「困難な状況にも関わらず、しなやかに適応して生き延びる力」という心理学的な意味で使われることばでもある。まさに、日本の国土計画として、レジリエントであることはキーワードとなる。

しかし、何故かレジリエンスは強靭化と訳されて、別の意味合いを帯びて復興計画の指針とされる。

その直接的な表現が巨大な防潮堤の建設であり、高台移転である。三陸海岸は、明治以降、三度も大津波を経験してきた。それ故、それなりの対策が講じられてきた。実際、防潮堤の建設に巨額の税金が投じられてきたし、防災訓練も行われてきた。それにも関わらず大惨事となったのである。何が問題であったのか。これについての深い洞察なくして復興計画はありえないはずなのに、単純にこれまでと同じ対処を繰り返すこれらの対策は実に安易であるといわざるを得ない。

日本列島の太平洋沿岸全てに巨大な防潮堤を建てることが現実的でないのと同様に、津波被害が予想される区域を全て居住制限地区とし、全て高台に移転するというのも現実的ではない。

それにも関わらず、震災直後に逸早く出された復興計画のイメージは、防潮堤とともに、都市全体、地区全体の地盤面を高くする立体街区の提案であった。

実際に立案された復興計画案をみると、さすがに立体街区一辺倒の案はないが、ほとんどが、防潮堤と高台移転、そして嵩上げを前提とするものである。復興計画の概念パターンは、例えば、岩手県の場合、回避型（宅地造成・高台移転）、分散型（防災施設の分散配置、嵩上げ・高所移転の組合せ）、抑制型（防潮堤の建設、鉄道、高速道路、嵩上げによる多重防御）の三つである。いずれも津波エネルギーにどう対処するかという観点からの分類である。また、宮城県の場合、三陸地域、石巻・女川地域、仙台湾南部地域に分けて示されるが、高台移転、多重防御、職住分離の三つが基本方針である。

しかし、鉄則とすべきはどんな強大な自然災害であれ、「人命が失われない」ということである。

高齢者や障害者、避難のために介助の必要な人たちも含めて、逃げられることを第一原理として復興計画を立案すべきであることは言うまでもないだろう。千年に一度にせよなんにせよ、大津波を工学的に押さえ込もうとするのは誤りである。防潮堤建設などの人工的手立てによって百パーセント安全というわけにはいかないことははっきりしている。地球の力、宇宙の力は、人の力よりもはるかに強大である。

滋賀県立大学のグループが支援に入り、「竹の会所」「浜の会所」を建設した気仙沼本吉町大谷地区に、同じように高橋工業・高橋和也さんとの仕事の縁で支援に入った建築家たちがいる。日建設計の羽鳥達也たちのグループ（日建設計ボランティア部）で、彼らが行ったのは、過去の津波の履歴を重ね合わせ、浸水危険性のある地区を示し、安全な場所へ移動するための所要時間示す一枚の地図を地域住民とともに作製することであった。「逃げ地図（避難地形時間地図）」と呼ばれるが、全ての復興計画の前提とすべき作業であろう（図74）。

この「逃げ地図」の作製ワークショップは、地域の環境を防災という観点から見直す機会として重要である。そして、あらゆる計画立案のための強力な武器になる。実際、避難シミュレーションのソフトが開発され、カーナビや地理情報システムとして応用され始めている。被災地のみならず防災計画策定のために各地に広がりつつある。

羽鳥達也たちのグループの大谷地区の復興計画に関するスタディによれば、近道整備案だと三五〇

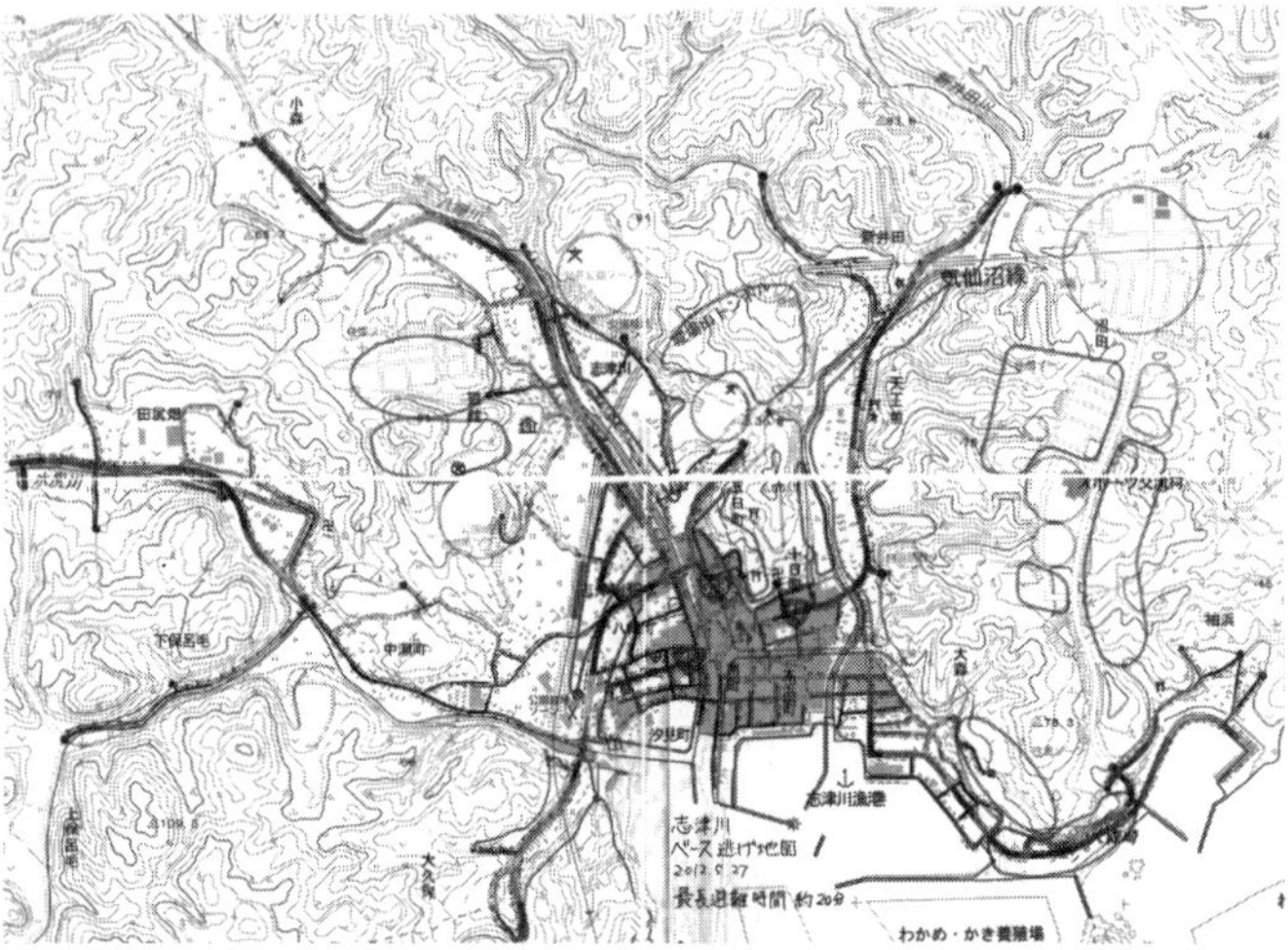

作成：羽鳥達也

図74●逃げ地図（気仙沼本吉町大谷地区）

○万円で三〜六ヶ月、バイパス整備案で七五〇億円、二〜三年、避難タワー案で一三億円、三〜五年、丘案で三五億円、三〜五年かかる。それらを組み合わせた案が一例として提示されるが、いずれにせよ、避難できる、人命が失われないことを前提にしており、防潮堤の建設よりも費用対効果は大きい。しかし、現実には防潮堤が建設されつつある（図75）。防潮堤の建設を受け入れないと、漁港の復興事業を行わないというのが国県の方針である。

今、東日本大震災の復興計画の目指すところはなにかを冷静に考えてみる必要がある。こうした復興計画の概念モデルは、果たして日本の景観の新たな層を形成することになるのであろうか。

写真提供：竹内泰

図75●上：震災遺構（女川町）　下：盛土嵩上げ施工状況（陸前高田）

前章で景観のレヴェルを分けたが、レヴェル3〜5をつなぐ景観計画が欲しい。復興計画がめざすべきは自然を封じ込めるのではなく、自然に寄り添うことであろう。そうした意味では、日本造園学会の『復興の風景像』（日本造園学会 2012）には大いに共感できる。生存・救済のための緑地、緊急避難地をわかりやすく伝える「高さ」の風景、津波の記憶の継承、被災農地の転用、防災施設の景観化、などがごく自然に提案されている。ベースになっているのは、I・マックハーグ（一九二〇〜二〇〇一）のエコロジカル・プランニングの方法である。その主著のタイトル「デザイン・ウイズ・ネイチャー」が出発点にある。(7)

復興計画の基本指針

本書で論じてきたことを踏まえれば、復興計画についての基本的な指針は以下のようになる。(8)

1　コミュニティ主体の復興計画

地域まちづくりの主体はコミュニティ（地域社会）である。安心・安全のためのまちづくりの基礎はコミュニティにある。災害発生後まもなくの緊急事態に対処する上で第一に拠り所になるのは、個々の地区における相互扶助活動である。それ故、復興計画の立案実施は、地域まちづくりの仕組みを再生し、持続可能なものとすることが基本となる。もちろん、復興計画を実現していくためには、国による最大限の支援が不可欠であり、内外の様々な支援機関、団体、ヴォランティアなどとの有機的な連携が必要である。しかし、国あるいは様々な支援機関は、必ずしも各コミュニティの事情や要求に細かく対応することができない。復興計画の主体として考えるべき第一は自治体であり、それを構成するコミュニティである。

2　参加による合意形成

復興計画で問われるのは地域における合意形成である。それ故、復興計画の立案、実施にあたっては地区住民の参加が不可欠である。復興のための全ての計画において必要なのは住民のまとまりであり、地域社会の安全・安心のために個々人が果たすべき役割が共有されなければ合意形成は困難である。国、自治体は計画にあたって合意形成に向けて柔軟に対応する必要があり、一方、コミュニティもまた合意形成を自ら行う役割を有している。

3　スモール・スケール・プロジェクト

復興計画のためには大きなヴィジョンが必要である。大きなヴィジョンと大規模なプロジェクトは同じではない。復興計画の立案、実施にあたって地区住民の参加を前提として合意形成するためには、また、身近な範囲できめ細かい復興、居住環境の改善をはかるためには、小規模プロジェクトを積み重ねるのが基本となる。もちろん、その前提となるのはしっかりした理念であり、中長期のパースペクティブである。

4　段階的アプローチ

問題は日々の生活であり、日々の復興である。すなわち、ステップ・バイ・ステップのアプローチが必要である。自力による仮設住宅建設、産業拠点建設、仮設の市街地建設はすぐさま必要な当然の行動であり、許容されていい。被災地では、様々な形で復興がなされつつあるが、個々の動きを段階ごとに、一定のルールの下に誘導していくことが望まれる。

5　地区の多様性の維持

地域には地域の、また同じ地域でも地区毎の歴史があり、個性がある。地域は、そこに住む住民の暮らしのあり方に従ってかたちをもっている。復興計画は、地域の、そして地区の歴史的、文化的固有性を尊重し、多様性を許容する方法で実施されるべきである。すなわち、被災地全体に、また、ひとつの市全体に画一的なやり方はなじまない。依拠すべきは、地域の自然生態系であり、その基盤の上に築き上げられてきた社会、経済、文化の歴史的複合体である。

6　街並み景観の再生：都市の歴史とその記憶の重要性

地区の固有性を維持していくために、歴史的文化遺産は大きな手がかりとなる。都市は歴史的な時間をかけて形成されるものであり、また、住民の一生にとっても町の雰囲気や景観は貴重な共有財産である。人々の記憶を大切にする再生をめざしたい。

7　コミュニティ・アーキテクト制の確立

復興地区計画のためには、地域住民の要望を聞いて、様々なアドヴァイスを行うまとめ役、自治体とコミュニティをつなぐ支援者（コミュニティ・アーキテクト）が必要である。被災地においては様々な支援活動が展開されつつあるが、そうした活動を担う人材を各地区に配置する仕組みの構築を実現したい。

本書では、景観形成の主体、コーディネーターとしてのコミュニティ・アーキテクトについて考えてきたのであるが、ここではより包括的な役割が求められることになる（図76）。

地域再生

どのような街並みを再生、創生するのか――これは復興計画において最終的に問われている核心的テーマである。そして、そのテーマは、被災地に限らない、日本全ての地域再生のテーマでもある。巨大災害は地域の拠って立つ基盤を露にする。水、食料、エネルギー（電気、ガスなど）、通信手段、移動手段など、地域を支えるあらゆるシステムの力が試される。そこで必要なのがレジリエンスである。

しかし、発災後、半年から一年ほどの短時間で立案された各自治体の復興計画は、総じて、レジリエントな計画になっていないように思われる。復興計画の多くは、インフラストラクチャー（防潮堤、

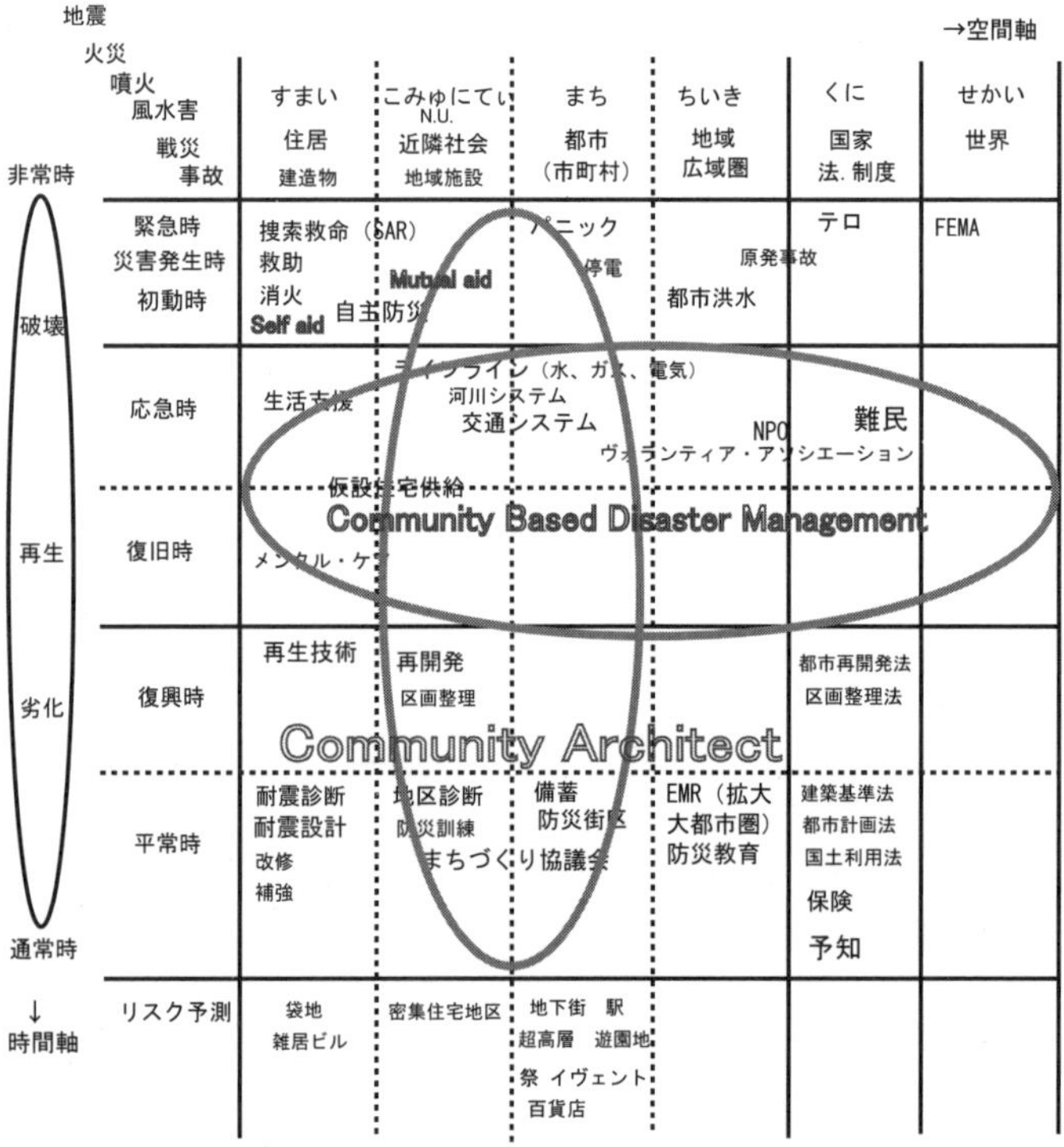

地震
火災
噴火
風水害
戦災
事故
→空間軸
すまい
住居
建造物
こみゅにてぃ
N.U.
近隣社会
地域施設
まち
都市
（市町村）
ちいき
地域
広域圏
くに
国家
法. 制度
せかい
世界
非常時
破壊
再生
劣化
通常時
↓
時間軸
緊急時
災害発生時
初動時
捜索救命（SAR）
救助
消火
Self aid
自主防災
Mutual aid
パニック
停電
原発事故
都市洪水
テロ
FEMA
応急時
生活支援
ライフライン（水、ガス、電気）
河川システム
交通システム
NPO
難民
ヴォランティア・アソシエーション
仮設住宅供給
Community Based Disaster Management
復旧時
メンタル・ケア
復興時
再生技術
再開発
区画整理
都市再開発法
区画整理法
Community Architect
平常時
耐震診断
耐震設計
改修
補強
地区診断
防災訓練
まちづくり協議会
備蓄
防災街区
EMR（拡大大都市圏）
防災教育
建築基準法
都市計画法
国土利用法
保険
予知
リスク予測
袋地
雑居ビル
密集住宅地区
地下街　駅
超高層　遊園地
祭　イヴェント
百貨店

図76●コミュニティ・アーキテクトの仕事

高台移転）や公共施設（津波非難ビル）などの物理的再建を中心としたもので、地域社会が将来にわたって持続していく仕組みの構築には目が向けられていないのである。

これらの復興計画は従来型の計画であり、白紙に絵を描くマスタープラン主義を抜け出ていない。マスタープランは必要である、というより、ヴィジョンこそが必要であるというべきだ。絵を描くだけなら、絵に描いた餅に終わる。ヴィジョンに向かって、できることを積み上げながら、修整を繰り返す動態的計画（ダイナミック・プランニング）の思想、理念が必要である。従来型というのは拡大成長型といってもいいかもしれない。成長期を終え、少子高齢化を迎えた地域社会の将来を見通すプランになっていないのである。

これはヴィジョンそのものの問題である。ヴィジョンが分裂しているといってもいい。復興計画と被災地の現状の間のギャップが大きすぎる。各自治体、各地域、各地区の歴史と現実を踏まえた着実な復興へ向けてのプロセスが必ずしも提示されていない。産業復興、生活再建が第一であり、産業基盤の再建、医療、福祉など住民サービス体系の再構築が被災地での日々の生活において最大の課題であることは言うまでもない。しかし、地区の将来について確固としたヴィジョンが立てられ、共有されなければ地区の再生はありえない。地域社会の自立を支える仕組みの構築が極めて重要であることこそ、まずヴィジョンとして共有されるべきではないか。復興事業による復興特需は地域再生にとって必要であるが、「特需」の後が考慮されていない。少子高齢化と人口減少が進行し税収が収縮する時代においても地域が自立して維持可能となる計画が必要であることは、実際多くの復興計画案でうたわれているが、具体策がない。

繰り返し述べてきたように、過大な復興計画（防潮堤、区画整理、造成、嵩上げ）が住民の合意形成を妨げている。復興計画が軌道にのらないなかで、地域住民は様々な選択を強いられ、その意向も変化していく。地区の安全安心が第一であり、ひとりの犠牲者も出さないということを大原則として、多様かつ総合的な防災体制を確立することこそが重要である。このこともまた、多くの復興計画案の中に文言としてうたわれているものの、具体的にそうした動きが見えない。

全ての復興計画が画一的であるように思えてならない。

地としての住宅：地域の生態系に基づく居住システム

わかりやすいのは、仮設住宅、災害復興住宅の計画とその団地の風景である。災害復興住宅は、まるで、戦後圧倒的住宅不足に対応すべく組み立てられた住宅計画、住宅地計画理念と方法そのままである。

戦後日本の住宅のあり方を方向付けたのが五一Cである。D五一（デゴイチ）[9]はよく知られているかもしれないが、五一Cというのは、一九五一年のC型という意味で、公営住宅の間取りの型のことである。すなわち住戸の型であり、他にA型、B型がある。このC型の設計によって、2DK（ニー・ディー・ケー）というモデルができた（鈴木成文 2006）。一五坪（五〇平方メートル）ほどの住宅を設計するに際して、吉武泰水（一九一六～二〇〇三）研究室が基本方針としたのは西山夘三《うぞう》（一九一一～一九九四）の「食寝分離」「隔離就寝」という原則である。要するに、食べるところと寝るところを分離することを優先することで、食堂と台所を一緒にするというアイディア（ダイニング・キッチン）が生まれたのである。西山夘三、吉武泰水の両先生は建築計画学の創始者として知られる。僕は吉武研究室（建築計画講座）を出て、西山夘三先生が創設された地域生活空間計画講座に招かれることになった不肖の弟子である。都市組織研究として、住居の集合形式と住居の基本型によって構成される街区や住宅地のかたちに拘り続けているのはこの出自のせいである。

このダイニング・キッチンは、日本住宅公団の標準住宅モデルに採用されて一気に日本中に広まった。一九五〇年代末から一九六〇年代にかけて、公団住宅居住者は「花の団地族」と呼ばれてもてはやされた。そして、2DKは都市のみならず、農村にも蔓延していった。公団公営住宅の団地の風景は、戦後の日本の象徴である。

東日本大震災の復興は、戦後の復興とそれを生み出した風景を踏襲するだけでいいのであろうか。例えば、住宅ストックと世帯数を比べると空家が膨大に余っているという現状がある。四二〇万戸不足していた戦後まもなくと全く事情は異なるのである。少子高齢社会に相応しい、そして地域の居住様式の伝統を踏まえた型の提案が求められている。仮設であれ、住宅地の建設は、地域の将来あるべき姿を示す重要な役割をもっている。しっかりした地区の将来ヴィジョンに基づいた共同生活のあり方を持続可能な仕組みとともに提示する必要がある。

そのための出発点となるのは、地域の自然条件を、また潜在力を、今回の被災状況に照らして、またこれまでの災害の歴史も加えて確認することである。それぞれの地区はそれぞれの地形に基づいて復興計画を立案するのが自然である。また、地域の気候条件に対応することも前提であり、そのために伝統的に形成されてきた集落や街のありかたに学ぶ必要がある。そして、低炭素社会を目指して、地域や地区の自立循環的エネルギー供給システムが組み込まれるべきである。

少子高齢化社会においては、核家族モデルをもとに計画されてきた集合住宅モデルのみでは十分ではない。住宅地計画についても、多様な共用空間が用意される必要がある。単身者が共同で生活するコレクティブ・ハウスのいくつかの形態も必要とされる。その場合、高齢者のみが居住するのではなく、様々な世代が共同生活を行う共用スペースを用意するとともにそれを支える様々な仕組みが不可欠である。

復興住宅地の建設は、復興のシンボルになりうるし、新たなまちの景観を形成していく核ともなりうる。目指すべきは地区のアイデンティティの多様な表現である。そのためには、かつてのまちやむらの景観が大きな手掛かりとなるだろう。一方、全てを押し流されてしまった地区などでは、地域のアイデンティティの核となる全く新たな景観を形成することも必要となる。

居住空間は歴史的な時間をかけて形成されるものであり、コミュニティ主体のまちづくり、参加による合意形成、段階的アプローチを前提とするとき、居住者自らが環境形成と維持管理に参加していく仕組みが重要となる。そしてそこでは、変化に対する柔軟な対応、個々の要求に対する多様な対応が求められる。こうしたきめ細かい対応のためには、コミュニティ・アーキテクトによる支援がやはり不可欠である。

「フクシマ」の風景

東日本大震災後の二〇一一年に一〇〇日かけて被災地を走り、巨大津波によって生態系がどのように変わったのかを調査した貴重な記録集がある（永幡嘉之 2012）。変形した地形、蝕まれた水辺、蝕まれた大地、津波がもたらした異観など、まずは大きな変化が確認される。生息地が消滅することによって生きものたちの命の多くが失われた。以前から絶滅危惧種に指定されていた生物の中には、種そのものが失われた可能性があるものもいる。風景が殺される以前に、それ以前の風景が殺されつつあったことを生きものたちの生態も示していたのである。

しかし一方、したたかに生き残ったハナスのような海浜植物、稚樹は残ったクロマツ林など自然界の力も確認される。そして、ミズアオイのように復活した水草がある。かつてはここそこの水田地帯で一面に咲き乱れ夏の風物詩となっていたのだけれど、護岸整備やビニールハウス群に変わって見られなくなった希少種である。ミズアオイの種子は、水底で泥に埋もれたまま長く休眠しているという。それが今度の大津波で休眠が破られ発芽したのではないか、という。思いもかけずギンヤンマが群舞している場所に出会う。津波後の水溜りには農薬も散布されず、定期的に水が抜かれることもなかったからこそ、水草が茂り多くのヤゴが育つことができたという。

大津波は日本の第二の景観層を一瞬垣間見せたのである。

ヒヌマイトトンボは生き残った、思いがけないメダカの繁栄、スズムシが鳴いた、など逞しい生命力が確認される。本来であれば、様々な動植物が増えるにつれ周囲から入り込んでくる種類も増え、生態系は回復に向かうとされる。これこそレジリエンスというべきではないか。

一方、新たな生存競争が開始されていることもよくわかる。例えば、外来種の跋扈である。永幡嘉之（2012）は、「動植物の地域的な絶滅は津波の影響ばかりではなく、それまでに人間が続けてきた環境改変によって、震災以前の時点で「隅に追いやられていた状態」になっていたものが多いことが大きい。そうしたことをすべて、津波が「想定外」だったという言葉で覆い隠してしまうと、現状を直視することも反省もないままに終わってしまう」という。さらに、復旧復興事業について「いわば戦後六〇年かけて進められてきた土木事業と同じことを、今後数年間で実施しようとしていることになる」といい、「復旧あるいは復興の名のもとに進む開発によって、土地の個性ともいうべき地域の自然環境が失われ、画一的な公園に変わり行くとすれば、地域で暮らしてきた人々の生活から失われる「精神的な豊かさ」もまた大きい」という。

最後に「フクシマ」の風景である。

福島第一原発のメルトダウンによって撒き散らされた放射能汚染地区の風景について何を語ることができるだろうか。

すべての物質は、すなわち、風景も生物も人間の身体も原子から構成される。さらに原子は負電荷をもつ電子と正電荷をもつ原子核からなり、原子核にはいくつかの核種（元素）があり、核種によっては、放射線（α線、β線、γ線など）を放出して放射性崩壊と呼ばれる崩壊現象を起こして他の核種に変化することがある。こうした科学的知見は、この半世紀の間に驚くべき進展をとげた。原子核は陽子と中性子からなるが、それぞれさらに微小な単位、素粒子からなる。素粒子はさらにクォーク（六種）とレプトン（六種）からなるフェルミオン一二種と力を伝達するボゾン四種、そして二〇一二年にその存在が確認された物質に質量を与えるヒッグス粒子の計一七種からなる。しかし、重力の謎は今なおとけていない。一方、宇宙の成り立ちも解明されてきた。宇宙の年齢が一三七億年であること、三八万年前の宇宙は観測しえないこと、宇宙が膨張し続けていること。しかし、全てが解明されたわけではない。そうした中で、人類は核エネルギーを手に入れた。そして、それを最初に兵器として利用しようとしたのが原子爆弾である。そして、原子爆弾は、広島、長崎に投下され、人類が見たことのない風景を出現させた。それから六六年、再び僕らが手にしたのが「フクシマ」の風景である。「フクシマ」の風景は、人類が手にしてはならない風景である。

原発問題は本書の範囲を遥かに超えるが、「フクシマ」の風景を前提にしては、あらゆる景観論、風景論は無意味なものとなる。それが成立するためには、人間と自然が一定の関係にあるというのが条件である。全ては、一九三八年末から翌年にかけて、中性子を照射されたウランの核分裂を物理学者が実験室で発見し、放出されるエネルギーの巨大さが理論的に評価され、しかも分裂にさいして二個以上の中性子が発生することから連鎖反応の可能性が明らかになったところから始まった。以降百年に満たない間に、人類はとてつもない地点に達してしまったのである。

しかし、なおかつ人類には未知の世界がある。素粒子論そして宇宙論の最先端の議論は、僕らが生きているそもそもの宇宙の謎を解き明かそうとする知的興奮に溢れているけれど、なお謎に満ちているのである。そして、そうした科学的知見を具体的に人類の役に立てる技術の発展は次元が異なる。第二次世界大戦下の実験室の発見も当初原子爆弾や原子力発電所に結びつくとは考えられてはいなかった。それをそういう方向へ導いていったのは僕らもその一員である日本の社会である。

反原発の理論的根拠については、高木仁三郎の一連の著作他多くの論考に委ねるが、山本義隆の一冊(10)をあげよう。理論物理学者として将来を嘱望されながら、全共闘議長として大学闘争を戦って大学を去った山本義隆さんとは当時日常的に会う機会があった。その後の仕事、とりわけ科学技術の世界史に関わる三部作『磁力と重力の発見』1～3、『一六世紀文化革命』1～2、『世界の見方の転換』1～3には、『近代世界システムと植民都市』（布野修司編 2005）、『グリッド都市』（布野修司・ヒメネス・ベルデホ、ホアン・ラモン 2013）のテーマとも完全に重なってきたということもあって、多くを学んできた。

問題は、安全確保のための基準や規制の条件、設計の不備、施工技術のミスといった次元にあるわけではない。核兵器、原子力発電というかたちで核エネルギーを利用しようとすることそれ自体が問題だということである。核廃棄物の処理の問題がわかりやすいし、これだけでも反原発の十分な根拠である。使用済み核燃料を長時間かけて冷却し、再処理（残存する残存するウラン二三五、二三九を抽出）してできる放射性廃棄物は、人間の生活圏から離れたところに、例えば地下数百メートルに、永久に貯蔵保管されなければならない。そこに含まれているプルトニウムは半減期が約二万四千年で、無害になるのに五〇万年の時間を要する。五〇万年といえば、ホモ・サピエンスの起源をさらに遡る時間である。低レヴェル放射性廃棄物はメンテナンスのための定期検査で発生するし、廃炉も必要とされる。最終貯蔵地の引き受けてもない。集団無責任体制の思考停止状態である。

そして、原子力発電を支える理論の核に核分裂生成物（「死の灰」）の発生という問題がある。原子炉でも原爆でも、エネルギーの発生は、ウラン二三五もしくは原子炉内でつくられるプルトニウム二三九の核分裂によるが、核分裂によって減少する質量は千分の一以下で、陽子、中性子の数は保存される。実際には、ストロンチウム九〇やセシウム一三七などに分裂する。この核分裂生成物が「死の灰」である。何年もかけて人体に有害な放射線を放出し続ける。これを通常の化学結合などによって回避することはできない。それほど核力は桁違いに強いのである。比喩的に言えば、天ぷらを揚げる温度が二〇〇度、磁気を焼く温度が二〇〇〇度、せいぜいそんな世界で暮らしている人類が一千万度の温度を制御できないのは当然である。

また、原子力発電はクリーンで炭酸ガスを出さない、というのも原理的に誤っている。「死の灰」の放出がまさにそうであるが、ウラン鉱石の採掘から使用済み燃料の再処理の全ての過程で放射性物質の環境への放出を防ぎ得ないのである。さらに、その過程で必要とされるエネルギーのために石油が大量に必要とされる。「原発は石油の缶詰」なのである。さらに、核分裂によって生じるエネルギーを制御する技術が確立されていないということがある。これは今回の取り返しのつかない大事故以前から数々の事故が示してきたところである。

加えて、というより、問題の中心に、核兵器開発、原発開発を推し進めてきた国際政治の流れ、ストレートには日米同盟なるもの、その中で原発開発を推し進めてきた日本政府と関連諸機関、そしてそれを支えてきたエネルギー産業界、「原子力ムラ」と呼ばれる官産学のコミュニティがある。

山本義隆は、福島の原発事故の四年前に次のように書いていた（『一六世紀文化革命』「あとがき」）。

原子炉について言うならば、ひとたび事故が起これば恐るべき影響を与えることは、すでにチェルノブイリで実証済みである。その事故の影響の甚大さがこれまでの技術のものとは桁違いであることは、いまなお事故現場が人の立ち入りを拒み、近隣の地域の居住が制限されていることからもわかる。

それだけではない。原子炉はたとえ無事故で稼働し終えたとしても、放射線に汚染された廃炉となり、大量のプルトニウムをふくめて運転期間中に蓄積された放射性廃物とともに、人間の時間感覚からすれば半永久的に隔離されなければならなくなる。

古代エジプトのファラオは砂漠にピラミッドを、ローマ帝国の皇帝たちは地中海沿岸の諸都市に大建造物を、東洋の権力者は各地に寺院を、そして中世ゲルマンの君主たちはライン河畔に美しい古城を遺し、そのいずれもが観光資源として現在活用されている。

ところが二〇世紀と二一世紀の人類——というより一部の「先進国」——は、あちこちに廃炉と放射性廃棄物の貯蔵所を遺し、何百年も後の人たちがそれらの維持と漏れ出る放射線の対策に追われるという図はおぞましい。

放射性原子核の半減期を短縮させるような技術が見出されるとはとても考えにくいが、百歩ゆずって将来的にそのような解決策が見出されると仮定しても、それとてコストとエネルギーを要することである。とすれば、いずれにせよ、現代人が受益したエネルギー使用の後始末を何世代も後の子孫に押し付けることになり、それは子孫に対する背信であろう。

日本の景観を考えてきたのだが、こうして、原子力発電の問題に行き当たった。景観あるいは風景を問うことは、自然と人間の関係を問うことであり、土地の姿を問うことである以上、当然である。

既に述べたが、日本が目指すべき第六の景観層があるとすれば、それは原発を必要としない景観層である。景観のレヴェル毎に循環系を含んだ景観形成がなされ、それが入れ子状に層になることで全く新しい景観層が創生されるであろう。

「フクシマ」の風景、これこそ「殺風景の日本」である。

おわりに

本書を書く大きなきっかけとなった体験がある。

ニッポン放送に「菅原文太　日本人の底力」というラジオ番組がある。俳優・菅原文太が各界で〝地に足をつけた生き方をしている〟客人（ゲスト）をお迎えし、客人との対談を通して、日本の本来あるべき姿を探っていくという対談番組という触れ込みであった。二〇一二年四月以降はフロート番組（生放送のワイド番組の途中に挿入される番組）になっている。その番組に、突然「客人」として招かれたのである（二〇〇六年一二月三日放送）。当時『京都新聞』で担当していた「私の京都新聞批評」の記事「景観と観光」が、たまたま京都の撮影所にいた菅原文太さんの目に留まったのだという。それまでに出演された錚々《そうそう》たる客人のリストを見せられて、いささか怯んだけれど、生来の文太ファンであることを言い訳に、厚顔にものこのことスタジオに出かけていった。そして冷や汗をかいた。本書の大元になっているのは、その時の冷や汗である。

問題の記事は、以下のように書き出されていた（『京都新聞』「私の京都新聞評」、二〇〇六年一〇月八日）。

「美しい国へ」というのが九月二六日に発足した安部新内閣のスローガンだという。「美しい国」と言われれば、「美しく」なくなりつつある「国土」を反射的に思う。具体的で身近な都市景観のことである。

景観の問題は、かねてから京都が深刻で、景観法の施行とともに新たな課題と意識される眺望景観について危機的な現状が報告された（「鴨川から見た東山、京都御苑　二七眺望緊急対策必要」、九月一七日朝刊京都・滋賀総合面）。「景観は京の宝」（上田正昭、「天眼」、六月一七日朝刊）である。湖国近江にとっても景観が命であることは言うまでもない。東海道山陽新幹線から見える景観の中で、米原―京都間が最も美しいと思う。水利の秩序を基にした集落景観がよく残っているからである。しかし、滋賀でも、この間たびたび県南部のマンション建設ラッシュについて景観問題が報じられてきた（五月二五日朝刊滋賀社会面「クリックしが」など）。大津市中心街の区画整理頓挫（「地権者の合意確保が壁、景観配慮、今後の鍵」、九月一八日朝刊）は、問題の根を物語っている。

奇しくも、二〇一二年一二月二六日、第二次安部内閣が発足した。アベノミックスと復興バブルで、建設業界、不動産業界は活気づいている。しかし、資材、労賃の高騰で入札不調となり、小さな公園の復興はままならないという。「殺風景」の中で一生にとって決して短くない日々を暮らす子どもたちはどんな思いを胸に秘めて育つのであろう。

対談に先駆けて、当時ベストセラーであった『美しい国へ』（安部晋三、中公新書、二〇〇六年）を読んだけれど、そこには、美しい「国土」あるいは「都市」、風景や景観のことは一言も書いてなかった。主題とされるのは、専ら、日本人の「心」の問題である。

菅原文太さんは、「仕事柄日本全国を回っていると、日本は美しくなくなりつつある、日本の景観は壊れてしまっている、どうしてでしょう、どうしたらいいでしょう」と、例のドスのきいた声で、つぶやくように語り出された。「景観が壊れてしまっている」という言葉に、ずしりとくる重みがあった。

菅原文太さんが気にかけるのは「心」を育む「国土」の形であり、「美しい」景観である。これには、建築、都市計画の専門家として全力で答える必要がある。

何故、景観が壊れてきたかについてはそれなりに答えた、と思う。

景観を壊してきた張本人は、近代建築の理念であり、手法である。世界中どこでも同じような建築が同じように建てられるのが近代建築の理念である。具体的に言えば、鉄とガラスとコンクリートなどの工業材料を用いた、四角い箱形のジャングルジムのような建築が近代建築であり、実際結果として世界中の大都市には、同じような超高層建築が建ち並んでいる。どこでも同じ工業材料でつくるから、色彩も似るのは当然である。このような説明からたどたどしく始めて、近代建築以前、建築は、それぞれの地域で採れる材料で建てられてきたこと、それぞれの地域の村や町が自然景観に溶け込むように存在してきたのは、第一に地域産材を用いてつくられてきたからであり、昭和戦前期までは、日本中どこでも、江戸時代に遡る景観がそこここに残っていたこと、しかし、戦後、近代建築の理念が受容れられるとともに景観は壊れていくことになった、ことを続けて説明した。日本列島の景観を大きく層に分けて振り返らなければならないとこの時思った。

本書でまとめたように、近代建築の理念と産業社会のあり方そのものに問題の根があることを、文太さんには口頭試問に答えるかのように説明したのであった。かつて、前川國男大先生にインタビューを試みた時に、「君の言う近代建築とはなんですか」といきなり問われて、一瞬答えに詰まった時のことを思い出した。

「ところで、京都駅をどう思いますか。京都にはよく通うけれど、あの駅には降りたくなくなる」と、菅原文太さんから切り出されて、しどろもどろとなった。

京都には一五年住んだけれど、「京都駅」の評価については常に曖昧な態度をとり続けてきた。世界中どこにもないユニークな駅だという思いと、巨大な壁が京都の景観を南北に分断したことに対する批判が僕のうちで拮抗するのである。京都駅の致命的な欠陥は緑がないことだとかろうじて答えた。

「安藤忠雄さんの「表参道ヒルズ」をどう思いますか」と、菅原文太さんはたたみかけてきた。菅原文太さんは、建築には相当詳しい。安藤さんは、「関西の三奇人」（安藤忠雄、毛綱モン太（毅曠）、渡辺豊和）と呼ばれた頃から僕はよく知っている。表参道ヒルズは、確かに安藤さんの建築の中ではあまり評価できない。内部空間がなんとも息苦しい。「コンクリートとガラスはどうも好きじゃない。

分厚い壁の建築がいい。五〇〇年でももつんでしょう。法隆寺だって何年ももってきたんだから」といわれると、問題は単純ではないと思いながら、「おっしゃる通りです」と頭をさげるしかなかった。鉄とガラスとコンクリートという工業材料が近代建築を成立させるのだが、ガラス、セメントの製造には多大なエネルギー、温室効果ガスの排出が必要なのである。そして、「景観を破壊してきた責任の一旦は建築家にある！」といわれれば、まさにそうだといわざるを得ないのである。

『裸の建築家――タウンアーキテクト論序説』は、まさに、そうした思いに駆られた書いた本であった。防災問題そして景観問題に対する建築家の新たな役割について考えた。その後、「耐震偽装問題」いわゆる「姉歯問題」が起こった。ある読者から『裸の建築家』に予言してあるとおりだといわれた。しかしそうだとすると、建築家は本当に「裸の王様」で情けないということになる。

批判しているだけでは何も始まらないと、若い仲間たちと「京都コミュニティ・デザイン・リーグ（京都CDL）」という活動を始めた。しかし、なかなかうまくいかない。産業社会の巨大な流れに対して、一体、建築家には何ができるのであろうか、という思いが募る。

菅原文太さんに、「どうすればいいんでしょうか」と問われて、『裸の建築家』で考えたことを一生懸命しゃべったが、とても理解して頂けたとは思われない。要するに、景観は一朝一夕につくられるものではない、息の長いまちづくりの取り組みがあって、また、それぞれの場所に住み続ける人があってまちの景観は形づくられる、そのためには「まちづくりの仕掛け人」が必要である、ということなのであるが、「まちづくりの仕掛け人」とは一体何者で、具体的に何をするのかというと、一口で説明できないのである。

もどかしいけれど、景観問題を考えるためには、まず、様々な前提、条件、実態を明らかにする必要がある。とにかく、この間、景観問題をめぐって経験してきたことをわかりやすく広く伝える必要があるのではないか。対談を終えて、菅原文太さんに話したかったこと、話すべきであったことが次々に沸いてきた。それを懸命に書き留めたのが本書である。

本書の上梓については、京都大学学術出版会の鈴木哲也さんに心底感謝したい。何冊もお世話になってきたが、何のための都市研究か、何のためのフィールドワークか、もっと書きたいことがあるのではないか、とアジって頂いた。そのアジテーションに答えたのが本書である。実際の編集作業に当たって頂いた永野祥子さんには最初から最後までお世話になった。瑞々しい感性で全体構成から細かい文章表現にまで的確なアドヴァイスを頂いた。末尾ながら心から感謝の意を記しておきたい。

〔注〕

序章

（1）張世洋（一九四九〜二〇〇二）。ソウル・オリンピックのメイン・スタジアムを設計した建築家・金壽根の死（一九八七年）後、韓国を代表する建築設計集団「空間社」を引き継いだ。実に惜しいことに、彼も師と同様、釜山でのアジア大会競技場の建設中に、過労死した。僕と同い年で、親しい友人であり、「出雲建築フォーラム」（第1章4）の仲間たちが日本に招いたこともある。

（2）De Miritalized Zone。朝鮮半島のＤＭＺは軍事境界線（Military Demarcation Line）という。

（3）講演「北朝鮮の建築事情」（『空間』誌（韓国）、ソウル空間社、一九九三年八月二日

（4）ドイツ生まれの建築家ゲオルク・デ・ラランデ（Georg de Lalande）（一八七二〜一九一四）は一九〇三年に来日、日本各地に作品を残しており、神戸の風見鶏の館などが知られる。三島由紀夫の『鏡子の家』のモデルとされる東京信濃町にあった自邸は、江戸東京たてもの園に移築保存されている。朝鮮総督府の竣工（一九二六年）を待たずに亡くなった。

（5）野村一郎（一八六八〜一九四二）。東京帝国大学造家学科卒業。朝鮮の他、台湾でも活躍し、台湾総督官邸、国立台湾博物館などがある。台北市の都市計画も手掛けた。

（6）國枝博（一八七九〜一九四三）。東京帝国大学造家学科卒業。朝鮮総督府の設計には主任技師として関わった。大阪を拠点に活躍し、作品に、帝冠様式とされる滋賀県庁本館など。

（7）柳宗悦（一八八九〜一九六一）。東京帝国大学在学中に白樺派に参加。日本民芸館設立（一九三六年）。雑誌『改造』に「失はれんとする一朝鮮建築のために」を寄稿、これが多大な反響を呼び、光化門は移築保存された。『朝鮮とその藝術』『朝鮮の美術』『今も続く朝鮮の工藝』などがある。

（8）今和次郎（一八八八〜一九七三）。東京美術学校図案科卒業。早稲田大学建築学科で教鞭をとる。民家研究団体「白茅会」（一九一七年）参加。朝鮮半島で民族調査に従事（一九二二年）。関東大震災後「バラック装飾社」設立。朝鮮総督府については、「総督府庁舎は露骨すぎる」（『朝鮮と建築』一九二三年六月）と書いた。

（9）太宗（一三六七〜一四二二）。李氏朝鮮第三代国王。初代国王李成桂の五男。本名李芳遠。李氏朝鮮の全盛期を築いたと評価される。その治世に世界最初に金属活字による印刷が行われている（一四〇三年）。地名を山や川などの自然の漢字が入るように変更したことでも知られる。

（10）第二一代英祖（一七二四〜一七七六）。李氏朝鮮の歴代国王の中で最長の在位期間（五二年）を誇る。著書に『御製警世問答』『為将必覧』があり、他に多くの書物を編纂した。

（11）清渓川再生事業については、黄祺淵、邊美里、羅泰俊（2006）、（財）リバーフロント整備センター編（2005）など。

（12）二〇〇二年に韓国KBSで放送された『冬のソナタ』のヒロインの住む家のロケ地として知られる。日本でも放映され、日本人観光客が数多く訪れる地区となった。

（13） Hur-Young General Director / Housing Bureau, Seoul Metropolitan Government "Cheong Gye Cheon Restoration Project- *a revolution in Seoul -*" 日本建築学会建築計画委員会主催。春季学術講演会「都市・建築の再生と建築計画——韓国ソウルの清渓川復元と近・現代建築」於：漢陽大学、ソウル、二〇〇六年六月二日〜四日。

第1章

（1） 大和ハウス工業株式会社が、戦後のベビーブームの子どもたちのための勉強部屋として開発し、一九五九年に発売した。プレハブ住宅の原点とされ、国立科学博物館の重要科学技術史資料として登録されている。

（2） 妻木頼黄（一八五九〜一九一六）。工部大学校造家学科卒業。ジョサイア・コンドルに学ぶ。五歳年上の辰野金吾ら四人の一期生が卒業するのが翌年であり、日本の近代建築の草創期の建築家のひとりである。東京府に勤務後、議院（国会議事堂）建設のための組織である（内閣）臨時建築局に勤めた。日本の官庁建築家の先駆である。主な現存する作品に他に日本勧業銀行（一八九九年、現・千葉トヨペット）、横浜正金銀行本店（一九〇四年、現・神奈川県立歴史博物館）、山口県庁舎（一九一六年）などがある。

（3） 拙稿「Mr.建築家——前川國男というラディカリズム」（布野修司建築論集Ⅲ『国家・様式・テクノロジー——建築の昭和』所収）参照。

（4） 建築物は一般に建蔽率（敷地面積に対する建築面積の割合）と容積率（敷地面積に対する延床面積の割合）によって規定されている。また、それとは別に高さ制限も行われる。「超高層」建築について、容積率を守れば高さは自由とされたことをいう。

（5） 公共の利用に開放した空地（公開空地）を設ければ、容積率（延床面積／敷地面積）や高さの規定などを緩和するという制度。一九七〇年に創設され、建築基準法第59条の2に規定されている。具体的にどういう条件でどこまで緩和を認めるかは、それぞれの許可権限をもつ特定行政庁で基準を定めている。

(6) 日本では全ての建築物(一〇平米未満のものを除く)の建設に際して建築確認の届出が必要とされる。各自治体に設けられた建築主事が統括する部署(建築指導課、土木事務所など)が届出を建築基準法等法令に照らして適合しているかどうか確認する。確認されれば建設が可能となる。わが国では自治体に建設の許可・不許可の権限を与える許可制をとっていない。

(7) 美濃部亮吉(一九〇四〜一九八四)。天皇機関説で著名な美濃部達吉の長男。東京。東京帝国大学経済学部卒業。大内兵衛に師事したマルクス主義経済学者として知られる。一九六七年より三期一二年、東京都知事を務めた。公害防止条例制定、老人医療の無料化、公営ギャンブル廃止、都電廃止、歩行者天国の実施など。『独裁制下のドイツ』『苦悩するデモクラシー』など。

(8) 曽禰達蔵(一八五三〜一九三七)。工部大学校造家学科卒業、辰野金吾ら第一期生四人の一人。三菱オフィス街の基礎をつくった。

(9) 中條精一郎(一八六八〜一九三六)。東京帝国大学造家学科卒業。日本郵船ビル、明治屋ビル、講談社ビルなど曽禰達蔵とともに都市事務所ビルの設計によって、都市景観の創出に大きな役割を果たした。慶応技術大学図書館(一九一二)は重要文化財。長女は宮本百合子である。

(10) 内田祥三(一八八五〜一九七二)。東京帝国大学建築学科卒業。安田講堂など京大キャンパス内の建築を多く手掛ける。一九四三年に第一四代東京帝国大学総長に就任(一九四五年一二月)、学徒出陣を命じている。

(11) Lombard Street。ロンドンの金融街いわゆるシティ(The City)にある英国銀行から東へ三〇〇メートルほどの通り。一三世紀末にエドワードI世がユダヤ系金融業者を追放した後から北イタリア、ロンバルディア商人が移住し、貿易とからめ両替・為替業を営んだことに由来する。

（12）市区改正とは今日でいう都市計画（あるいは都市改造事業）のことである。都市計画（Town Planning）という言葉もそう古いわけではない。ロバート・ホーム（2001）によれば、英国で最初に用いられたのは一九〇六年であり、少し先駆けてオーストラリアで活躍した建築家J・サルマンの「都市の配置（Laying out of the City）」（1890）が都市計画の最初の論文だという。日本では大正期に入ると都市計画という用語が一般的に用いられはじめ、一九一九（大正八）年に都市計画法が成立する。

（13）吉田鉄郎（一八九四〜一九五六）。富山県福野町の出身。東京帝国大学建築学科卒業。逓信省営繕課に勤務、官庁建築家として活躍。逓信省には一年先輩の日本分離派建築会の山田守もいた。ブルーノ・タウトは吉田の設計した東京中央郵便局をモダニズムの傑作と讃えた。大阪中央郵便局も吉田の手になる。戦後は日本大学で教鞭をとった。『Das Japanische Wohnhaus』（一九三五年）、『Japanesche Architektur』（一九五二年）、『Der japanische Garten』（一九五七年）などドイツ語の著作でヨーロッパに知られる。

（14）じゃがたらお春（一六二五？〜一六九七）。南蛮人（イタリア人）と日本人との混血として生まれ、海禁政策によってバタビアに追放された女性。バタヴィアから日本へと宛てたとされる手紙「じゃがたら文」で知られる。バタビアでオランダ東インド会社の吏員と結婚、三男四女を儲け、夫に死後の裁判沙汰でオランダにも渡っている。白石弘子（2001）『じゃがたらお春の消息』勉誠出版年、L・ブリュッセ（1988）『おてんばコルネリアの闘い』栗原福也訳、平凡社など。

（15）江戸は人口一〇〇万人の都市であったが、その面積は広大であり、周辺部では農村的生活が行われていた。このような都市の形態は、城壁のない都市は都市ではないとする西欧世界の都市像に相対するものとして「巨大な村落」と呼ばれる。「巨大な村落」としての東京論に、例えば川添登（1979）がある。江戸は百万人の都市であったが、その面積は広大であり、周辺部では農村的生活が行われていた。発展途上国の大都市の居住地はしばしば「都市村落（urban Village）」と呼ばれる。

(16) 芦原義信（一九一八〜二〇〇三）。東京帝国大学工学部建築学科卒業。坂倉準三建築設計事務所、ハーバード大学留学、マルセル・ブロイヤーの事務所を経て帰国後芦原建築設計研究所を開設。法政大学、武蔵野美術大学を経て東京大学教授（一九七〇〜七九年）。代表作にオリンピック駒沢体育館（一九六四年）、国立歴史民俗博物館（一九八〇年）ソニービル（一九六六年）、東京芸術劇場（一九九〇年）など。

(17) 丹下健三（一九一三〜二〇〇五）。日本近代を代表する建築家。藤森照信（2003）『丹下健三』新建築社がその全軌跡をまとめている。

(18) フラクタルという概念を提唱したのはブノア・マンデルブロー（一九二四〜二〇一〇）である。数学的には、$\begin{cases} z_{n+1} = z_n^2 + c \\ z_0 = 0 \end{cases}$ で定義される複素数列 $\{z_n\}_{n \in N}$ が $n \to \infty$ の極限で無限大に発散しない条件を満たす複素数 c 全体がつくる集合をマンデルブロー集合という。

(19) 槇文彦（一九二八〜）。東京大学建築学科卒業、ハーバード大学大学院終了。東京大学教授（一九七九〜一九八九）。作品に「名古屋大学豊田講堂」「代官山集合住宅（ヒルサイドテラス）」「幕張メッセ」など。プリツカー賞（一九九三年）、UIA（世界建築家協会）ゴールドメダル（一九九三年）、高松宮殿下記念世界文化賞（一九九九年）、日本建築学会賞大賞（二〇〇一年）、AIA（米国建築家協会）ゴールドメダル（二〇一一年）、日本芸術院賞・恩賜賞、文化功労者。著書に『見えがくれする都市―江戸から東京へ』（槇文彦 1980）など。同氏は芦原義信先生の後任であり、僕は直接指導を受けることはなかったものの、その設計指導ぶりを近くで見る機会はあった。敷地の歴史的、文化的コンテクスト（文脈）を重視する建築家として知られる。学位論文は「群造形（グループ・フォーム）」論であり、代官山集合住宅（ヒルサイドテラス）はその実践例として評価が高い。すなわち、建築単体だけではなく、その集合のかたちを重視する建築家である。

（20）日本建築家協会『建築家』JIA Magazine 二〇一三年八月

（21）ザハ・ハディド（Zaha Hadid）（一九五〇〜）：イラク、バグダード生まれ。AAスクールで学び、レム・コールハースのOMA勤務。英国在住の女流建築家。デコンストラクション（脱構築）の建築の旗手として、新規な形態の建築を次々に手掛ける。近年の作品に「広州大劇院」「リバーサイド博物館」「アクアティクス・センター」など。

（22）Primate City。一定の地域において圧倒的な人口規模をもつ大都市をいう。首座都市とも訳される。東南アジアでは、フィリピンのマニラ、タイのバンコク、ジャワのジャカルタなど。

（23）Extended Metropolitan Region

（24）魚谷繁礼、丹羽哲矢、渡辺菊真、布野修司「京都の都心部における大規模集合住宅の成立過程に関する考察」日本建築学会計画系論文集、第 585 号、pp 87–94、二〇〇五年 4 月、「京都都心部の街区類型とその特性に関する考察」日本建築学会計画系論文集、第 598 号 pp 123–128、二〇〇五年一二月

（25）拝観料に課税を行う京都市税条例に基づく地方税制。正式には古都保存協力税（古都税）という。文化観光施設税（一九五六年）という先例があり、今川正彦市長によって一九八五年に実施されたが、京都仏教会が反対、一部社寺が拝観停止を実行するなど紛糾した末に一九八八年に廃止された。

（26）東京帝国大学の建築学科を卒業した建築家たちによって結成された。当初メンバーは石本喜久治、滝沢真弓、堀口捨己、森田慶一、山田守、矢田茂の六人。その活動によって日本の近代建築運動は開始される。その名前は、ウィーンのO・ワグナーらのゼツェッション（分離派）に由来する。

（27）山田守（一八九四〜一九六六）。東京帝国大学卒業後、逓信省営繕課に入り、電信局・電話局の設計に携わる。東京中央電信局（一九二五年）でデビュー、作品に東京逓信病院（一九三七年）など。関東大震災後は復興局土木部に所属し、永代橋、聖橋など橋梁のデザインを行った。戦後まもなく独立（山田守建築事務所）、東海大学工学

部建設工学科の設立に関わった。代表作に、京都タワー（一九六四年）の他、東京厚生年金病院（一九五七年）、日本武道館（一九六四年）など。

(28) G・エッフェルの設計案によって第四回万国博覧会のためにフランス革命百周年を記念して建てられた。G・エッフェルは構造エンジニアとして多くの駅舎、橋梁を設計した。サイゴン中央郵便局など海外の作品もある。エッフェル塔はその建設当初、画家、彫刻家、作家など芸術家によって「無用で醜悪」「黒く巨大な工場の煙突のごとく、目が眩むような馬鹿げた塔がパリを見下ろす」などと酷評された。

(29) レンゾ・ピアノとリチャード・ロジャースの設計。一九七七年開館。建築の構造、電気・水道・空調など設備の配管、階段・エスカレーターも露出させる表現で非難を呼んだ。

(30) 「女紅場」は、明治初期に全国でにつくられた女子のための習い事の施設。一八七二年創設の八坂女紅場が母胎で、一九〇二年に財団法人、一九五一年に学校法人となる。

(31) 下田菊太郎（一八六六〜一九三一）。工部大学校造家学科卒業。シカゴのダニエル・バーナムに師事する。作品に香港上海銀行長崎支店（現・旧香港上海銀行長崎支店記念館、一九〇四年、重要文化財）など。著書に『思想と建築』（一九二三）。林青梧（1981）『文明開化の光と闇　建築家下田菊太郎伝』（相模書房）がある。

(32) 道登（生没年不詳）。『日本書紀』に僧旻などとともに「十師」としてあげられる僧。宇治橋を架けたというのは放生院にある宇治橋断碑にある。『続日本紀』では道昭の功績とされており、実際のところは不明。

(33) 彰国社発行。一九四六年四月創刊〜二〇〇四年一二月休刊（通巻六七四号）

(34) Private Financed Initiative

(35) 松下電器産業による国際シンポジウム：「環境のグランドデザイン」基調講演C・アレグザンダー、原広司・市川浩・布野修司（司会）、一九九一年二月二六日：「都市のグランドデザイン」基調講演Mハッチンソン、木島安史・伊藤俊治・山本理顕（司会）、二七日：「住居のグランドデザイン」、基調講演Lクロール、大野勝彦・小松和彦・安藤正雄（司会）、二八日の開催を契機として結成。通称AF。建築思潮I『未踏の世紀末』（一九九一年）、建築思潮II『死滅する都市』（一九九三年）、建築思潮III『アジア夢幻』（一九九四年）、建築思潮IV『破壊の現象学』（一九九六年）、建築思潮V『漂流する風景』（一九九七年）を刊行。

（36）「朝鮮文化が日本に与えたもの」、張世洋・伊丹潤・韓三建・姜恵京・藤井恵介・高松伸、出雲建築フォーラム、於：出雲大社、一九九二年一一月一日

（37）『出雲風土記』の冒頭「意宇郡」の最初にある。八束水臣津野命が志羅紀（新羅）、北門佐岐（隠岐道前）、北門裏波（隠岐道後）、高志（越）の余った土地を裂き、大山と三瓶山に縄をかけ引き寄せたのが現在の島根半島で、国を引いた綱が薗の長浜（稲佐の浜）と弓浜半島になったという。斐伊川からの土砂が沖合いの島を陸地とつなげたことを神話化したものであろう。

（38）園山俊二（一九三五～一九九三）。福地泡介、東海林さだおと共に「早大漫研三羽烏」と称された。『がんばれゴンベ』（一九五八年）でデビュー。『ギャートルズ』の他『ペースケ』『国境の二人』『さすらいのギャンブラー』など。実家が経営する「園山書店」は、宍道湖から大橋川への流れ口、大橋南詰の袂にあった。

（39）小林如泥（一七五三～一八一三）。松江の大工町に生まれた木彫・木工師。通称は安左衛門、常に酔って泥の如し、というので如泥と号した。

（40）松江藩の第七代藩主松平治郷（一七五一～一八一八）。江戸時代を代表する茶人のひとりとされる。号が不昧。不昧の手になる茶室に菅田庵、明々庵がある。

（41）堀尾吉晴が松江城建設のために大橋を架け渡そうとした際、工事が難渋し、川の神の怒りを鎮めるために、たまたま通りかかった源助を生きたまま橋脚の下に埋めたという伝説。

第2章

（1）三好学（一八六二〜一九三九）植物学者。東京帝国大学理学部生物学科卒。ドイツ、ライプツィッヒ大学に留学後、東京帝国大学教授。桜、菖蒲の研究で知られる。地理学者、辻村太郎（1937）『景観地理学講話』の中で「景観」という言葉は三好学が生み出したとしている。

（2）南朝・宋の劉義慶が編纂した後漢から東晋末にかけての逸話集。単に『世説』また『世説新書』とも呼ばれる。江戸時代に日本に紹介され和刻本も出版された。

（3）J・パティニール（Joahim Patinir）（一四八〇頃〜一五二四）。アントウェルペン在住。「歴史絵画」を広大な風景構図の中に描いた。「エジプトへの逃避」「キリストの先例」など。

（4）ヒエロニムス・ボス（Hieronimus Bosch）（一四五〇頃〜一五一六）。「快楽の園」が著名。フェリペⅡ世に愛好された。

（5）P・ブリューゲル（Peter Bruegel de Oude）（一五二五―三五〜一五六九）。生年、生地ははっきりしないが、アントウェルペンを中心として活動した。「バベルの塔」（一五六三年）がよく知られるが、農民生活を多く画題にしたことから農民画家とも呼ばれる。

（6）A・デューラー（Albrecht Dürer）（一四七一〜一五二八）。ニュルンベルク生まれ。画家、版画家としてのみならず、数学者、理想都市計画の提案者としても知られる。J・パティニールの友人であり、その肖像画を描いている。自画像を多く遺し、肖像画で知られるが、イタリア旅行の際に水彩の風景画をのこしている。版画連作「大受難伝」「聖母伝」「黙示録」など。

（7）「第一章　芸術家にはじまる6アルブレヒト・デューラー」山本義隆（2007）『一六世紀文化革命』1、みすず書房。

（8）親鸞「自然法爾章」。「自然といふは、「自」はおのづからといふ、行者のはからひにあらず、「然」といふは、しからしむといふことばなり」。「法爾自然」とも。浄土宗の開祖源空は、「法爾自然」から法然と号した。

（9）郭璞（二七六〜三二四）。西晋・東晋の理論家、文学者。五行・天文・卜筮などあらゆる術に通じた、古典に造詣の深い博学者として知られる。『爾雅』『方言』『山海経』の注で知られる。詩作品に「遊仙詩」「江賦」など。

（10）管輅（二〇八〜二五六）。三国時代の占師として知られ、『三国志演義』には劉備の死を予言する占師として登場する。

（11）全冥編（1999）、など。

（12）道詵（八二七〜八九八）。新羅、晞陽県玉竜寺の僧。俗姓は金。全羅道霊巌出身で武烈王の子孫ともいわれる。風水説に通じ、開城の立地の優秀性を指摘して高麗の建国を予言したとされて、高麗時代にその説は高く評価され用いられた。

（13）『劇場都市　古代中国の世界像』（一九八一年）、『桃源の夢想―古代中国の反劇場都市』（一九八四年）、『園林都市―中世中国の世界像』（一九八五年）、『干潟幻想―中世中国の反園林都市』（一九九二年）、『監獄都市―中世中国の世界芝居と革命』（一九九四年）、『遊蕩都市―中世中国の神話・笑劇・風景』（一九九六年）。いずれも三省堂。

（14）瀟湘とは、洞庭湖から瀟水と湘水が合流する辺りまでの湖南省長沙一帯をいう。風光明媚で知られるが、様々な伝説や神話にも彩られる。桃源郷の伝説もこの一帯から生まれた。北宋の官僚宋迪によって描かれた瀟湘八景は山水画の代表的画題となる。徽宗は宮廷画家を送ってこの画題を追及し、自らも十二景を画いている。

（15）志賀重昂（一八六三〜一九二七）。愛知県岡崎生まれ。札幌農学校卒。長野県立長野中学で植物科担当、師範学校で地理科を教える。上京して丸善勤務。海軍兵学校の練習艦で巨文島、対馬を視察、『南洋時事』出版（一八八六年）。東京英語学校で地理学を教える。政教社を組織（一八八八年）、機関紙『日本人』創刊。『日本倶楽部』結成（一八八九年）。『日本風景論』を出版したのは日清戦争開戦の年である。一九〇二年、政友会から立候補し衆議院となる。一九一一年、早稲田大学教授。

（16）上原敬二（一八八九〜一九八一）。東京出身。東京帝国大学農学部林学科卒業。渡米後、帝都復興院などで働く。造園家として活躍、日本の造園学の創始者とされる。戦後は東京農業大学教授として教鞭をとった。

（17）『人文地理』、三四―五、一九八二年

（18）『風土』岩波文庫

（19）『「世界単位」から世界を見る――地域研究の視座』京都大学学術出版会、『多文明世界の構図――超近代の基本的論理を考える』中公新書、『世界単位論』京都大学学術出版会など

（20）H. Martens, "Der optische Masstab in den bildenden Kuensten", Berlin, Wasmuth, 1884

（21）清水嘉吉：富山出身の初代清水嘉助（一七八三〜一八五九）が、日光東照宮の普請に参加した後、江戸神田で清水組を創業（一八〇四年）、二代目が引継ぎ、井伊直弼より開港場横浜の外国奉行所などを請負った。養子の清七が二代目を継いで明治元年に築地ホテルを建設した。一九一五年に合資会社清水組が設立される。今日の清水建設の前身である。

（22）Oxford English Dictionary（OED）

（23）安彦一恵「景観紛争の解決のために」（安彦一恵・佐藤康邦編 2002）。

（24）C・トロール（Carl Troll）（一八九九〜一九七五）。ドイツの地理学者。景観を地理学の中心概念として、植生、気候、地形と人間との関わりを総合的に把握することを提唱。ボン大学学長、国際地理学会会長歴任。

（25）E・ヘッケル（Ernst Heinrich Philipp August Haeckel）（一八三四〜一九一九）。ドイツの生物学者、哲学者。その著書の多くは邦訳された。『生物の驚異的な形』など生物画家として評価が高い。

第3章

（1）「豊かな風景づくりへの哲学　まなざしの賑わい」（西村幸夫・伊藤毅・中井祐編 2012）

（2）中国古代において、理想的と考えられた田制とされるのが「井田制」である。方一里（三〇〇歩）を「井」の字の形に分割する、すなわち三×三＝九つの一〇〇歩×一〇〇歩の正方形に分割する（ナインスクエア）、そして、その中央の区画一〇〇畝（一〇〇歩×一〇〇歩）を公田とし、残りの八区画を一〇〇畝ずつ八家の私田とする、というのは、空間分割（地割）モデルとして極めて明快である。『周礼』の作者とされる周公旦が整備したとされ、『孟子』が取り上げていることからよく知られるが、「井田制」が実在したかどうかについては疑問もある。

（3）平戸のオランダ商館は一六〇九年に設置される。初代館長は、後にバタヴィア総督（第六代）になるヤックス・スペックスである。復元されたのは一六三九年建造の石造倉庫であるが、この倉庫の破風に西暦年号が記されていることを口実として、完成まもなく取り壊された。平戸のオランダ商館は一六四一年に閉鎖され、長崎出島に移転させられる。

（4）reinforced concrete construction。コンクリートそのものは、建築材料として古代ローマから用いられてきた。広くはセメント類、石灰、石膏などの無機物質やアスファルト、プラスチックなどの有機物質を結合材として、砂、砂利、砕石など骨材を練り混ぜた混合物およびこれが硬化したものをいう。セメントとは、元来は物と物とを結合あるいは接着させる性質のある物質を意味するが、その利用そのものは古く、最も古いセメントはピラミッドの目地に使われた焼石膏 $CaSO_4 \cdot H_2O$ と砂とを混ぜたモルタルである。

（5）A・ペレ（Auguste Perret）（一八七四～一九五四）。ブリュッセル生まれ。鉄筋コンクリート造建築のディテールとテクスチャーを追及、その可能性を最初に示した建築家として評価される。他に、シャンゼリゼ劇場（一九一三年）、ランシーの教会堂（一九二三年）など。

(6) 田辺朔郎(一八六一〜一九四四)。江戸生まれ。工部大学校卒業。琵琶湖疏水、蹴上水力発電所の建設で知られる土木学者。東京帝国大学教授、京都帝国大学教授歴任。京都帝国大学工科大学長。

(7) 真島健三郎(一八七三〜一九四一)。香川生まれ。札幌農学校卒業後、ドイツ留学。日本海軍技師として活躍。鉄筋コンクリート造の先駆者として数々の業績をあげた。柔構造理論で知られる。

(8) 白石直治(一八五七〜一九一九)。高知生まれ。東京帝国大学土木学科卒業。農商務省、東京府勤務後、アメリカ留学。東京帝国大学教授を経て、関西鉄道会社社長。

(9) 佐野利器(一八八〇〜一九五六)。山形出身。東京帝国大学建築学科卒業、同講師、助教授、『家屋耐震構造論』で工学博士、教授就任(一九一五年)。日本における建築構造学の基礎を築いたとされる。また、都市計画法、市街地建築物法の制定(一九一九年)に貢献。日本大学工学部工学部長就任(一九二〇年)。関東大震災後は帝都復興院理事・建築局長を務め、復興事業、土地区画整理事業を推進。一九二九〜一九三二年、清水組副社長。戦後は復興建設技術協会協会長などを務めた。

(10) 「明治日本の産業革命遺産　九州・山口と関連地域」の構成資産になっている。

(11) 都市計画法では、地区計画と「集落地区計画」「沿道整備計画」「防災街区整備地区計画」を合わせて地区計画等と定めている。住民の合意に基づいて、それぞれの地区の特性にふさわしいまちづくりを誘導するための計画をいい、都市計画法第一二条の四第一項第一号に定められている。地区計画制度は、ドイツのBプラン Bebauungsplan 制度などを参考に、一九八〇年の都市計画法及び建築基準法の改正により創設された。

(12) 山本義隆(2003)『磁力と重力の発見』1、2、3、みすず書房。山本義隆(2007)『一六世紀文化革命』1、2、みすず書房。山本義隆(2014)『世界の見方の転換』1、2、3、みすず書房。

(13) 元アメリカ合衆国副大統領アル・ゴア主演の映画。第79回アカデミー賞長編ドキュメンタリー映画賞・アカデミー歌曲賞受賞。アル・ゴアは、環境問題啓発に貢献したとしてノーベル平和賞を受賞。アル・ゴア（2007）『不都合な真実――切迫する地球温暖化、そして私たちにできること』枝廣淳子訳、武田ランダムハウスジャパン

（14）景観法については、景観まちづくり研究所（2004）など。

（15）実際の文面は以下の通り。

「この法律は、我が国の都市、農山漁村等における良好な景観の形成を促進するため、景観計画の策定その他の施策を総合的に講ずることにより、美しく風格のある国土の形成、潤いのある豊かな生活環境の創造及び個性的で活力ある地域社会の実現を図り、もって国民生活の向上並びに国民経済及び地域社会の健全な発展に寄与することを目的とする。」

（16）実際の文面は以下の通り。

「良好な景観は、美しく風格のある国土の形成と潤いのある豊かな生活環境の創造に不可欠なものであることにかんがみ、国民共通の資産として、現在及び将来の国民がその恵沢を享受できるよう、その整備及び保全が図られなければならない。2　良好な景観は、地域の自然、歴史、文化等と人々の生活、経済活動等との調和により形成されるものであることにかんがみ、適正な制限の下にこれらが調和した土地利用がなされること等を通じて、その整備及び保全が図られなければならない。3　良好な景観は、地域の固有の特性と密接に関連するものであることにかんがみ、地域住民の意向を踏まえ、それぞれの地域の個性及び特色の伸長に資するよう、その多様な形成が図られなければならない。4　良好な景観は、観光その他の地域間の交流の促進に大きな役割を担うものであることにかんがみ、地域の活性化に資するよう、地方公共団体、事業者及び住民により、その形成に向けて一体的な取組がなされなければならない。5　良好な景観の形成は、現にある良好な景観を保全することのみならず、新たに良好な景観を創出することを含むものであることを旨として、行われなければならない。」

（17）景観法の中では、以下のように定義されている。
「現にある良好な景観を保全する必要があると認められる土地の区域、二　地域の自然、歴史、文化等からみて、地域の特性にふさわしい良好な景観を形成する必要があると認められる土地の区域、三　地域間の交流の拠点となる土地の区域であって、当該交流の促進に資する良好な景観を形成する必要があると認められるもの、四　住宅市街地の開発その他建築物若しくはその敷地の整備に関する事業が行われ、又は行われた土地の区域であって、新たに良好な景観を創出する必要があると認められるもの、五　地域の土地利用の動向等からみて、不良な景観が形成されるおそれがあると認められる土地の区域」

（18）二〇〇六年に、滋賀県近江八幡市の「近江八幡の水郷」が重要文化的景観第1号。以後、二〇一四年三月現在で合計四三件が選定されている。

（19）阪神淡路大震災が起こったことが大きい。景観どころではない、「安全・安心」が先である。こうして導入されたのが、第三者機関による「確認審査」制度であった。その延長に「耐震偽装」の問題が起こった。

（20）Commission for Architecture and the Built Environment。ＣＡＢＥは、一九二四年に設立された王立美術委員会 The Royal Fine Art Comission を改組する形で設立される。その方向を定める座長を務めたのはリチャード・ロジャースである。

結章

(1) 拙稿「ツナミ遭遇記」『みすず』、みすず書房、二〇〇五年三月

(2) Shuji Funo, Yasushi TAKEUCHI et al (2009), Report to UNESCO Jakarta, Damage Assessment on Cultural Heritage in West Sumatra, National Research Institute for Cultural Properties, Tokyo, December 2009

(3) 二〇一二年、特定非営利活動法人(NPO)復興まちづくり研究所に発展。

(4) 特定非営利活動促進法、一九九八年三月。

(5) まず、南北の東北自動車道、国道四号を啓開し、それを動脈にして沿岸部への東西道路を開通させた幹線道路の復旧活動をいう。発災後一週間でほぼ通行可能となった。

(6) Resilient。はね返り、とび返り、弾力、弾性、(元気の)回復力などと訳される。企業や組織は、事業が停止してしまうような事態に直面したときにも、受ける影響の範囲を小さく抑え、通常と同じように製品・サービスを提供し続けられる能力をレジリエンスといったりする。

(7) I・マックハーグ(Ian L Macharg)(一九二〇〜二〇〇一)。グラスゴー生まれ。ハーバード大学デザイン学部卒。アメリカの造園学者。ペンシルベニア大学ランドスケープ・アーキテクチャー地域計画学部創設。"Design with Nature", John Wiley & Sons, 1967。『デザイン・ウイズ・ネイチャー』下河辺淳・川瀬篤美訳、集文社、一九九四年

(8) 日本建築学会の東日本大震災復旧復興部会の部会長としてとりまとめたものである。

(9) 単式二気筒で過熱式のテンダー式蒸気機関車で、太平洋戦争中に鉄道省が設計、主に貨物輸送のために用いられ、大量生産された。ディーゼル機関車や電気機関車などを含めた日本の機関車一形式の製造両数では最大を記録し、この記録は現在も更新されていない。五一Cというのも量産ということでは負けていない。

(10) 山本義隆(2011)『福島の原発事故をめぐって　いくつか学び考えたこと』みすず書房

主要引用文献

芦原義信（1979）『街並みの美学』岩波書店
芦原義信（1983）『続・街並みの美学』岩波書店（岩波現代文庫、二〇〇一年）
芦原義信（1994）『東京の美学――混沌と秩序』岩波新書
石田頼房（1987）『日本近代都市計画史研究』柏書房
内田芳明（1992）『風景とは何か――構想力としての都市』朝日選書
美し国づくり協会編（2012）『美し国への景観読本――みんなちがって、みんないい』日刊建設通信新聞社
大槻徳治（1992）『日本地理学の先達――志賀重昂と田中啓爾』西田書店
大室幹雄（2002）『月瀬幻影《げつらいげんえい》――近代日本風景批評史』中公叢書
大室幹雄（2003）『志賀重昂『日本風景論』精読』岩波現代文庫
川添登（1979）『東京の原風景――都市と田園との交流』ＮＨＫブックス
来村多加史（2004）『風水と天皇陵』講談社現代新書
全冥編（1999）『風水興建築』上冊・下冊、中国建材工業出版社
桑子敏雄（1999 a）『環境の哲学――日本の思想を現代に活かす』講談社学術文庫

桑子敏雄（1999 b）『西行の風景』ＮＨＫブックス
桑子敏雄（2005）『風景のなかの環境哲学』東京大学出版会
桑子敏雄（2013）『生命と風景の哲学――「空間の履歴」から読み解く』岩波書店
景観まちづくり研究所（2004）『景観法を活かす――どこでもできる景観まちづくり』学芸出版社
黄永融（1999）『風水都市――歴史都市の空間構成』学芸出版社
マイケル・サリヴァン（2005）『中国山水画の誕生』中野美代子・杉野目康子訳、青土社、新装版
志賀重昂（1894）『日本風景論』（近藤信之校訂、岩波文庫、一九九五年）
陣内秀信（1985）『東京の空間人類学』筑摩書房
鈴木成文（2006）『五一Ｃ白書――私の建築計画学戦後史』住まいの図書館出版局
永幡嘉之（2012）『巨大津波は生態系をどう変えたか――生きものたちの東日本大震災』講談社
中村良夫（1982）『風景学入門』中公新書
西村幸夫・伊藤毅・中井祐編（2012）『風景の思想』学芸出版社
日本造園学会（2012）『復興の風景像』マルモ出版
野崎充彦（1994）『韓国の風水師たち――今よみがえる龍脈』人文書院
樋口忠彦（1975）『景観の構造――ランドスケープとしての日本空間』技報堂出版
樋口忠彦（1981）『日本の景観――ふるさとの原型』春秋社（ちくま学芸文庫、一九九三年）

廣瀬俊介（2011）『風景資本論』朗文堂
黄祺淵・邊美里・羅泰俊（2006）『清渓川復元 ソウル市民葛藤の物語――いかにしてこの大事業が成功したのか』周藤利一訳、日刊建設工業新聞社
藤森照信（1982）『明治の東京計画』岩波書店
布野修司（1981）『戦後建築論ノート』相模書房
布野修司（1989）『住宅戦争――住まいの豊かさとは何か』彰国社
布野修司（1991）『カンポンの世界――ジャワの庶民住居誌』パルコ出版
布野修司（1995）『戦後建築の終焉――世紀末建築論ノート』れんが書房新社
布野修司（2000）『裸の建築家――タウンアーキテクト論序説』建築資料研究社
Shuji Funo : Tokyo : Paradise of Speculators and Builders, in Peter J. M. Nas (ed.), "Directors of Urban Change in Asia", Routledge Advances in Asia-Pacific Studies, Routledge, 2005)
布野修司編（2005）『近代世界システムと植民都市』京都大学学術出版会
布野修司・山根周（2008）『ムガル都市――イスラーム都市の空間変容』京都大学学術出版会
布野修司・韓三建・朴重信・趙聖民（2010）『韓国近代都市景観の形成――日本人移住漁村と鉄道町』京都大学学術出版会
布野修司・ヒメネス・ベルデホ、ホアン・ラモン（2013）『グリッド都市』京都大学学術出版会

布野修司（2015）『大元都市——中国都城の理念と空間構造』京都大学学術出版会
オギュスタン・ベルク（1992）『風土の日本——自然と文化の通態』篠田勝英訳、ちくま学芸文庫
オギュスタン・ベルク（1990）『日本の風景・西欧の景観——そして造景の時代』篠田英雄訳、講談社現代新書
ロバート・ホーム（2001）『植えつけられた都市——英国植民都市の形成』布野修司・安藤正雄監訳、アジア都市建築研究会、京都大学学術出版会
槇文彦（1980）『見えがくれする都市——江戸から東京へ』ＳＤ選書
松山巖（1984）『乱歩と東京——1920 都市の貌』パルコ出版
三浦國雄（2006）『風水講義』文春新書
宮内康（1976）『風景を撃て』相模書房（『怨恨のユートピア』刊行委員会編、れんが書房新社、二〇〇〇年、所収）
村井康彦（2013）『出雲と大和——古代国家の原像をたずねて』岩波新書
村山知順（1931）『朝鮮の風水』朝鮮総督府国書刊行会、一九七二年
安彦一恵・佐藤康邦編（2002）『風景の哲学』ナカニシヤ出版
山室新一編（2006）『「帝国」日本の学知　第8巻　空間形成と世界認識』岩波書店
山本義隆（2003）『磁力と重力の発見』1、2、3、みすず書房

山本義隆（2007）『一六世紀文化革命』1、2、みすず書房
山本義隆（2011）『福島の原発事故をめぐって――いくつか学び考えたこと』みすず書房
山本義隆（2014）『世界の見方の転換』1、2、3、みすず書房
（財）リバーフロント整備センター編（2005）『川からの都市再生――世界の先進事例から』技報堂出版
ケヴィン・リンチ（2007）『都市のイメージ』（丹下健三・富田玲子訳、岩波書店、一九六二年）
和辻哲郎（1979）『風土――人間学的考察』岩波文庫

索　引

——事項・地名・建物名・書名——

【ナ行】

――人名――

布野　修司（ふの　しゅうじ）

滋賀県立大学副学長・理事

1949年、松江市生まれ。工学博士（東京大学）。建築計画学、地域生活空間計画学専攻。東京大学工学研究科博士課程中途退学。東京大学助手、東洋大学講師・助教授、京都大学工学研究科助教授、滋賀県立大学環境科学部教授を経て現職。

『インドネシアにおける居住環境の変容とその整備手法に関する研究』で日本建築学会賞受賞（1991年）、『近代世界システムと植民都市』（編著、京都大学学術出版会、2005年）で日本都市計画学会賞論文賞受賞（2006年）、『韓国近代都市景観の形成』（京都大学学術出版会、2010年、韓三建・朴重信・趙聖民との共著）で日本建築学会著作賞受賞（2013年）。

主な著書：『カンポンの世界』（パルコ出版、1991年）、『戦後建築の終焉』（れんが書房新社、1995年）、『住まいの夢と夢の住まい：アジア居住論』（朝日新聞社、1997年）、『裸の建築家：タウンアーキテクト論序説』（建築資料研究社、2000年）、『曼荼羅都市：ヒンドゥー都市の空間理念とその変容』（京都大学学術出版会、2006年）、“Stupa and Swastika” Kyoto University Press ＋ NUS Press, 2007（M. M. Pantとの共著）、『ムガル都市：イスラーム都市の空間変容』（京都大学学術出版会、2008年、山根周との共著）、『建築少年たちの夢』（彰国社、2011年）、『グリッド都市：スペイン植民都市の起源、形成、変容、転生』（京都大学学術出版会、2013年、ヒメネス・ベルデホ　ホアン・ラモンとの共著）など。

学術選書

景観の作法
——殺風景の日本　学術選書 068

2015年1月15日　初版第1刷発行

著　　者…………布野 修司
発 行 人…………檜山 爲次郎
発 行 所…………京都大学学術出版会
京都市左京区吉田近衛町 69
京都大学吉田南構内（〒 606-8315）
電話（075）761-6182
FAX（075）761-6190
振替 01000-8-64677
URL http://www.kyoto-up.or.jp

印刷・製本…………㈱太洋社
装　　幀…………鷺草デザイン事務所

ISBN 978-4-87698-869-3
定価はカバーに表示してあります

学術選書［既刊一覧］

＊サブシリーズ「心の宇宙」→心　「諸文明の起源」→諸
「宇宙と物質の神秘に迫る」→宇

037 新・動物の「食」に学ぶ　西田利貞
038 イネの歴史　佐藤洋一郎
039 新編 素粒子の世界を拓く　湯川・朝永から南部・小林・益川へ　佐藤文隆 監修
040 文化の誕生　ヒトが人になる前　杉山幸丸
041 アインシュタインの反乱と量子コンピュータ　佐藤文隆
042 災害社会　川崎一朗
043 ビザンツ　文明の継承と変容　井上浩一　諸8
044 江戸の庭園　将軍から庶民まで　飛田範夫
045 カメムシはなぜ群れる？　離合集散の生態学　藤崎憲治
046 異教徒ローマ人に語る聖書　創世記を読む　秦 剛平
047 古代朝鮮　墳墓にみる国家形成　吉井秀夫　諸13
048 王国の鉄路　タイ鉄道の歴史　柿崎一郎
049 世界単位論　高谷好一
050 書き替えられた聖書　新しいモーセ像を求めて　秦 剛平
051 オアシス農業起源論　古川久雄
052 イスラーム革命の精神　嶋本隆光
053 心理療法論　伊藤良子　心7
054 イスラーム　文明と国家の形成　小杉 泰　諸4
055 聖書と殺戮の歴史　ヨシュアと士師の時代　秦 剛平
056 大坂の庭園　太閤の城と町人文化　飛田範夫
057 歴史と事実　ポストモダンの歴史学批判をこえて　大戸千之
058 神の支配から王の支配へ　ダビデとソロモンの時代　秦 剛平
059 古代マヤ　石器の都市文明［増補版］　青山和夫　諸11
060 天然ゴムの歴史　ヘベア樹の世界一周オデッセイから「交通化社会」へ　こうじや信三
061 わかっているようでわからない数と図形と論理の話　西田吾郎
062 近代社会とは何か　ケンブリッジ学派とスコットランド啓蒙　田中秀夫
063 宇宙と素粒子のなりたち　糸山浩司・横山順一・川合 光・南部陽一郎
064 インダス文明の謎　古代文明神話を見直す　長田俊樹
065 南北分裂王国の誕生　イスラエルとユダ　秦 剛平
066 イスラームの神秘主義　ハーフェズの智慧　嶋本隆光
067 愛国とは何か　ヴェトナム戦争回顧録を読む　ヴォー・グエン・ザップ著・古川久雄訳・解題
068 景観の作法　殺風景の日本　布野修司